资产配置的逻辑

杨文斌·著

ZHEJIANG UNIVERSITY PRESS
浙江大学出版社

序一

投资看似是一件容易的事情，任何人只要有钱、有意愿，就可以在券商、银行开个户，买卖股票、债券、基金等，互联网的发展更是提供了很多便利，投资者足不出户就可以做各种各样的投资。但真要做起来又发现做好投资并不容易，即便是专业投资者也是如此。

投资的原理很简单，例如，找到好公司以合适的价格长期持有；要做组合投资，不要把鸡蛋放在同一个篮子里；买入价值被低估的股票；等等，这些做法都非常正确，而且永远正确。但问题是：什么是好公司？什么是股票合适的价格？什么时候什么情况下需要卖出股票？投资组合怎么构建，怎么调整？等等。针对这些问题的回答则是见仁见智，不同的人有不同的想法。当然，这也正是金融市场的魅力所在：市场永远处于各种矛盾对立的观点之中，市场永远处于不确定之中。有些短期看来是正确的东西，长期可能是错的；有些短期看来是错误的东西，长期可能是对的。投资，既有技术的一面，又有艺术的一面，甚至还有个性修养的一面：要克服人性中的贪婪、恐惧和羊群效应。做好投资，需要一定的理论知识，需要实操经验的积累，需要经常反思和总结，还需要与时俱进、不断学习，因为市场永远在发展变化，新的产业、新的技术、新的投资工具会不断产生。

杨文斌先生所著的《资产配置的逻辑》一书深入浅出，用读者易于理解的语言阐述了资产配置和投资领域的深刻道理。杨文斌先生于美国芝加哥大学毕业，有三十多年投资领域的工作经验，担任过平安集团资产管理公司和太保集团资产管理公司投资总监等重要职务，有非常丰富的理论和实务经验。本书是杨文斌先生长期投资实践、深入思考的总结。

首先，杨文斌先生在书中写的“资产配置就好像装修房子，要考虑全局”，非常形象。我们很多人在投资理财中经常没有从全局考虑问题，只见树木不见森林，对单个投资标的考虑得多，对整个资产组合的风险收益考虑得少。这样就很有可能发生书中写的“如果单从投资组合里的项目来看，可能个个都是好投资，但整体上很有可能已经过度集中于同一类型的风险而不自知”。作者详细阐述了构建资产组合的有效方法，阐明了“资产配置的核心是风险的配置”，并根据其多年的经验和教训，把投资需要冒的风险分为三大类：绿色风险、黄色风险、红色风险，阐述了按照风险来源构建核心与卫星组合的具体方法，既形象又深刻。

其次，书中对 PE 基金、直接借贷金融产品、没有到期日的资产、抗逆境的资产、房地产、保险等资产做了阐述，使读者能够对股票、债券等耳熟能详的资产以外的大类资产有较好的了解。例如，阐明面对不良资产是很好的投资机会，同时指出，“不良资产的投资是一个苦力活，没有捷径”，让人很受启发。书中还讲述了美林投资时钟的理论和实务、股市循环四阶段（绝望的黑暗期、希望期、成长期和乐观期）、预期差及其交易策略、价值投资的理论和实践、资产泡沫的成因和应对、选择好的投资经理、好公司及其质量要素、成长股策略、趋势跟踪策略、聪明贝塔策略等投资理财中非常重要的内容。

再次，书中还纠正了很多人长久以来的一个谬误。“读者都以为巴菲特以长期投资为招牌，好股票要持有 10 年，甚至永久持有。但是读者可能不知道，在巴菲特的投资组合中，超过 60% 的股票在买入后一年之内就会被卖掉，持仓超过 10 年的不到 4%。好的投资长期持有，不对的投资，果断认赔出场，这是巴菲特的投资实践。”投资来不得半点虚假，对就是对，错就是错，自己不认错没用，市场会教育你 . 实事求是，是做好投资的基础。在这方面，我们确实要向大师学习。

最后，书中的很多话富有哲理，没有丰富的理论功底和实践经验恐怕写不出来。例如：“便宜的价格是投资的最好风险保护垫”；“最难掌控的风险是自己”；投资最重要的两件事情，也是最难的两件事情——判断宏观大环境的方向和了解自己；“人们常见的错误是在不利情况发生初期反应不足，最后又反应过度”；“过度自信是投资的第一号敌人”；“预期差是股市、债市交易的关键”；“我们迟早会撞见‘黑天鹅’，而应对‘黑天鹅’的法宝就是提高自己的反脆弱性”；等等，读来印象深刻，令人深思。

总之，杨文斌先生的《资产配置的逻辑》一书，既有丰富的理论知识，又有实践经验的总结，还有不少哲理性的思考，读来受益良多，相信读者阅后也会有所收获。

海富通基金管理有限公司总经理　任志强

序二

在梳理了自己近 30 年的投资经验以及我们好买财富股份有限公司十多年的实践经验的基础上，我把能够帮助大家成功投资的理念和方法论总结为“长宽高”：“长”是长期投资，“高”是相信专业，而“宽”正是指资产配置，这也是本书浓墨重彩之处。

1983 年作者从芝加哥大学商学研究所毕业后就开始做投资，从银行的贷款，基金公司的股票、债券投资到香港的私人银行代客理财，再到在日本、中国的保险公司做资产投资，退休以后还在几家大型财富管理公司做顾问，对目前国内流行的财富管理产品理解较为深入。本书也是他理论与实践结合的产物。

本书第一部分旨在为资产配置“正名”：资产配置是全局性的资金安排，就像装修房子。而分散影响资产价格涨跌的风险要素正是多元配置分散风险的要义所在。

资产配置被誉为投资的免费午餐，资产配置组合中的资产往往越不搭调就越搭配。因此要想做出合理的资产配置，意味着你首先要知道每项资产究竟能为你带来什么。对“PE 基金、直接借贷的金融产品、没有到期日的资产和抗逆境的资产”特性的解读构成了本书的第二部分。

作者认为，资产配置的核心是风险的配置。我们选择的每一个风险，都要获得对价。识别不同资产的风险和不同风险的分类方法，是进行有效资产组合的基础。对投资需要冒的风险进行分类是本书的一大亮点。

作者推荐按照收益的风险来源构建核心与卫星组合。关于这一组合策略的描述通俗易懂。“核心组合就是我们今生财富的防御部队，讲究‘天塌下来都不会眨眼’的哲学。而卫星组合则好像现代的特种部队，小兵立大功。特种部队深入敌后，寻找敌人的弱点，一举突破。即使被牺牲，对大局都没有影响。我们大部分的资产应该放在核心组合上，只有小部分的资产可以用来做卫星组合。”这也正是我们通常所说的“守正出奇”。

此外，资产配置最重要的是当以人为本。“认识你自己”是希腊德尔菲神庙上的一句箴言。要做好资产配置，首先也要认清自己，要能够回答这五个问题：第一，这个配置你准备持有多久的时间，是 10 年，还是 1 年？第二，你的预期收益率多少才合理？第三，每一年你需要使用多少投资本金？第四，每一年你希望这个资产配置带给你多少的现金收益？第五，你可以忍受资产有多少的亏损？

正因为客户需求不同，合理的资产配置方案必然因人而异。我本人也鼓励好买的投资顾问们致力于为客户量身定做资产配置方案。一个合格的财富管理公司的投资顾问，应该就像是装修房子的设计师和施工队，倾听投资人的预算、需求、风格偏好后，画好设计图，再和投资人多次讨论，当投资人同意后，制定执行计划。在装修过程中，还会时常与投资人沟通，以便对方清楚执行的情况。这也是对我们好买一直以来的工作的形象概括。

值得注意的是，与我们通常对资产配置做的战略与战术两层划分有所不同，作者将资产配置分成战略资产配置、战术资产配置和动态资产配置三个层次，每个层次都有自己的运用法则，自成一体。

以上构成了本书第三部分的主体内容。

如何让资产配置锦上添花？作者在本书第四部分探索了提升收益的有效策略，分别是准确判断经济局势、提升风险判断能力、坚守价值投资、寻找投资洼地与泡沫投资和选择真正为你效力的投资经理。书中的一些描述发人深省：

> 投资判断只可能对将要发生的事情有一定的认识，但永远不知道事情什么时候会发生。不懂投资的人可能会做对 10 次决策，但错一次就会抹去前面 10 次的收益。聪明的投资人可能错过 10 次机会，但只要 1 次成功，就能赚回前面所失去的机会成本。
>
> （股市）暴涨暴跌之后，分析师跳出来，用基本面、估值变化来进行各种解释，就如同一个人用枪先在一张白纸上开一枪，然后再在枪洞旁边画上十环靶圈一样。
>
> 人们被教育去相信情报就是力量，误认为深度参与整个事件的过程会提高掌控力。但这往往会导致人们对股票操作的周转率高、回报率低、错误换股、风险集中。
>
> 金融危机产生的另一个必要条件是在金融市场产生不对

等的风险。没有风险的资本主义就像“没有地狱的宗教”。

追逐小市值、新奇题材股是泡沫后期的特征之一。市值小、流通股数量少、有题材、有“幸运的名字”的公司会受到个人投资者的青睐。

本书第五部分涉及选公司、股市、房地产、保险等重点领域投资分析与资产配置的实操指南。最后一章为点题之笔，把前面一招一式的“功夫”串联成可以应对各种场合的“武功”。如果把前面各章比作珍珠，那么这一章是将一粒一粒的珍珠串联起来的线。

本书内容翔实，图文并茂，语言通俗易懂，比喻形象贴切，对底层资产和资产配置的理解都有一些独到见解，值得一读。

好买财富管理股份有限公司董事长　杨文斌

第一部分　正确认识资产配置

01 投资与资产配置

第二部分　值得关注的优质资产

02 与企业共舞的PE 基金

03 直接借贷的金融产品

04 没有到期日的资产

05 抗逆境的资产

第三部分　构建资产组合的有效方法

第四部分　资产配置锦囊：提升收益的有效策略

09 提升风险判断能力

10 坚守价值投资

11 寻找投资洼地与泡沫投资

15 房地产

16 保险

17 资产配置的逻辑

ASSET ALLOCATION

第一部分

正确认识资产配置

01 投资与资产配置

本章是资产配置的基础：首先说明资产配置与投资的关系，接着介绍影响资产价格涨跌的风险因子、投资的相应风险和预测收益率的方法，最后剖析投资中常见的四种错误决策心理。

第一节 正确认识投资与资产配置

投资是什么？每个人对其的定义可能都不一样。根据我30多年职业生涯的体会，我认为投资就是将多余的、非日常家用的、非急用的现金投放到金融类资产中，经过一段期间，收回所投入的资本（本金），并赚取收益的行为。这里所说的金融类资产，可以是上市公司的股票、债券、商品、外汇或是没有上市的公司的债权和股权。当然，投资也可以把现金投放到如房地产、艺术品等实物类资产上。非投资专业人士可能相对比较熟悉实物类资产的赚钱逻辑。比如说，学位不一定能创造财富，但学区房一定会涨价；苏富比拍卖行、嘉德拍卖会上艺术收藏品的价格一次比一次高，只要买对了藏品，将来就能以较高的价格脱手获取可观的投资回报。但投资艺术品具有一定的风险，是真画还是假画，着实不易分辨，连投资界大名鼎鼎的债券之王格罗斯都在艺术品上栽过跟头。

格罗斯与前妻苏·格罗斯的家中有一幅毕加索的真迹《休憩》（*Le-repos*），一直挂在两人的卧室中。2017 年8 月，格罗斯与前妻离婚，该画判给了前妻苏。当格罗斯打算将画运送至前妻家中时，苏却轻描淡写地说：不用麻烦了，真迹早就在我这里了。原来苏几年前临摹了这幅画，并调包了真迹。尽管摹本上没有毕加索的签名，但还是成功骗过了格罗斯的眼睛。这则投资界的轶事告诉我们，投资艺术品没有想象中那么简单，也要下功夫去学习研究，掌握辨别真伪的能力，才能规避风险。而且，在持有艺术品期间，是没有任何收益的，能期待的只有以较高的价格卖出手中的收藏品，赚取称为“价差”的资本利得。与投资艺术品的单一回报的形式不同，金融产品的投资回报有两种：一种是有当期现金回报，到期回收本金的，通常是借贷关系的债权投资；另一种是在投资期间几乎没有现金回报，最终以高于成本的卖价出脱，收回本金与收益，也就是通常说的赚取资本利得。购买未上市的股权和上市股票就属于第二种类型的投资。

还有一些资产，在投资期间有现金回报，在出手时，也可能以高价卖出，赚取高于成本的资本利得——不动产是其中最典型的例子。大家所熟悉的理财大体上只是在说投资这件事情，但投资与资产配置是不一样的。资产配置就好像装修房子，要考虑全局。在买家具的时候，你不会只考虑家具本身，还要考虑把它们放在哪个房间，它们与那个房间的大小、格调是否匹配。投资之于资产配置，就如同购置家具之于装修房子。资产配置是在你可以运用的资产规模范围内（相当于装潢时的预算），在考虑财务回报的同时，还要对税务规划、保险、传承、养老、投资时间与风险承受度进行通盘考虑。换言之，资产配置就是在你的预算内，在一定的投资期间内，确定明确的投资收益率目标以及不能接受的危险事项的前提下，根据投资需求将资金在不同资产类别之间进行分配的行为。

第二节 影响资产价格涨跌的风险因子

一般人做投资，经常是看到这里有好机会就投些钱，看到那里有好项目也入点股，好像开杂货店，投资组合里面什么都有。如果单从投资组合里的项目来看，可能个个都是好投资，但整体上很有可能已经过度集中于同一类型的风险而不自知。

在一个经济周期内投资的项目，所暴露的风险因子通常是类似的。例如，在经济运行景气时，周期类型的项目会提供较好的预期回报率。但是在经济运行不景气时，即使是分散在不同行业的资产，由于对经济形势敏感，资产价格的变动还是会同起同落，投投资项目与经济的相关性非常大。也可能因为没有考虑这些资产的流动性，突然需要用钱，被迫低价卖出。因此，投资之前需要想清楚两个问题：投资的目的是什么？当然是赚钱。但是赚多少钱才合理呢？另一个问题是，投资者最害怕什么？当然是亏钱。若要不亏钱，大可存在银行。但银行利息很低，想要赚得多，就必须冒险。所以风险管控就变得特别重要。此外，你还要问问自己，在投资期间，是否有薪水或是其他收入，还是完全依赖投资的收益生活，这也会影响你的投资类型。

投资者都知道不要把鸡蛋放在同一个篮子里面的道理。但这不是说，买卖债券、股票、黄金这些不同类型的资产就可以了。分散的意义是避开资产价格同起同落的风险。通俗点说，就是在你的资产组合里，即使大部分的资产价格下跌，至少有一个资产的价格是与其他资产价格走势不同，反而上涨的。用专业术语说，就是影响每一个资产价格涨跌的要素要互补，不能全部一样。分散风险就是分散影响资产价格涨跌的风险要素。

第三节 投资收益是冒险取得的对价

不入虎穴，焉得虎子。投资有一定的风险，才有可能获得收益。不要以为把钱存在银行就没有风险，因为银行存款的利息跟不上通货膨胀。即使购买无风险的国债，几年后，你的资产的购买力也可能降低。所以表面看起来没有信用风险的资产会面临购买力下降的风险。承担的风险越大，预期收益才可能会越高。请读者注意我用的是“预期”“可能”这类的字眼。在学术上，高风险是说产生预期收益率的概率比较低；反之，低风险是说产生预期收益率的概率相对较高。若是只有产生预期收益率的概率低，那不会有人去冒这种风险，一定要搭配高预期收益率，才能让进取的人去赴小概率、高报酬的赌局。投资政府发行的国债，完全没有政府到期不兑付的信用风险。因此国债的收益率在投资术语中被称为无风险收益率。当然正如前文所言，即使投资国债，没有信用风险，但是有一个机会成本的风险，就是购买力下降的风险。在本书中，为了方便起见，我们暂时忽略购买力下降的风险。任何投资收益率超过无风险收益率的部分，都是因为冒险而取得的收益，是补偿你冒的险，叫作风险补偿，学术上称为风险溢价。图1–1 所示是最原始的风险与收益关系，只是直线的线性关系，不能说明为什么低风险低回报，高风险高回报。

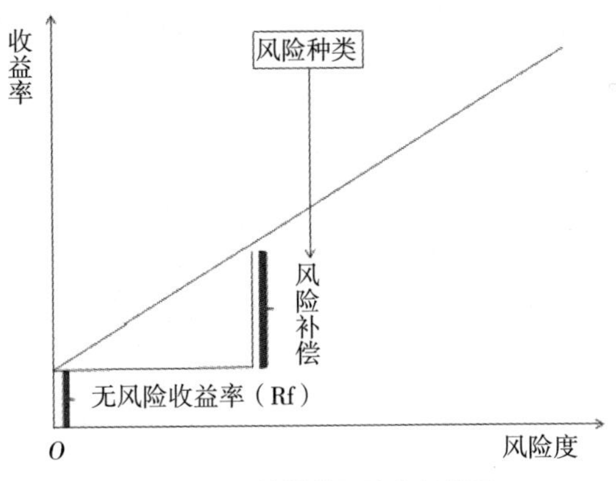

图1-1 最简单的风险收益关系

图1-2 的收益率分布图解释了风险的概念。假设有100 个投资结果，把这100 个可能产生的收益率按照高低在横轴进行排序，并将其发生的频率在纵轴进行排序，会形成一个两边低、中间高的分布图，类似放在地上的钟铃。钟铃的顶点是收益率发生频率最多的地方，对应在横轴上的收益率就是预期收益率。若钟铃的顶点比较高，则说明收益率集中度比较高，表示产生预期投资收益率的概率高。反之，若钟铃的顶点

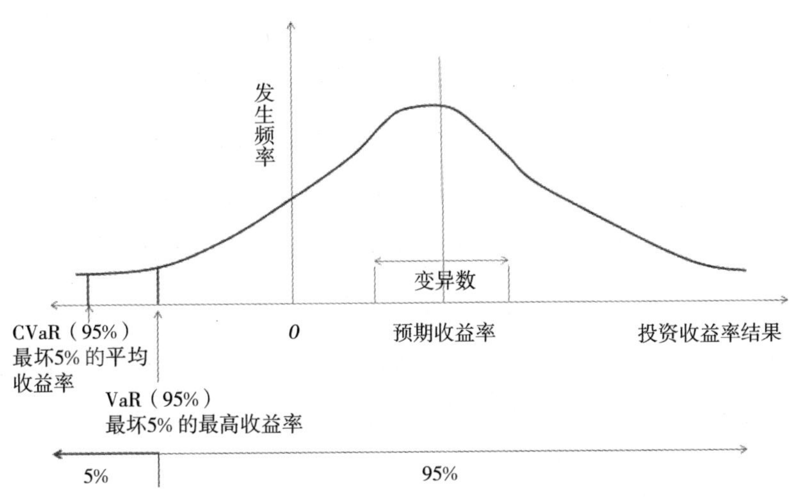

图1-2 量化风险就是用高矮胖瘦表现风险高低

比较低，则说明收益率集中度较低，预期收益率发生的概率就比较低。因为是100 个收益率的数据，如果钟铃两边比较靠近，长得高高瘦瘦，就代表不好时候的收益率与最好时候的收益率跟预期收益率差距不大。反之，若是钟铃顶点比较矮，这个钟铃一定是比较胖矮的。矮矮胖胖的钟铃表示最好时候的收益率与最差时候的收益率跟中间的预期收益率差距大。

钟铃的顶点对应到纵轴上表示发生的概率最大，对应到横轴上代表这个最高概率的收益率。测量风险就是测量围绕着中心的最高点左右波动的距离。最好与最坏的结果跟中心最高点的差距越大，表示波动越大，也就是风险越大。衡量波动度的指标在数学上叫作方差（variance）。方差开方的结果叫作标准差（standard deviation）。方差或是标准差都是量化风险的指标。其数值越小，风险越小；反之，风险越大。把这100 个收益率按照从高到低的顺序进行排列。从最高收益率开始向低收益率方向算，第96 个收益率就是95% 可信度的在险值（value at risk, VaR）。VaR 就是倒数第5 个最坏的收益率。这5 个最坏的收益率的平均值叫作条件风险价值（conditional value at risk，CVaR）。证券投资基金在展示过往业绩时，除了展示平均收益率外，也会展示VaR、CVaR 这两个数据，以后读者就知道这两个数值是什么含义了。

把图1–1 与图1–2 结合起来，就能说清楚高风险、高回报的含义。如图1–3 所示，低风险、低回报的投资收益率分布是比较高瘦的钟铃。高风险、高回报的投资收益率分布是矮胖的钟铃。高风险就是产生高的预期收益率的概率比较低。同时因为是比较胖的钟铃，也就意味着，既有可能发生相当高的收益率，但也有可能产生非常不好的负收益率。

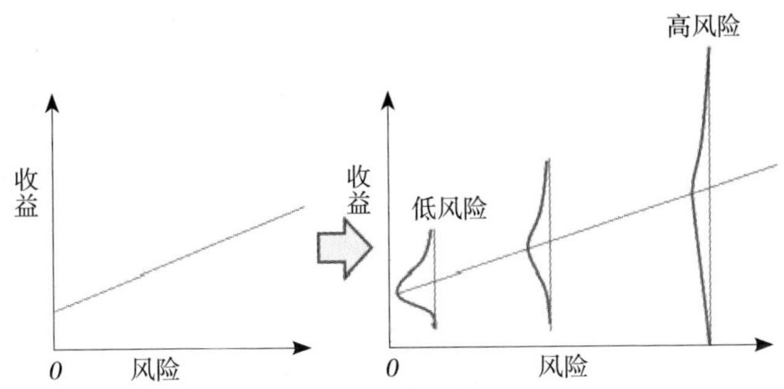

图1-3 不同风险与回报的关系加上回报率分布的高矮胖瘦

第四节 预测投资收益率的方法

在投资学的理论中，假设大部分资产收益率分布服从正态分布。这些呈正态分布的资产包含股票资产。不管是美国股票，还是世界其他市场股票的收益率分布都被视为正态分布。资产收益率在长时间段中的分布如果是正态分布的话，最大的用处是可以对未来收益率做预测。接下来，我会简单说明正态分布的特性，以及如何做预测。资产收益率不论是什么样的分布，一定会有集中在某一个收益率的现象。这个最集中的收益率的点，叫作长期预期收益率。也就是说，投资这个资产，如果持有足够长的时间最有可能获得较高收益率。

收益率的分布通常符合统计学上的正态分布，具有几个属性。以预期收益率为中心点，用标准差围绕中心点左右变动，测量中心点左边一个标准差与右边一个标准差之间涵盖部分占整体的百分比。测量的结果是预期收益率 ± 1 个标准差的范围会涵盖68.27% 的结果；预期收益率 ± 2 个标准差的范围会涵盖95.45% 的结果；预期收益率 ± 3 个标准差的范围会涵盖99.73% 的结果。图1–4 说明了最集中的预期值（用0 代表）

与标准差（假设σ=1）之间的关系。方便起见，我们可以尝试记住±1个标准差之间涵盖约70%的概率，±2个标准差之间涵盖约95%的概率，±3个标准差之间涵盖约99%的概率。知道了这些测量出来的概率就可以做预测。

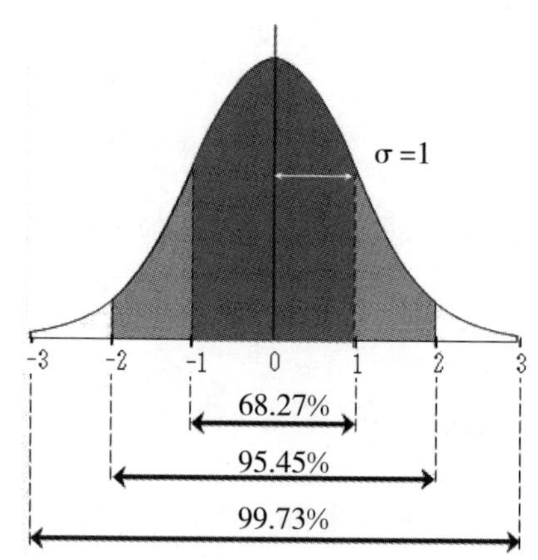

图1-4　正态分布的预期值与标准差的关系

图片来源：作者自制

第五节　四种错误的投资决策心理

金融行为学在研究人们投资时的心理陋习时，发现有“反应太快”与“反应太慢”这两个致命问题。“反应太快”是由两种心理造成的。一个叫作“羊群效应”（herd effect），是指由于没有足够的信息，个体容易受到周遭人群的影响，模仿他人的决策。比如前几年中国大妈们一窝蜂地买入黄金，牛市时很多人都在炒股等。其中，在一个大牛市趋势快要结束时买入股票是“羊群效应”的典型表现。

还有一种导致“反应太快”的心理叫作追逐回报行为(return-chasing behavior)，指的是挑选投资标的时，只追逐热点，期待短期内能卖出更高的价格，马上赚钱，但最后总是落得高买低卖的下场。在追逐热点的疯狂状态下，投资人往往不顾购买时机，也不知道什么时候该止损，全凭主观意识盲目地下决策。但我们都知道，投资应该是冷静的，有原则的。

接下来我们来看导致“反应太慢”的两种心态。很多人做投资决定的时候总是会以最近的信息做参照，这叫锚定效应（anchoring effect）。举个例子，假设指数最近有一波上涨行情，空仓的人会以上涨前的起涨点位作为参照物，后悔没有在上涨之前买入，又担心现在买入会因指数反转下跌而套牢，因此迟迟不敢建仓。反过来也一样，当指数一路下挫时，最近的高位又会成为心理参照物，持有股票的投资者不舍得止损，期望指数能够反转，回到下跌前的高位。除了锚定效应外，“反应太慢”还会受到处置效应（disposition effect）的影响。比如：我们投资股票的时候，倾向于急着卖出赚钱的股票，落袋为安；当股票亏损时，则舍不得止损，期待股市行情能反转，但结果往往事与愿违。

股市上涨初期，受到锚定效应的影响，投资者迟迟不敢建仓。好不容易下定决心进场，受到处置效应的影响，早早就止盈离场。空仓后，按捺不住心中的寂寞，受到“羊群效应”和追逐回报行为的影响，再次进场，殊不知大涨趋势已到尽头，大盘急转直下。这时候又因为受到锚定效应和处置效应的影响，不愿意亏损离场。最后不得不在几乎最低位忍痛割肉收场。

ASSET ALLOCATION

第二部分

值得关注的优质资产

02 与企业共舞的PE 基金

投资人一般都接受投资收益率受到经济周期影响这一共识，但私募股权基金（以下简称PE 基金）则不太受经济周期与股票价格周期的影响。本章是PE 基金的使用说明书，说明PE 基金的产生、分类、投资策略、风险与收益率。

第一节 看懂PE 基金的年份

酿造年份的英文是vintage，广泛运用在红葡萄酒上，是指一瓶葡萄酒中，85% 以上的混合葡萄的采摘年份。年份不同，价值不同。我们买红葡萄酒，除了讲究葡萄品种与产地，也要看是哪一年的葡萄酿造的酒。不同年份的日照、雨量不同，酿出来的酒，味道会有差异。2007 年的法国波尔多玛歌产区的红葡萄酒的评分是87 分，而2010 年的更值钱，评分是95 分。另类资产基金也有年份之别。在PE 基金成立较多的年份，一级市场的“接盘侠”比较多；在股市大幅上涨的年份，二级市场首次公开募股（initial public offering，简称IPO）容易。这两种情况会把那些年份的基金回报拉高。2000 年互联网泡沫破灭之前的几年就出现了这种现象：一个1998 年的三流风险投资（venture capital，简称

VC）基金的回报可能会超过2005 年的顶级基金的回报。

基金的年份定义并不统一，有些基金是根据开始募资的年份定义的，有些基金是根据一期基金结束融资的年份定义的，而有些基金则是根据投出第一笔投资的年份定义的。比较认可的方式是按照基金的第一次关账（first close）的年份统计。另类资产的基金收益率通常使用这个基金成立的年份作为统计的基础。一般基金的投资期是4 年，此时项目退出，因此产生收益率都要到第5 年以后才有数据作为统计的基础。以2017 年年底的统计数据为例，针对2012 年成立的基金做调查统计的数据可信度比较高。表1–1 是依照成立年份以及被投企业所属行业，对美国PE 投资基金的投资回报率做的统计。除了基金中的基金（fund of funds，简称FOF）与环境行业在2008 年成立的基金有负收益率，其余的基金不论年份或是行业都是正收益。2009 年的基金收益率是最高的，是因为2008 年金融危机造成股市大跌，股市大跌后的投资，不论是股票，还是PE 基金都是最好的时机。行业的收益率似乎与行业是否是高科技行业还是传统行业没有太大的关系。这一点表明投资者在进行PE 基金投资时应该关注被投企业的增值情况，而不是盲目地哄抢风口行业的项目。而且，PE 基金也跟红酒一样，好年份的红酒价格虽高，但即使年份不好的红酒的价格也有相应的底线。表1–1 体现了PE 基金的全天候资产的特性。

表2–1　不同年份，不同类型PE 基金的收益率

单位：%

PE 基金类型	年份				
	2008 年	2009 年	2010 年	2011 年	2012 年
FOF	–9	30	14	31	49
化学原物料	4	47	67	16	48
能源	7	34	27	19	40

续表

PE 基金类型	年份				
	2008 年	2009 年	2010 年	2011 年	2012 年
制造业	17	35	22	12	36
信息技术	12	46	26	31	31
金融服务	9	21	34	17	26
软件服务	15	43	25	18	24
健康生化	14	29	22	25	23
电子	1	13	19	22	21
消费零售	13	23	17	29	21
硬件系统	19	8	17	9	20
工业	15	27	8	10	14
传媒通信	6	41	26	10	7
环境	–4	9	35	19	0

数据来源：根据Prequin和相关基金募集材料统计整理。

第二节 “独角兽”与传统增长模式之别

投资的一般模式是投资未上市企业，帮助被投资企业成长，达到出售条件，出手获利。因此，企业成长越快，就越能够在短期间内快速提升企业的估值，达到卖出的条件。在投资界，时间真的是金钱。同样的回报倍数，回收的时间越短，内部回报率（internal rate of return，简称IRR）就越高。PE 基金为了快速赚取较高的回报，通常喜好的增长模式是非线性增长形态的企业。企业成长有两种类型：一种是线性增长，另外一种是非线性增长。线性增长的企业虽然普遍具有平稳的收入，但是估值增长比较慢，这是因为线性增长型的企业，投入和产出是成正比的，如果想要收入增长，就要不断地进行扩张。

而非线性增长的企业本身的业务具有可复制性和可拓展性。虽然非线性增长的企业在早期要花很多资金进行投资，做技术研发和市场开拓，但是一旦研发成功，被市场接受，企业就可以用极低的边际变动成本进行复制粘贴，有很强的滚雪球效应，企业规模会呈现指数级的增长。因此这类商业模式享有短时间内获得高估值的优势。现在我们熟悉的“独角兽”企业的增长模式就是非线性增长的模式。

非线性增长企业比较容易受到新设立的PE 和VC 基金的追捧。因为新的PE、VC 基金需要快速产生业绩，以便于募集第二期的基金。而投资非线性增长模式的企业，就有机会一炮而红，可以达到它们快速产生业绩的目的。不过非线性增长的企业通常都处在风口，受到大家的追捧，估值非常高，最终甚至会产生一级市场估值高过二级市场的倒挂情形。因此，投资者要足够重视其中的风险。例如曾经风靡一时的共享单车，其最后结局想必大家有目共睹。老牌PE 基金通常秉持慢工出细活的哲学，反而重视线性增长的企业。因为老牌PE 基金有强大的投后管理增值服务的能力，它们投资成功的秘诀就是利用自身平台的各种资源，把被投资企业的现金流做大，降低被投资企业的各类成本，进而提升经营效率。

第三节　股权投资三个增值动作抵御周期风险

PE 基金的投资流程都是一个案子接一个案子地进行的，投资前要经过长时间的调查与分析，并且在决定一个投资后，还要分别与卖方经过长时间的谈判，在价格与其他条件都达成一致后，才能成交。投资以后，基金管理人会使用各种招数，提升被投资公司或是不动产的价值，这叫作投资后管理。

投资后提升被投资资产的价值是未上市公司股权投资的最大价值来源。形象点比喻，就是你在苗圃，东看西看，选了一棵你认为最有潜力的小树，与苗圃主人讨价还价，双方就价格达成一致后，你付款，小树依旧留在苗圃。区别在于，苗圃主人在照顾这棵小树时，除了按照原来的方式，还要参考你的意见。在你们共同的努力下，小树长成大树。那个时候，你再找一个识货的人士买下你与苗圃主人共同培育的这棵大树。这棵大树的卖出的价格反映了三个价值。首先是找到健康小树苗的发现价值，其次是让小树变成大树的培育价值，最后是找到识货人士愿意出高价的识货价值。在实际操作过程中，即使因为急需脱手，基金在经济周期低点被迫卖出，虽然你有可能获取不到识货价值，但因为还有发现价值和培育价值，因此你只是少赚，而并不会赔钱。

第四节 PE 基金风险收益特征

PE 基金是美国的产物，欧洲继而接棒，再传到亚洲，在中国是相对新的金融产品。从内部收益率看，北美地区的收益率相对高，在9.5%左右，欧洲与亚洲差不多，都是在8.5% 上下[1]。高风险与高收益是相伴相生的。风险是用收益率好坏分布的宽度来衡量的。收益率分布越窄，意味着收益率分布越集中，达到预期收益率的概率就越高，表示风险较低。反之，收益率分布越宽，风险就越高。在数学上，衡量收益率分布的宽度用收益率分布的标准差表示。比较不同产品收益率高低必须考虑这个产品的风险。因此要统一标准，根据收益率除以风险得到每一个单位的风险产生多少收益来进行比较。按照PE 基金单位风险产生的收益率高低来排序，依次为北美、亚洲和欧洲。

[1] 数据来源：根据Prequin 和相关基金募集材料统计整理。

03 直接借贷的金融产品

人类最古老的金融行为是借贷。借贷的行为历经数千年历史的考验，具有全天候资产的特性。本章从全球的观点介绍以借贷契约为底层资产的各种投资产品，深入说明借贷金融产品抵御经济周期的特点。

第一节 传统贷款类资产

按照贷款资金的使用目的，贷款类的资产可以分为三类。第一类是直接贷款给企业。借款的企业有大公司，也有中小企业。大企业通常在资本市场发行债券，成本低，所以不太做贷款形式的融资。在借贷市场融资的多数是中小企业。这类资产的收益率在6% ~ 14%。历史数据显示，直接贷款资产的收益率与经济周期的相关性低，收益率的波动率小，贷款损失率低，回收率高。

第二类是利用底层资产做抵押，将底层资产产生的收益作为收益来源，到期变现底层资产作为还款来源。有资产支持，把借贷合约规格标准化，做成类似债券的方式，这类资产通常被称为证券化融资的资产。资产证券化的底层资产本身就产生收益，利用底层资产的收益按顺序先支付优先级，再支付夹层级投资人的利息。这类底层资产包含供应链的应收款、个人贷款，或是租赁的应收款。还款来源是贷款或是应收款到期时供应链下游厂商的回款或借款人的还款。提供证券化资产融资的企业本身需要提供自有资金。为给优先级、夹层级的投资人提供保护垫，自有资金的受偿顺序排在最后。国内一度盛行的P2P[1] 小额贷款证券化资产就属于这类资产，收益率在8% ~ 12%。

第三类是用有租金收益的不动产作为抵押品的贷款。会产生租金收益的不动产包含写字楼、卖场、工业厂房、仓储、酒店、出租公寓等。各类型的基础设施也算是有租金收益的底层资产。如果是已经非常成熟的核心物业，这类有抵押的贷款收益率大概在4%。如果贷款给还需要再改善才能出租的过渡性物业，收益率可以到10% 以上。

第二节　私募债权基金收益来源对经济景气度的敏感度低

私募债权的本息收取有借款人的借款契约的法律承诺保障。收益来源分为大类资产的回报（贝塔回报）与管理人操作技能的超额回报（阿尔法回报）。贝塔回报的来源主要是跟底层资产有关系。贷款的底层资产如果是以借款公司的现金流做保证的话，还款风险与借款公司的大小有关。大公司风险小，利息就较低。小企业风险大，利息也高。如果将基础设施的现金流作为底层资产，这类债权基金的风险最低。若是用供应链金融的应收款、船舶租赁应收款、飞机租赁应收款、汽车租赁应收款作为底层资产，风险是中度的。个人信用借款作为底层资产的风险最高。不动产作为底层资产的直接贷款，还款风险要看对不动产的策

[1] P2P 是英文peer to peer lending 的缩写，意为个人对个人，又称互联网金融点对点借贷平台。

略而定。即使风险有高低，但是整体而言，直接贷款的收益率对经济的敏感度还是比较低的。关键在于几点：第一，有抵押品；第二，在贷款之前，有详细的尽职调查；第三，对借款人以及行业有前瞻性的理解，并针对发现的风险制定应对的保护条款，以防范风险。

偿债顺序决定风险高低，不同偿债顺位的贷款收益率也不同。第一顺位抵押权的贷款风险最低，收益率也最低。无抵押的信用贷款，风险最高，收益率也最高。在私募债权基金层面也可以利用杠杆提高基金的收益率。这些回报率的高低取决于投资人对风险高低的选择，与私募基金管理人的能力没有太大的关系。所以我们称之为市场回报，也叫作贝塔回报。图3-1 所示是国际上按照借款人公司规模大小、抵押顺位以及受偿顺位三个维度标示收益率的分布情况。

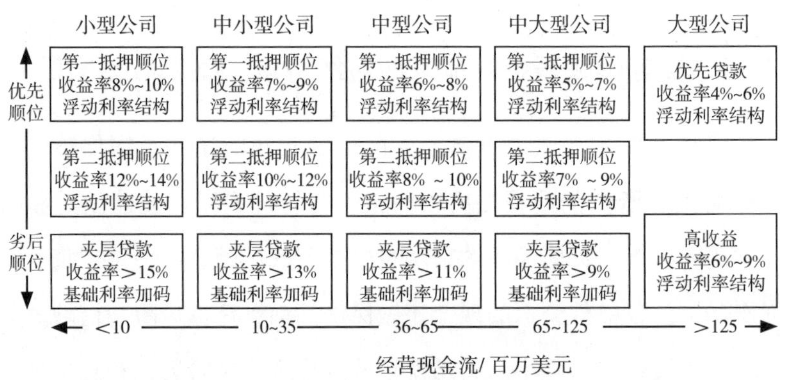

图3-1 欧美市场不同风险直接贷款的收益率

数据来源：MV Credit 基金第四期募集材料

图3-1 说明了贝塔收益来源的三个维度。纵轴是有无抵押与受偿顺序。横轴用近似经营现金流的税息折旧及摊销前利润来衡量公司的大小规模。在国外区分企业规模大小通常用近似经营现金流的多少。近似经营现金流就是在净利润的基础上加回利息费用、所得税、税息折旧及推

销前利润（简称EBITDA）。EBITDA 不到1000 万美元的就是小企业，超过12500 万美元的企业就是大企业。贷款给大企业第一顺位的抵押贷款收益率最低，只有4% ~6%。贷款给小企业，赔偿顺序在抵押债券之后的夹层贷款，因为风险高，收益率也高，超过15%。

第三节 私募债权基金的信用风险判断要则

对借款人是否能够按期还钱，首先看借款人在行业的竞争力高低。细分行业的领导者、市场品牌认知度高、行业进入门槛高，都是抵挡竞争者进入的本钱，好比护城河。其次看借款人所在行业的抗周期性，以及行业的未来增长趋势。管理层经验丰富，并且与公司共成长的利益挂钩，这样的管理层有能力、有动力领导公司成长，尽可能地避开危机。借款人公司股东的口袋深不深也是抵抗逆境的真本事。在欧美市场，PE 基金就是最好的股东，口袋深，则资源丰富。直接贷款基金事前要做足尽职调查，分析公司的财务数据是否支持其成长与盈利。如果借款人的现金流健康，不需要太多的运营资金，不需要太多的资本支出，其渡过困境的能力就较强，能够抵挡经济下滑的压力，按期付息还款的风险就很小。

直接贷款的基金必须分析借款人抵抗经济波动的能力。这些要素包含内生增长性、行业抗周期性、现金流的健康性、股东资源是否深厚、财务结构、借款人的客户分散性、营收的增长可持续性，以及行业进入门槛困难度。只有符合这些要素的要求的公司，才能获得贷款。这就是直接贷款的策略不论处于任何经济周期阶段，都可以产生正收益的根本原因。

第四节 夹层贷款基金有多样化的收益来源

并购型PE 基金在收购一家公司的时候，资金来源除了自有资金，还要使用杠杆从银行借第一顺位的优先贷款，不够的地方通过夹层贷款基金凑足并购款项。夹层贷款其实是一个风险低、收益高的全天候资产。夹层的英文是mezzanine，代表夹在中间的意思。夹层融资源于美国20 世纪80 年代的杠杆收购，被用以填补并购融资中股权资金及银行优先贷款之间的资金缺口，具有债性与股性的双重特点。夹层贷款基金收益有债权收益和股权资本增值的双特点，可获得较高的现金利息和股权部分的资本增值和分红。

夹层贷款基金的收益来源主要是贷款的利息。利率的结构是在基准利率之上加码。加码幅度大约是7 百分点。在此之上，还会收取1 ~2 百分点的额度承诺费。额度承诺费一般提前收取。为了防止借款人提前还款的风险，还会设置提前还款罚款条约。通常第一年提前还款要收2 百分点的罚款，第二年提前还款收取1 百分点的费用，第三年不收提前还款的费用。对于一些初期现金流不稳定的公司，会设计一种叫作PIK 的付款条款。PIK 是英文payment in kind 的缩写，就是指第一年的利息不支付现金，滚入第二年的本金计算第二年的利息；第二年的利息不支付现金，滚入第三年的本金计算第三年的利息；以此类推。这是一种自动再复利的机制。除了债权之外，夹层贷款基金也会小部分参与股权，在PE 基金退出时，还可以分得资本利得的利润。

从过往的合作经验中我们能够辨识出哪些PE 基金会在被投资公司遇到经营瓶颈时施出援手，再增资，或是嫁接资源，协助被投资公司渡过难关，而哪些PE 基金只会是袖手旁观不施予援手。夹层贷款基金只会与长期合作、对被投资公司充分支援的并购型PE 基金共进退。图3-2所示是欧洲夹层贷款基金[1]的历史收益率与PE 基金收益率的对比，证明了夹层贷款基金是扛得住经济周期变化的全天候资产。即使是在最坏的2006 年度成立的基金，行业平均收益率也有2.47%。随着PE 基金的行业竞争加剧，PE 基金的收益率降低。在2012 年成立的PE 基金收益率已经没有比同年度成立的夹层贷款基金收益率高出多少了。

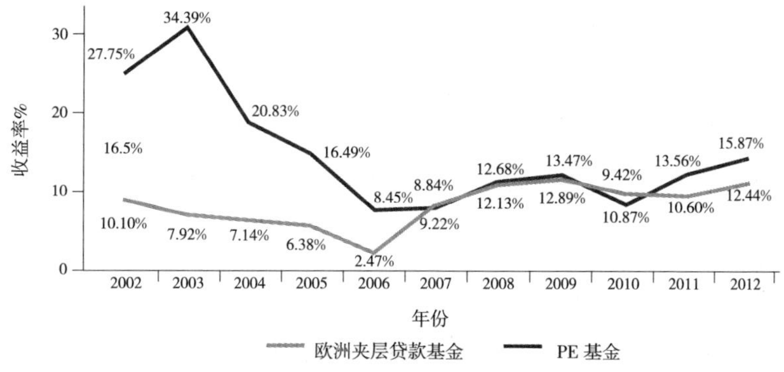

图3-2 欧洲夹层贷款基金与PE 基金收益率对比

数据来源：MV Credit 基金第四期募集材料。

第五节　针对信用风险的特殊机会投资基金

直接贷款的投资需要对借款人能否还款进行判断。能否还款的风险叫作信用风险。直接贷款有一级市场跟二级市场之别。在一级市场，基金直接贷款给借款人。二级市场就是做直接贷款的基金，即因为各种

[1] 夹层贷款基金是杠杆收购，特别是管理层收购（MBO）中的一种融资来源，它提供的是介于股权与债权之间的资金。它的作用是填补一项收购在考虑了股权资金、普通债权资金之后仍然不足的收购资金缺口。

考虑把已经持有的贷款项目，或是银行将报表中的某些贷款项目在市场上进行买卖。在信贷二手市场，有一批对信用风险理解较透彻的专业经理，按照对信用周期的判断，在不同信用周期买卖不同信用风险的二手信贷项目。买低卖高，从交易过程获得利益。基金管理人要具备判断信用周期的专业能力，投资不同信用风险信贷项目，产生超额回报。信用风险投资跟股票投资一样，要追求超额回报就必须首先考虑到风险，最后才是选股。类似于经济周期，信用风险也有周期。不同周期的特征不同，投资策略也不一样。针对不同信用周期采用不同策略，具有抵抗周期的优点。

下面介绍一下信用周期领先经济周期的情况。在信用周期扩张时，信贷持续增长，原来的坏账被快速回收，因为企业处于扩张周期，坏账非常少，资产价格一直上涨。在这个阶段，银行业、金融业的利润持续增长。信用周期在上升到顶点时，全体经济体系的杠杆率持续上升，甚至可能会打破过去的历史高点。银行因为贷款需求旺盛，资本金不够用，放贷比屡屡接近监管的上限。当信用周期开始下降时，金融体系的不良贷款率上升，银行资本不再增长，开始下降；当金融体系开始修复时，坏账的比例增加，经济整体的杠杆率开始下降，银行的资本也逐渐被释放出来，经济触底回升，金融业利润恢复。图3–3 所示是判断信用周期的循环图，适用于国内与欧美市场。

投资基金按照信用周期的判断形成信用风险的投资策略。在信用周期下降时，投资基金会开始买入不良债权。在信用周期开始扩张时，买入产能过剩行业的债务，搭乘经济周期的上升列车。判断信用周期、投资不同信用风险的二手贷款项目的基金被称为信用风险的特殊机会投资基金。

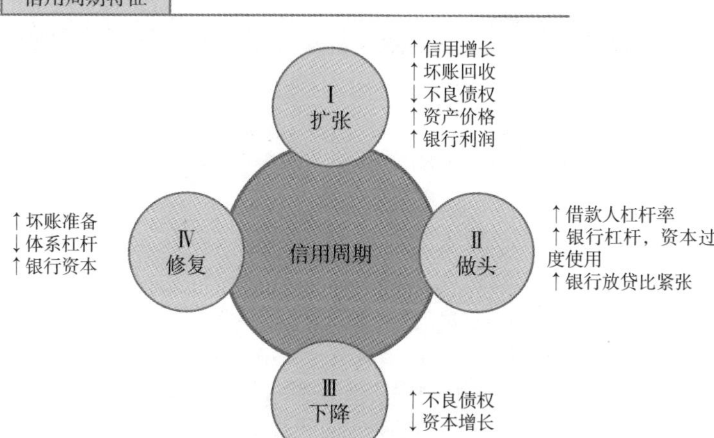

图3-3　不同信用周期的特征

在信用风险投资行业里，橡树资本历史悠久。图3-4 所示是橡树资本总结的不同信用周期阶段的特征，并对应配套的投资机会。公司将信用周期分为债务累积、债务危机、衰退与复苏期四个阶段，并且基本上对应着美林投资时钟的成长、扩张，滞涨，衰退与复苏四个阶段。跟信用周期四阶段差不多，这两个图不但可以用在信用风险的投资，也可以用在股票投资。读者可以搭配后面介绍的美林投资时钟一并应用。

图3-4　橡树资本的信用周期与投资策略

第六节　避免国内债权产品踩雷要诀

2019 年年中发生了某三方财富管理公司与承兴企业的纠纷。事件陷入罗生门，债务人、债权人以及应收款方三方各说各话。2020 年9月，发生了民生信托发行有关中建五局收益权的信托计划遭中建五局否认该信托计划的收益权存在事件。2020 年10 月，工商银行代销的鹏华聚鑫系列的理财产品也出现到期没有兑付的事件。对于贷款类的投资项目，作为销售给投资人的财富管理公司需要负起分辨还款能力与还款意愿两种风险的责任。还款能力其实也是建立在还款意愿基础上的。如果贷款的债权是虚假的，签的借款合约用的是非真实的印章，借款金额、借款行为超过企业股东会、董事会的授权范围，这样的贷款合约就没有法律效力。即使借款合约有法律效力，若是担保品并不存在，那就还是存在还款来源不存在的风险。其中，借款债务人的道德风险是最需要被核实的。在抵押品是不动产、动产的情况下，可以比较容易地确定抵押品的真实性与价值。对于P2P的小额贷款打包的产品、供应链的金融产品，由于其底层资产数量庞大，提供产品的财富管理公司有责任一笔一笔地确认底层资产的真实性。对于供应链的金融产品，还要与供应链的上下游厂商相互交叉印证交易的真实性以及是否存在纠纷。如果供应链的金融产品的应收款是有商业交易且真实存在的，那么供应链的金融产品的风险是可以接受的。P2P小额贷款打包的产品有小额分散的好处，如果底层的借款是真实发生的，发放贷款的平台信誉、经验、执行风控措施到位，以及股东背景都可以的话，小额贷款打包的金融产品风险也是可以接受的。出问题的小额贷款公司都是老板“跑路”，将资金挪用到非贷款业务上。老板一开始就是骗钱的心态，没有把从投资人那里拿到的资金用在发放小额贷款上，而是放进了自己的口袋。如果债务借款人一开始就打算欺骗，那就只能依赖做产品的财富管理公司细致尽职的调查，提前发现谎言的破绽。读者在识别贷款类的产品时，还要多加一个识别要点：财富管理公司有没有尽责地识别底层资产的真实性和借款人还款意愿的道德风险。根据相关规定，基金管理人、托管人等未能履行勤勉尽责义务造成基金份额持有人财产损失的，依法应当赔偿。所以作为财富管理公司在给投资人提供理财产品时，一定要做足尽职调查，做到勤勉尽责，不然就要对投资人承担赔偿责任。

04 没有到期日的资产

好的资产，最好都不要有到期日，这样才省心、少烦恼。有一种类似永续年金的资产没有到期日，从投资起的第二年就可以领取现金收益，这就是投资少数股权在私募基金管理人手上的基金。本章将介绍这类基金的由来、特点以及适合的人群。

第一节　分享私募基金管理人收益的资产

从2008年金融海啸后，基金行业的资金大部分集中在资产规模超过10亿美元的大型基金，而小型基金基本被淘汰。2016年全球私募基金募集量约2680亿美元。有69%资金投资于超过10亿美元的大型基金。大型私募基金呈现大者恒大的势头。投资这些大型私募基金的管理公司可以分享管理费与超额利润。2006—2016年，大型私募基金每年都能募集到最大份额。[1]2017年全球私募基金的募集量持续上升。虽然2018年募集量有些许下降，但是大型基金仍然占据主要的募集量，前十大基金的募集量占据整个行业的27.6%。

机构与个人在增加私募基金配置的同时，对基金管理公司的要求

[1]　数据来源：Pitch Book 2016 Annual PE&VC Fundraising Report。

也越来越高。其中比较普遍的一个要求是基金管理公司提高自有资金投入自己管理的基金，目的是加强利益捆绑。KKR（全球历史最悠久也是经验最为丰富的私募股权投资机构之一，老牌的杠杆收购“天王”）在2010年实现上市，募集到的50亿美元全部进入KKR公司的自有资金，主要用来支持KKR募集基金的普通合伙人（简称GP）出资用途。而且KKR将募集所得的基金用于GP出资的比例是行业最高的：对常规的PE基金KKR出资5%；对于新策略的基金，例如2013年募集的能源收入与成长基金，KKR的出资比例达12.9%；对于2016年募集的下一代科技成长基金，KKR的出资比例是22.5%。基金管理公司开发新策略、开发新产品、招募新人、开设新点等策略性的活动都需要资本金。KKR上市募集的资金没有分给原始的传世合伙人，而是直接进入公司的自由资金，以供将来开发新策略之用。20世纪80年代成立的私募基金管理公司只有KKR、黑石与凯雷等少数管理公司。如果管理公司没有上市，就会担忧策略发展的资金来源。一旦创始合伙人已到退休年龄，就需要变现自己持有的股权。由于这些行业生态的变化，就会出现大型私募基金管理公司出让少数股权的投资机会。

第二节　投资基金管理公司少数股权基金的优异性

任何私募基金都要支付管理费和超额收益的绩效分成给基金的管理公司。其中管理费收入百分之百给管理公司。绩效分成费通常要分给管理公司的员工，以激励员工的积极性。例如把绩效分成收入中的40%给员工，管理公司收剩余的60%。假设管理公司出让20%股权，投资GP股权的基金就能分到基金管理公司最后净收益的20%。

投资GP少数股权的基金除了有未来收益稳定的好处，还有现金流的好处。因为被投资的GP 已经管理了几档基金，拥有相当大的管理资产规模，有现成的管理费收入。有些基金到了退出期，会有利润分成收入，再加上自有资金投入的回收，意味着投资GP 股权后的第一年就有现金收入，因此此类投资非常适合退休人士。美国某基金公司成立了三期专门投资基金管理公司少数股权策略基金，表4-1 是该基金公司过去三期基金的现金回报率，我们可以发现每一期在基金成立后的第一年就有现金回流给投资人。

表4-1 美国某公司投资基金管理公司收益率一览表

基金名称	2021 年收益率	2013 年收益率	2014 年收益率	2015 年收益率	2016 年收益率	2017 年收益率
基金1 期	15.7%	18.0%	13.4%	11.4%	10.7%	4.0%
基金2 期	–	–	–	4.6%	21.2%	4.0%
基金3 期	–	–	–	–	11.1%	11.4%

数据来源：该公司的基金募集材料。

投资GP 股权的基金的风险只有一个，那就是GP 管理基金的规模缩水。对冲基金有开放申购与赎回的机制，在市场的交易状况不好的时候，对冲基金被大量赎回，管理资产规模大幅下降，导致管理公司的收入跟着下降。同时因为管理资产规模下降，GP 管理公司的估值也下跌，甚至可能会跌到投资管理公司少数股权基金原始买入该管理公司股权的投资成本之下。这样的情况就会造成投资基金管理公司少数股权的基金产生亏损。表4-1 的基金1 期、2 期就是有投资在对冲基金管理公司的少数股权，我们可以看到在2017 年的收益率有下降的现象，这就是因为2016 年、2017 年对冲基金被大量赎回。

避开投资对冲基金管理公司的少数股权，就可以避开这类基金管理资产规模变动的投资风险。表4-1的基金3期就完全没有投对冲基金管理公司的少数股权。在表4-2中，我们将某投资基金公司股权基金收益率与夹层贷款基金进行比较，其中比较了内部回报率（IRR）、净估值倍数和净分配倍数这三种指标。这个投资GP股权的管理公司一共发行三期：基金1期与2期的投资对象包含对冲基金管理公司的少数股权，因此受到对冲基金被赎回的影响；基金3期就没有投资任何对冲基金的管理公司。表4-3是该投资基金公司股权基金收益率与美国PE基金行业的比较。该公司的基金1期、2期的IRR与净估值倍数排在第三，第四个四分位。但对投资人最实在的净分配倍数，基金1期排在第三个四分位，基金2期排在第一个四分位。基金3期因为没有投资在对冲基金的GP，三个业绩指标不是在第一就是第二个四分位。

表4-2　某投资基金公司股权基金收益率与夹层贷款基金比较

对标 夹层贷款基金			内部回报率			某基金	净估值倍数			某基金	净分配倍数			某基金
基金名称	年份	样本数	前四分一	第二四分一	第三四分一	分位	前四分一	第二四分一	第三四分一	分位	前四分一	第二四分一	第三四分一	分位
基金1期	2011	44	13%	11%	8%	4th	1.4x	1.3x	1.3x	4th	1.0x	0.8x	0.6x	4th
基金2期	2014	39	14%	9%	8%	4th	1.2x	1.2x	1.2x	4th	0.4x	0.2x	0.1x	3rd
基金3期	2015	38	14%	10%	6%	1st	1.2x	1.1x	1.0x	1st	0.1x	0.1x	0.0x	2nd

数据来源：该公司的基金募集材料。

表4-3　某投资基金公司股权基金收益率与美国PE 基金比较

对标 美国PE 基金			内部回报率			某基金	净估值倍数			某基金	净分配倍数			某基金
基金名称	年份	样本数	前四分一	第二四分一	第三四分一	分位	前四分一	第二四分一	第三四分一	分位	前四分一	第二四分一	第三四分一	分位
基金1期	2011	219	21%	13%	7%	3rd	1.9x	1.5x	1.2x	3rd	0.9x	0.5x	0.2x	3rd
基金2期	2014	325	20%	12%	3%	4th	1.x	1.2x	1.0x	4th	0.2x	0.1x	0.0x	1st
基金3期	2015	348	19%	7%	−3%	2nd	1.2x	1.1x	1.0x	1st	0.1x	0.0x	0.0x	1st

数据来源：该公司的基金募集材料。

第三节　什么类型的投资人适合投资无到期日资产？

天下没有白吃的午餐。投资在管理公司少数股权的基金的缺点是没有到期日。这类基金是投在基金管理公司的股权。只要底层资产的基金管理公司不上市，所投资的股权就没有变现的机会。投资这类基金就像买永续年金，没有到期日，每年领取现金收益。按照现金收益率都在10% 以上计算，10 年后本金完全回收，从第11 年开始，完全是净赚的。

国内某三方理财公司也有类似的产品。但是因为国内的环境尚未到基金管理公司出售少数股权的时机，所以这个三方理财机构的策略实质上是扶持个人成立私募基金公司。国内投资私募基金公司少数股权的投资环境成熟需要等到创始合伙人到退休年纪。2008 年算是国内私募基金高速开展的一年。如果这些创始人目前是四十几岁，到65 岁退休，那么还有约20 年时间。因此国内出现投资私募基金公司少数股权尚需要时间。读者若有海外的资金，可以关注欧美这类策略的基金投资机会。

05 抗逆境的资产

经济增长有周期性特点。在经济增长期，投资什么都赚钱。一旦经济开始退潮，要投资什么？本章为读者提供在经济不景气时投资的锦囊妙计。随着经济下滑，有几类资产会越来越多。资产供给多，价格就下跌。便宜的价格是投资的最好风险保护垫。读者在阅读本章时，要特别关注这类资产逆周期获利的来源。

第一节 人弃我取的资产

一般资产的投资收益率与经济周期息息相关，但有一种在经济周期下降时，反而可以产生高收益率的资产。我把这类资产叫作在逆周期抵抗经济的资产。经济下滑时，这种资产的收益率反而上升，与经济周期呈反向关系。在市况不好的时候，投资人在主观上会更悲观，甚至不计代价，抛售原来认为不错的资产。这种状况不但发生在股票市场，在其他的资产市场也一样产生。人弃时，为什么我敢取呢？这就是专业知识的作用，也是信息不对称的结果。

经济下滑导致企业债务违约产生不良债权资产。银行是晴天送伞，雨天收伞的业务模式。当经济开始下滑，银行收缩银根，到期不续贷款，甚至提前收贷款。本来国内的企业大多是杠杆式的扩张，借新还旧。企业越做越大，但是现金流却越来越少。银行抽贷，潮水一退，哪个人在裸泳马上暴露无遗。那些经营现金流本就入不敷出的企业，再加上融资的现金流干涸，就会面临债务违约。不良资产的产生与经济增长成反比。在经济退潮的时候，银行的不良贷款一定会逐渐上升。不良贷款上升，就给专门从事不良资产投资的专家们提供了绝佳的投资机会。

第二节 中国不良资产的机遇

◇ 高杠杆率与债务效率低下催生不良资产

中国的金融体系与西方市场不太一样，政府宏观管理的主导力量比较强势，真正产生金融危机的概率比较低。但是体系累积的债务过高，再加上这些新增杠杆没有产生效率，一旦经济增长下降，在边际挣扎的企业就会出现财务危机，社会整体的不良贷款就会增加。这个定律放之四海而皆准。判断一个体系的债务是否过高，不良贷款会不会上升是有迹可循的。判断过度借贷的依据是新贷款的增速过快。怎样判断杠杆增加速度是否过快？在生产效率保持不变的前提下，若借钱投入实体经济，那么新的借款增长率跟名义GDP 增长率会维持一定的关系。若是新借款速度超过名义GDP 增长率太多，则代表钱流入非实体经济，推升资产价格，导致经济脱实向虚，并且在这个过程中会持续累积形成金融危机的压力。研究机构用债务，或是货币供给的M2（广义货币供给量）与GDP 的关系来计算负债率，并以此衡量债务支持GDP 增长是太多还是太少。这是测量经济是否脱实向虚的最好指标。负债率越高，贷款效率就越低，资金的生产效率一路下降，经济向虚的程度越高。一旦经济转向，企业债务违约就会持续发生，不良债务率会持续上升。

国际清算银行（Bank for International Settlements，简称BIS）的研究结果显示，在2015 年，欧洲、英国、美国等国家和地区的社会贷款尚不够经济增长使用，信贷过多的国家有墨西哥、巴西、土耳其等，而中国是研究对象中超额信贷最大的国家。

◇ 中国债务增长速度超过实体经济增长

我们再从另外一个角度看中国债务增长与经济增长的关系。非金融部门总债务与GDP 的比值是用来衡量每一个单位的GDP 所需要的借贷资金的指标，值越高表示资金的使用效率越低。M2/GDP 是常用的衡量金融深化的指标，即广义货币供给量（M2）与国内生产总值（GDP）的比值，该指标衡量了每产出一个GDP 所需要的货币金额。M2/GDP 越高，表示货币的效率越低。中国经济增长的黄金时期是2003—2007 年，在这段时间里，因为体制改革加上进入世贸组织的双重红利，上述的两个指标呈现下降的趋势，资金的使用效率不断提升。2008 年金融危机席卷全球。中国展开4 万亿计划，加上2014 年金融创新举措，上述两个效率指标从2009 年开始一路上升，意味着资金的使用效率一路下滑。中国政府担心产生系统性风险，因此从2016 年年底开始一系列去杠杆政策，经济增长逐渐退潮，企业债务违约不断发生，不良资产加速产生。

◇ 中国金融去杠杆中断企业资金链

经济退潮孕育不良资产的环境，防范系统风险的政策加速催化中国不良资产形成的条件。去杠杆、资管新规、银行表外资产回表内、对银行一级核心资本的考核要求造成企业借新还旧的融资断炊。受到资本充足率、拨备覆盖率的限制，商业银行的融资无法完全承接表外回表内的融资需求。再者，2013 年1 月1 日起施行的《商业银行资本管理办法（试行）》要求2018年年底系统重要性银行核心一级资本充足率需达到8.5%，其他银行核心一级资本充足率不能低于7.5%。核心一级资本只能通过利润积累或股权融资的方式补充。但由于坏账增加、经济减速、利润增速降低、股市低迷，银行用增资方式补充资本并不可行，商业银行补充核心一级资本的难度加大，只能减少融资，避免消耗资本。

体质不良的企业，在经济涨潮时，借新还旧，即使经营来的现金流不够，也能够通过不同的融资渠道借到钱让企业继续经营。

非银行体系受压，必须减少融资。M2代表从银行体系释放的资金，而M2增长率从2018年开始节节下降，之后一直保持在紧缩的低位，直到2020年疫情才开始放松，呈现上升趋势。包含影子银行的社会融资余额在2018年下降幅度更大，也是到了2020年疫情时期开始回升，但是在2020年9月又大幅下降。

2018年一整年里，不论是代表银行体系释放的资金的M2增长率，还是M1增长率，两者均一路下滑，甚至出现了M1增速低于M2增速的倒挂现象。到2020年9月底，M1增速仍然低于M2增速，没有改善。其中，2018年到2019年是因为金融政策主动收紧，产生不良资产；2020年起，是因为经济突然下降产生不良资产。

第三节　投资不良债权的收益来源

◇ 回收不良资产是体力与耐力活

不良资产的投资是一个苦力活，没有捷径。投资人首先需要寻找项目。取得项目的资源渠道包括银行、资产管理公司、律师事务所、各地服务商、中介机构等。有了可能取得不良资产的机会后，要对目标不良资产包定价，才能竞标。在定价阶段，首先需要按照过去的经验，开发一套资产定价模型。定价及交易结构需要有中国债权司法程序的一手经验。最后，需要深入理解中国法律系统的运作。投资人取得不良资产包后，需要准备具有创意的增值行动。持续寻找资产包内隐藏的资产线索，解决各种法律问题，利用信息不对称，获得更高的投资倍数。退出方式包括出售资产包给小基金，卖给外国基金以及与债务人或是保证人和解。不良资产的变现及退出需要对中国法院体系流程有丰富的经验。保持与多地不良资产卖家、买家的紧密关系，提升庭外和解谈判能力，才能提升退出资产包的概率。处理不良资产包也需要创意，在处理不良资产过程中，挖掘创新解决方案。

在对不良资产包最终出价之前，要进行尽职调查，做足功课。而在实际花钱做调查前，则需要搜集足够的信息，根据对资产包清单、抵押物清单做初步评估，分析这个资产包的回报率、风险和估值。其中又需要根据当地司法环境、地域特点、抵押物回溯等要素做出评估。初步评估完，对象符合我们的要求，才开始实际尽职调查。实际尽职调查的目的是要做出回收测算、商业计划和敏感性分析，测算每一户债权现金流及整包现金流，分析抵押物的未来潜在买家，估算尽调的费用，还包含了支付保证金、拍卖的费用，规划尽调时间表和处置方案。根据处置进程，不定期更新处置方案。整个不良资产投资从取得资产包到回收的过程简述如图5–1 所示。

图5–1 不良资产投资流程

◇ 不良债权投资收益率取决于不良资产供给多寡

出售不良债权的主要卖家是银行与信托公司等其他非银行的金融机构。从2016年开始的这轮不良资产，预估待处理不良债权会达到3.1万亿美元，是上轮2002年不良资产处理周期的6倍。因为政策要求，加上过往利润足够，银行有出售不良资产的能力与动力。不良资产的供给快速增加对有能力处理不良资产的投资人极为有利。2002年的不良资产黄金周期持续了六年。本次周期从2015年开始，原本应该持续到2021年或2022年。但是由于2020年的疫情带动了新一轮的经济下降周期，所以我们预估从2017年开始到2023年或2024年是出售不良债权规模急速增加的黄金时期。获取不良资产的难易度决定投资组合中不良资产的占比。不良资产占比越高，收益率越高。

处置不良资产有三种方式：一种是政府兜底，这发生在我国第一轮处理不良资产的时候；第二种是鸵鸟政策，这发生在日本；第三种是美国式的市场处理机制。本轮不良资产的处理会采取接近美国式的市场处理方式。为处理本轮不良资产潮，中国政府用政策推动市场化处置不良资产，而这会大幅增加需要处置的不良资产。政府政策的要求加上经济增长的退潮，投资不良资产的黄金时机已经到来。2020年的新冠疫情令全球经济突然衰退，中国虽然不会有负的经济增长率，但是经济增速大幅下降却仍不可避免。本轮的不良资产投资周期会因为疫情的原因再延长2～3年。不良资产处理的策略将有超过15%的回报可期。因为疫情的影响，这个回报率将可以维持到2023年左右。

◇ 不良债权投资的获利策略

不良资产投资获利分为长期、中期和短期三种策略模式。长期策略是协助陷入困境的企业重新恢复功能，令其财务状况好转，成功偿付原来的债务。不良资产投资人则可以从收购的大幅折价率中获得高收益回报。中期的策略是发债主体无法偿债、宣告破产，投资不良债权的投资人成为主要债权人，积极主导破产重组并获得新债权或股权，之后择机退出，兑现收益回报。短期策略是与债务人协商，挖掘债务人的其他还款来源，双方达成折价还款的协议，快速取回投资的资金。

不良资产投资都是从原来的债权机构大幅折价买入不良债权资产包。没有资产抵押的信用贷款折价幅度最大，有抵押物的抵押债权折扣比较小。不良资产投资往往是“两赢一输”的局面。债权人的金融机构用折价方式出售资产，是输家。债务人用低于原来借款金额的价格解决债务，虽然不能抹除信用记录，但是重新出发，算是一个赢家。不良资产投资人用高于买进成本价格回收投资，也是一个赢家。每一个不良资产包的内部回报率在8% ~37% 不等，回收所需时间在1 ~7 年不等。

不良资产投资只能通过有实战经验的基金进行投资，我绝对不建议没有经验的个人贸然从事。“不良资产是劳力活，是功夫活”，这句话的重点是强调不良资产投资产生收益的每一个步骤与经济景气完全不相关，是一步一个脚印得到阿尔法收益的劳力活，但不是每一个管理人都能够做好不良资产的回收。因为不良资产投资的基金良莠不齐，所以读者一定要慎选，选对不良资产投资基金的管理人非常重要。好的不良资产基金的投资管理人一定需要已经有管理几期基金的经验。在这个经验的基础上，投资人要看管理人在拿到收益时的利益分享机制，例如是否善待非合伙人的员工与投资经理，对投资经理的奖励机制是否有足够诱因令投资经理与投资人的利益一致，管理公司的股权架构是否有员工持股等。

不良债权投资基金成功有三个关键：第一是买进的成本要够低，只有在大量不良资产生成的时代才会买得便宜；第二要素是要有耐心与耐力；第三个要素是与第三方服务商与地方关系网络的关系够“铁”。这些第三方服务商包含各类信贷机构、催收服务商、律师事务所与法律团体、房产评估事务所与地产开发商、拍卖机构，以及中介团体等。

ASSET ALLOCATION

第三部分

构建资产组合的有效方法

06 资产配置的核心是选择风险

资产配置的核心是风险的配置。我们选择的每一个风险，都要获得对价。识别不同资产的风险和不同风险的分类方法，是进行有效资产组合的基础。

第一节　风险的另一面是投资能否满足未来支出的需求

一般人在谈论资产配置的风险都是只说资产的投资风险，这等于只说了硬币的一面。而硬币的另一面是投资者的支出需求。任何投资都是为了满足将来个人或是家庭支出的需求。未来的支出需求大部分是相对确定的，但是从投资得到的现金流入是不确定的。例如本金能否回收，能否拿到预期的收益；本金回收时，新的投资收益率比原来到期的收益率是高还是低。这些叫作再投资风险。保险公司的保险、银行的存款到期要还本付息（收益）给保户或是存款户，这是有法律要求的。退休基金、养老基金每一年都有民众交进来的钱，也必须支付给民众退休、养老的钱。因此机构投资人最讲求每一年现金流入与现金流出之间的匹配。现金流入与流出的匹配就是资产与负债匹配的精髓。个人投资也需要注意投资产生的现金流是否匹配未来支出的现金流。将投资资产产生的现金流与未来支出的现金流比对，确定每一年各种收入的现金流必须不少于支出的现金流，这就是个人投资风险管理的精髓。资产配置是要让我们配置的资产所产生的现金流入能够满足未来的各种需求的现金流出。这些现金流出包含税务规划、养老、传承、提供高品质的生活等。

第二节　全系统的风险与个别单独的风险

资产的投资风险通常分为系统性风险与非系统性风险，这种分类主要用来解释债券、股票等证券资产的价格风险。系统性风险是指风险事件的发生会影响所有股票或债券的价格，例如经济政策的出台、经济景气周期的变化、利率的调整、政治家的事故、“黑天鹅”事件的出现等宏观要素，会对所有证券产生影响，无一幸免。例如：中美之争，特朗普推特上发表的言论会对整体证券市场有影响；2020 年的新冠疫情对全球经济与资本市场都造成了影响。非系统性风险指的是某一家企业，或是某个行业发生的风险事件，只对这个企业或是行业的证券价格产生影响，不会影响其他的企业、行业。例如当辉山乳业发生财务作假事件时，只会影响辉山乳业发行在外的证券（股票与债券），没有影响到其他乳制品企业的证券价格。又如长生疫苗发生的造假事件，引起了大家对公众健康的担忧，但影响的范围只扩展到药品行业，没有扩散到其他行业。但这种针对个体的事件所造成的影响也有例外，比如，美国对华为的制裁以及持续的各种动作，不但影响了华为的股票价格，也影响了整个股票市场的股价。因为华为与高科技产业息息相关。

由于金融紧缩，现金流不健康的企业无法续借新贷款还老贷款，就会导致企业债务违约陆续出现，从而有可能影响到其他财务体系相对不健康的企业的股票价格，这是感染效应。因为投资人会担心金融紧缩造成经济体系的资金不足，经济增长率会降低，弱的企业首先遭殃。这就是非系统性风险会传染成为系统性风险，叫作避雷情绪的感染。系统风险是难以避免的，只要手上有股票，股灾来临，怎么躲都躲不掉。除非我们有先见之明，先抛掉股票，持有现金，降低手中股票的部位。另外一个躲避系统风险的方法是做对冲。通常国债价格走势与股票价格走势是相反的。持有股票的同时买入一些国债用来对冲股票价格下跌的风险，也可以卖空股票的指数。但是做对冲有两个缺点：第一，因为对冲要成本，如果风险事件一直没有发生，买国债的收益率是无风险的收益率，卖空指数也是有成本的，对冲布局的成本会降低投资收益率；第二，一旦发生“黑天鹅”事件，即使原来没有相关性的资产，其价格也会一起下跌，这个时候用债券对冲股票就没有效果。

分散化投资能使非系统风险减少，而分散化的极致就是干脆买一个市场指数的产品。区分系统风险与非系统风险只是用来说明股票、债券投资的风险来源。这样的分类无法解决在投资组合中，是否要配置股票债券以及要配置多少等关键问题。

第三节　最难掌控的风险是自己

系统风险与非系统风险的起源都是经济、政治或是突发事件等外部原因。有一种分类是将这些来自外部并且个人无法控制的风险统称为政经风险。而将因为自己产生的风险叫作心理风险。防范心理风险就是要管好自己，避免自己犯下金融学上所指出的那些投资人经常犯的错误，例如不要盲从，不要有“羊群效应”的心态，避免看到新闻标题，根据直觉产生第一反应就做出投资的决定。要有不一样的思维，做出不一样的投资决定，才会有不一样的投资成果。最好的思维是反市场方向，等待市场定价错误时再出手。股票投资不论是基于基本面，还是基于心理面，都需要有长期心态。价值投资只有长期持有才会显现价值。反市场操作也不是天天都有市场定价错误发生，一两年才会出现一次市场的定价错误。

第四节　区分可控风险与不可控风险

将风险分为政经风险与心理风险还是无法解决是否要配置股票、债券，以及配置多少的关键问题。投资其实是选择一个我们懂的，同时愿意承担的风险，从而得到这个风险带给我们的预期回报。投资风险有哪些？有哪些风险会带给我们确定的回报？有哪些风险带给我们不确定的回报？确定与不确定就是先前我说的高概率与低概率。如果把国债作为没有风险的投资，任何收益率超过国债的投资都需要冒险，投资这些风险收益率超过国债收益率的投资回报叫作风险溢价。有哪些风险溢价是可以预测、管理，且相对确定的？如果我们选择风险的资产发生问题，我们是否能够使上力，解决糟糕的情况，让我们能够全身而退？有哪些风险溢价是超出任何人的管理能力，只有概率才能解释？

资产配置是在考虑所有资产风险后，按照个人的未来支出需求，选择愿意接受、承担的风险，来配置能够满足未来支出需求的资产。针对愿意承担的风险，还需要有能力管理这些风险。风险分为可控与不可控两种。不可控风险带来的回报的好坏不确定，由发生的概率决定。在应对这种风险时，进场时机的判断与选择非常重要。股票、债券、商品这些分分秒秒有价格的资产最大的风险是价格波动。价格波动除了反映基本面的变化外，更多时候，是反映市场参与者的心理变化，这超出我们的控制能力。投资这类资产最重要的是要控制我们的成本，考虑自己能承受的回撤幅度，以及进场的时点。可控风险则是我们可以管理的，并且有非常高的概率会带来回报。对这类风险，我们要有能力选择合适的资产以得到对应的风险溢价。要先挑选能达到预期收益率的产品，再挑选有能力替我们获取这些风险回报的有经验的投资经理。

风险选择是考虑这个风险产生对应回报的概率，以及万一投资没有按照预期的结果，我们是否能够起死回生，全身而退。最好的风险是得到风险溢价的概率高，甚至回报是可确定的，同时万一出现意外，我们能够承担风险，或是扭转局面，降低损失。

第五节　投资风险的“三色图”

1983 年我从芝加哥大学商学研究所毕业后，就开始做投资，到现在有超过30 多年的经验。从银行的贷款、基金公司的股票、债券投资到中国香港地区的私人银行代客理财，再到在日本、中国内地的保险公司做资产投资。退休以后，我还在几家大型财富管理公司做顾问，深入理解目前内地流行的财富管理产品。总结这么多年的经验与教训，我把投资需要冒的风险分为三大类。第一类风险通常会有对应的回报，我把这类风险定位为绿色风险。第二类风险也会产生对应的回报，但是在过程中会受到些许的其他因素影响。我将第二类的风险定位为黄色风险。第三类风险产生回报基本上是依赖买入的时点，这类风险溢价的实现是呈现概率的分布，因此选时最重要。我把第三类的风险定位为红色风险。红色风险还有另一个特点，就是万一资产出现意外，你使不上力气，无法拯救局面。

图6–1 总结了三类产生收益的风险来源：绿色风险代表冒的风险会产生相对确定的回报，面对这类风险你可以有掌控的力度；黄色风险代

表冒险产生的回报有一点不确定，但是尚可接受；红色风险则代表了即使冒了风险，也不见得会有回报。

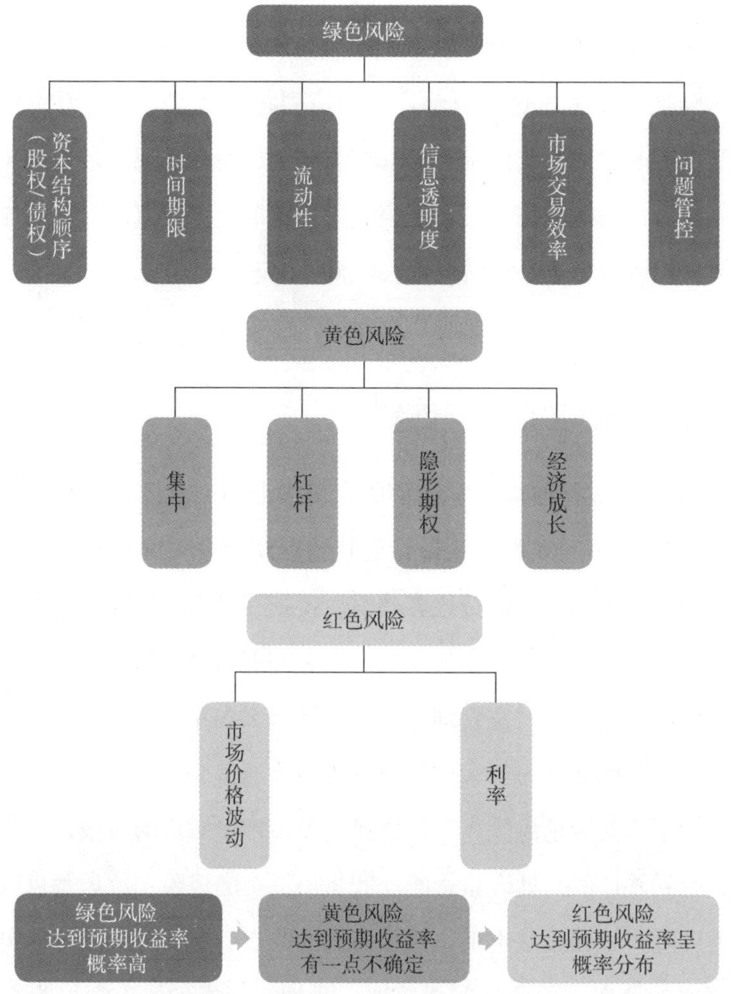

图6-1　产生投资收益的风险来源

怎样去拆解每一个投资资产的收益是来自哪几个颜色的风险呢？我举两个例子给读者参考，希望能起到举一反三的作用。

◇ 直接贷款的资产是依赖绿色风险创造收益

第一个例子是投资在直接贷款的基金。直接贷款给公司，在资本的结构中，你是债权人，风险比股东小，因此债权的收益率比股东的收益率低。这类基金有投资期、回收期，两者各4年时间，总共至少有8年，所以一定是与时间做朋友的长期投资。在这8年之间，无法退出，没有流动性。因为是直接与融资方谈判，而且你事先有做尽职调查，获取了足够的信息，有信息不对称的优势。同时，直接贷款是给公司直接的债权融资，享有契约还款的优势。万一借款人无力还钱，可以有法律行动，可以拍卖抵押品，追回贷款。问题发生后，有掌控力收回资金。因为不是在市场交易的证券，贷款的转让相对不容易，是没有效率的市场。在基金层面可以利用短期的过桥贷款提高收益率，由于过桥贷款有明确的还款来源，并没有太大的杠杆风险。基金对一般的贷款会有分散的要求，每一个项目不能贷款超过基金资产的5%，这样存在轻微的集中度风险，但不是太严重。直接贷款的基金通常与借款公司没有对赌协议，所以没有隐性期权风险。直接贷款的业务有保证，有抵押品，收益率与资金的回收受到经济周期的影响很小。直接贷款基金的底层资产是用借款公司的还款能力来估值的，没有市价变动的风险。因此，直接贷款收益多数来自绿色风险，以及两个黄色风险，完全没有冒红色风险。

◇ 股票的收益来源依赖红色风险

另一个例子则有关股票。股票是公司资本结构中的股东资金，收益率应该最高。股票在交易所交易，有连续价格，受到价格波动影响的风险最大。既有系统风险，也有非系统风险。系统风险中，股票价格既受到公司业绩的影响，也会受到股票市场整体变化的影响。当股票市场受到经济波动的影响，例如利率变动时，公司股价也会随之波动。甚至连同行业其他公司的股价变动也会影响你的持有股票价格。风险的来源有一半以上不是因为这家上市公司本身。除了资本结构，股票的收益没有来自绿色风险。股票投资不能有内线交易，如果你买进公司的股价下跌，你也无法有任何的举措改变价格下跌的事实，因此股票的收益来源主要依赖红色风险。

其他的资产读者可以按照说明，区分取得收益需要承担哪些风险。

07 用不同颜色风险构建资产组合

资产可以分为核心组合与卫星组合两部分。核心组合需要匹配我们未来的支出需求，要有稳定收益，能够抗通货膨胀，净值波动小，达到这类资产的预期收益率的概率要非常高，让我们能够安稳入睡，因此核心组合是防守型组合。卫星组合则是进攻型组合，目的是提升整体资产的收益。例如上市股票、债券、商品期货这些波动大，有连续价格的资产适合构建卫星组合。

第一节 按照收益的风险来源构建核心与卫星组合

核心组合就是我们今生财富的防御部队，讲究“天塌下来都不会眨眼”的哲学。而卫星组合则好像现代的特种部队，小兵立大功。特种部队深入敌后，寻找敌人的弱点，一举突破。即使被牺牲，对大局也没有影响。我们大部分的资产应该放在核心组合上，只有小部分的资产可以用来做卫星组合。这样即使卫星组合判断错误，出现损失，对我们的主要布局也没有影响。

资产配置的核心是风险的配置。我们选择的每一个风险，都要获得对价，这就是具有绿色风险的资产。核心组合的资产需要波动小，长期能够高概率地达到原先配置时的预期收益率。按照我们红黄绿三色的风险类别来说，核心组合资产的收益来源最好有很多绿色风险，有一点黄色风险没有关系，但是不能有红色风险。核心组合的资产与经济周期、股票市场的价格周期关系不大。因为获利来源与周期相关性小，在周期的任何阶段都可配置。卫星组合的资产就必须波动性越大越好，与经济周期、股市的价格周期关系越大越好，这样才能小兵立大功。卫星组合的资产收益最好都来自红色风险。

第二节　决定核心组合资产配置比例的五件事

知道了可以带来收益的风险种类，也知道用不同颜色的风险资产构建核心组合与卫星组合，接下来就到了如何选择适合你的资产配置的风险构建阶段。投资最重要也是最难的两件事情：一个是判断宏观大环境的方向；另外一个就是了解自己——了解自己的能力、知道自己的需求，还要控制自己的贪婪与恐惧。构建一个适合自己的核心组合资产配置首先要回答五个问题：第一，这个配置你准备持有多久的时间，是10年，还是1年；第二，你的预期收益率为多少才合理；第三，每一年你需要使用多少投资本金；第四，每一年你希望这个资产配置带给你多少的现金收益；第五，你可以忍受资产有多少的亏损。除了这五个问题，你也必须将本业与财产的投资策略分开。如果你从事的是与房地产相关的行业，我建议在你配置家族的财富时，就不应该配置任何与房地产有关的资产或是项目。

我们一起试试怎么按照你的需求来制定核心组合的资产配置。你在做资产配置之前，需要知道每一个资产的长期预期收益率。我将国内长期的数据简化后，用以下资产收益率作为练习的假设。假定PE基金的10 年年化收益率是15%。稳定收益产品投资期为2 年，每年的现金收益是7%。货币市场基金收益率是4%。上述这些是我们练习用的假设数据，不代表真实的收益率。另一方面，假设你的需求是每一年需要花费3% 的支出，其中只能动用不超过1% 的本金，你的资产配置年限是10 年，预期收益率是15%。

在上述假定条件下，配置100% 的PE 基金虽然收益率最高，但是不能满足你每一年的支出需求。如果你每一年只愿意使用1% 的本金支付一些费用，10 年就是10% 的本金变现需求。最简单的做法是将10% 的本金配置在既有流动性又安全的资产中。如此一来，资产配置变成90% 投资在PE 基金，10% 必须投资在安全流动的资产。因为你不希望在变现本金的时候产生任何亏损。这10% 中理论上应该搭配国债与货币市场基金。国债虽然安全，但如果你是买个人记账式的国债，那就不能随时卖得掉，这就不是有流动性的资产。实际上，可以将有流动性需要的资产全部配置在相对安全的货币市场基金。这样一来，10% 是货币市场基金，剩余90% 是PE 基金，预期收益率可以从15% 降为13.9%（4% × 10% ＋15% × 90% ＝13.9%）。你的资产配置中还必须每年有2% 的现金收益，才能满足每年花费3% 的支出使用。因此，你就必须要配置稳定收益的资产。稳定收益资产收益率在7%，且每一年都有除息。按照这样的假设推算，你必须配置29% 在固定收益产品。在这种情况下，资产配置的61% 是PE 基金，10% 是货币市场基金，剩余29% 是稳定收益产品，预期收益率是11.58%（15% × 61% ＋4% × 10% ＋7% × 29% = 11.58%）。这个配置可以满足你每年3% 的支出需求，其中2% 从收益支出，1% 用本金支出。这就是适合你的核心组合的资产配置，能够满足你的大部分需求。

上述的演算说明核心组合的资产配置是按照你的需求，避开你担忧的可能出现的状况，选择最可能实现你的预期收益的风险资产。读者只要理解这些逻辑，在做资产配置的时候，充分了解每一个资产的预期收益率，灵活使用即可。

第三节　卫星组合是小兵立大功角色

如果你觉得11.58%的收益率不够吸引人，想再提高收益率，那你就必须冒更大的风险，即你有可能会遭受短期的本金损失，这又叫作浮亏。假设你可以忍受一定的暂时亏损，那么你可以配置多少比例在股票资产呢？在决定配置股票的比例之前，我们需要知道股票的历史平均收益率与风险。假设国内A股的长期回报率约10%，年均波动率（标准差）是15%。这也就意味着在得到10%的回报前，你可能要先忍受有约15%的概率股票会下跌5%的风险。如果你只是想得到A股长期平均回报率10%，大可不必冒这个险。因为PE的平均收益率就有15%，高过股票资产。投资股票就是要得到超过股票长期平均的回报率，不然不值得。

超额回报的资产有大起大落的特点，有红色风险的资产就具有这个特性。但是股票市场不会天天大幅下跌，几年才可能会出现一次大跌机会，因此必须学习以静制动，守株待兔，具备人弃我取，人取我弃的能力。当股市大跌、投资人觉得无望、公募股票基金的股票仓位降到最低点时，你可以开始建立股票资产的部位。股票投资是多看少做的资产，两三年才有一次进场的机遇。运用这个原则去配置股票资产，才有可能获取股票预期收益率加一个标准差，甚至两个标准差的收益率。

股票配置需要有长期的打算，当市场上出现恐惧情绪时，不能自乱阵脚。当股票上涨的时候，也要有见好就收的割舍心态。如果按照这样的配置与操作手法，某一个年度配置的股票就会给你比PE基金资产更多的超额收益。到底会产生多大的收益，我们要使用在前面讲到的预测工具来进行推算。依据A 股平均收益率是10%，标准差是15% 的假设，以预期收益率的10% 为中心，在A 股发生负向的一个标准差波动的收益率–5%（10%–15%），与发生一个正向的标准差波动的收益率25%（10% +15%）之间有68.27% 的概率；在预期收益率左右两个标准差的范围涵盖了95.45% 的概率；在预期收益率左右三个标准差有99.73% 的概率。读者可以参考这个统计数据，运用于A 股的大盘指数，运用时要考虑最高点到最低点的跌幅，或是最低点到最高点的涨幅。

第四节　资产配置的三个层次

◇ 战略、战术与动态资产配置的运用

不论是多类资产投资，还是单一资产投资的资产配置，都可以分成战略资产配置、战术资产配置（tactical asset allocation，简称TAA）和动态资产配置（dynamic asset allocation，简称DAA）三个层次。多类资产核心组合的战略资产配置有四个步骤。第一步是了解每一个大类资产收益与风险特征。第二步是了解自己的需求与限制（恐惧）。换言之，就是了解自己需要的收益率目标与哪些风险投资相符，能接受多大的暂时性损失等限制要素。第三步是结合资产收益风险特征和自己的需求与限制，用简单的算术模型构建战略资产配置的比例。第四步是选择好的产品或投资经理来提升执行效率，确保你的配置能够达到每一个资产的长期预期收益率。核心组合的资产配置的四个步骤，没有复杂的模型，没有高深的公式，就是简单的算数计算，本章的第二节已经做过介绍，在此不再展开。

◇ 动态资产配置需要审时度势

卫星组合的目的是提高整体资产的收益率，超过战略组合的预期收益率。卫星组合的构建需要等待战术的洼地时机，利用人性的弱点把股市、债市或是商品期货市场砸出坑，为卫星组合的进场提供绝佳机会。卫星组合的收益率一旦达到目标，并且市场有过热的迹象时，需要见好就收，然后守株待兔，等待下一次机会。动态资产配置的策略就是“三年不开张，开张吃三年”和“以静制动”。

构建卫星组合需要判断时机，这个判断时机的过程叫作动态资产配置。判断DAA 时机的第一步骤是避免极端心理，不能过度乐观，也不能过度悲观；第二步是等待市场出现“羊群效应”，造成估值面的洼地，或是制造泡沫。观察市场心理是否出现极端情况，比如过热或是过冷的现象。从经济层面，就是观察领先指标是否会往更好、更坏的方向发展，以及是否有开始转向的迹象。若领先指标有转向的迹象，就需要根据美林投资时钟判断下一步政策面即将变化的方向，抢先其他投资人进行布局。关于利用美林时钟判断经济周期拐点的方法，会在第八章详细介绍。

◇ 战术资产配置是顺势而为

一旦利用动态资产配置的策略来布局股票资产的卫星组合，那么之后就需要用战术资产配置的策略来维持这个卫星组合。战术资产配置是顺势而为的心态。从市场心理的观点看，当投资者尚未过度乐观，或是尚未过度悲观时，股票估值还是合理的。观察经济领先指标，如果尚未减弱降温，或是尚未见底，那就代表经济不会突然改变方向，因此政府的政策还不会改变。此时，一动不如一静，顺势而为。

卫星组合的战术资产配置（TAA）与动态资产配置（DAA）是有区别的。TAA 是在领先指标没有转向阶段的策略，是顺势而为。DAA 是处理人的因素，是应对领先指标开始转向的策略。DAA 的精神是对抗人性的弱点，借由观察领先指标是否开始转向做判断，不依赖自己的直觉，或是受到周遭朋友的情绪感染，而是要做到反贪婪与反恐惧，抵抗自己的人性弱点，做到逆势而为，并能够保持冷静与忍受孤独。对于 DAA 的总结是做到人取我弃，人弃我取。

第五节　风险对冲

◇ 四步骤的对冲策略

尾部风险是投资人的噩梦。我们追求绝对回报，最需要避开尾部风险。尾部风险发生在卫星组合中。因为核心组合按照我们的规划目标，是不用担心尾部风险的。尾部风险的发生概率很小，但是一旦发生，其造成的损失会非常高。教科书上会教你购买看跌期权或结构性产品，以防范尾部风险。但实际上，这种保险策略的成本大于收益。因为买家买长期保险的预期回报率是负，而出售保险的卖家则长期获利。在我看来，对冲尾部风险的策略有四：第一，不是用资产类别做分散，而是用风险来源做分散；第二，主动管理即将到来的风险，在看到波动性扩大，察觉金融风险大幅累积时，要有警觉，要开始做对冲、降低风险的举措；第三，配置风险相关性低的资产；第四，事先制订风险管理的预案。

◇ 对冲尾部风险需要风险来源分散化，非资产类别分散化

风险的来源除了股票的价格风险之外，还有利率、通胀和信用风

险等。分配风险来源的种类越多，就越能够均衡掉风险的概率，也就越容易降低投资组合的整体风险。卫星组合操作的唯一策略是等待估值的洼地。这是从进货成本的角度出发。而一旦你进货，有了卫星组合，就要主动管理风险。股票价格风险的定义是波动性的。看到股价一路上涨，投资者会非常开心。但是看到股票价格的波动性开始扩大的时候，表示风险开始聚积，变盘的概率在增加。在这时，可以请你的券商提供你关心的几种指数，以及你持有的个股的波动率。当波动率提高，就降低股票部位，把波动率控制在一个定数之内。主动管理波动率可以有效地降低卫星组合的尾部风险。

◇ 卫星组合也要配置相关性的资产

增加对冲基金是减少卫星组合尾部风险的另一个方法。对冲基金的策略有全球宏观策略、股票中性策略、统计套利策略、相对价值策略等。管理期货策略与股票的整体相关性，是从市场的趋势中获利。投资者的行为偏差与市场价格对事件的反应不足之间存在相关性。市场出现某一好或坏消息后，价格并不会马上进行调整，而是慢慢地反应，一直持续到价格完全反映这一消息对其基本价值的影响为止，有时甚至会继续延续，导致价格在最初的反应不足之后，变为过度反应，超过其基本价值。管理期货策略类似趋势跟踪策略，不适用于震荡的行情。在震荡行情中，市场价格没有明确的趋势，经常趋势翻转，因此趋势跟踪策略不仅会失效，而且会增加交易成本。高频交易是捕捉不同市场、不同品种的价差。收益率就固定在6% ~ 10%，是近似固定收益的产品。

◇ 事先制订尾部风险管理预案

人们常犯的错误是在不利情况发生初期反应不足，最后又反应过度。当面临亏损时，多数投资者的心理因素作祟，盼着反弹，不愿砍掉亏损扩大的持股。结果就是因为一忍再忍，持有时间过长，卫星组合亏损不断扩大，到被迫止损的时候，为时已晚，止损点已接近底部。在市场开始修复、上涨的初期时，反应滞后，导致加仓的节奏过慢，错过大部分涨幅。股票操作分为战术配置与动态配置两种策略。战术配置就是追涨杀跌。在上涨的初期，敢于追涨，加大部位。在下跌的初段，勇于认赔出场，出清部位。动态配置策略就是与市场中的人性反向操作。人取我弃，人弃我取。

股票市场的收益率即使是呈正态分布，尾部风险也依旧存在。大量的短期损失会阻碍卫星组合达到提升整体组合收益的目标，因此需要有控制风险的手段，比如，建立控制卫星组合波动率的再平衡机制，以及预先建立战术资产配置与动态资产配置的机制。

ASSET ALLOCATION

第四部分

资产配置锦囊：提升收益的有效策略

08 准确判断经济局势

判断经济状况、预测政府政策方向是投资战术成功的基本功。在本章中，我们会首先阐述如何判断宏观趋势的框架结构，接着用官方数据帮助读者更新对经济形势的判断，并预测下一步的政府政策。

第一节 美林投资时钟理论

◇ 美林投资时钟理论的四个阶段

美林投资时钟理论由美国投资银行美林证券提出，是一个非常实用的指导投资周期的工具。根据经济增长的方向和通胀的高低，美林投资时钟将经济周期分成了四个独立的阶段。如图8-1 所示，横轴是通货膨胀率，纵轴是经济增长率。经济增长不好，通货膨胀率还在下降，是收缩期。经济从弱转强，通货膨胀率还没有上来，是复苏的阶段。经济继续走强，通货膨胀率也跟着上涨，是成长阶段。成长到后半段就会进入过热阶段。通货膨胀率继续上扬，但是经济增长乏力，这个阶段叫作滞涨。

美林投资时钟理论的概念虽然很简单，但是要用在投资决策上，需要再进行细化才能用以推断政府可能采取的政策，从而做出有效的资产配置决策。

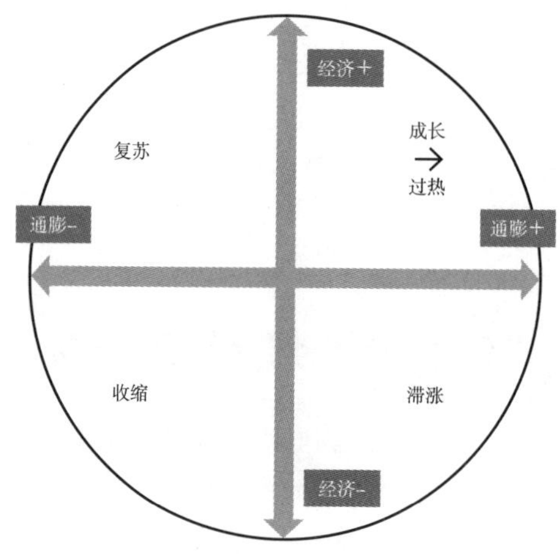

图8-1 美林投资时钟理论的四个阶段

◇ 定位经济运行的几个指标

按照美林投资时钟理论定位经济运行阶段，有三个步骤。第一，横轴用消费者物价指数（CPI）代表通货膨胀的数据。2019年1月以来，代表居民物价指数的CPI一直上升。CPI在2020年1月达到最高点5.4%，之后逐渐回落，2020年7月时降至2.7%。代表物价的CPI指数通常与非食品CPI的方向一致，但是如果2019年的状况再次发生，以猪肉带动食品价格，带动整体CPI上涨，这时就要看非食品CPI的情况。非食品CPI代表着经济的未来需求。如果非食品CPI不涨反跌的话，那么就意味着未来的经济需求疲软。图8-2所示是2018年以来CPI与非食品CPI的走势图，我们可以很清楚地发现，2019年非食品CPI下跌，整体CPI却一直上升。2020年，猪肉价格受到控制，CPI慢慢下跌，非食品CPI直到9月才有止跌的迹象。

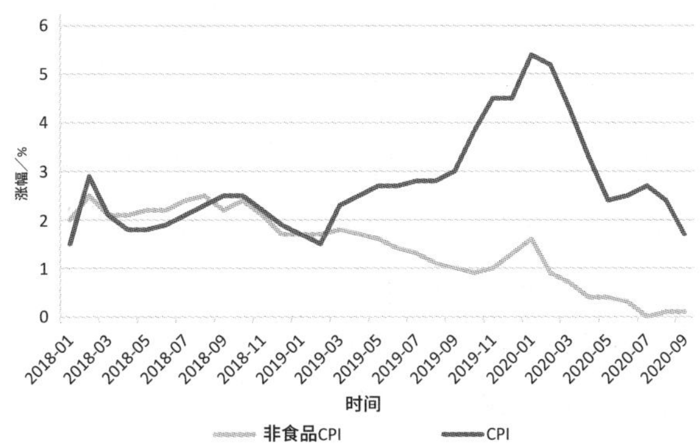

图8-2　2018 年1 月—2020 年9 月中国CPI 与非食品CPI 变化趋势

数据来源：国家统计局

第二，纵轴用工业生产的数据作为经济增长GDP 的代替指标。图8-3 所示是我国2017 年6 月到2020 年9 月的工业生产数据。我们可以看到工业生产值在2019 年出现了极为缓慢的复苏。2020 年疫情拉低了工业生产，但是数据显示有复苏迹象。

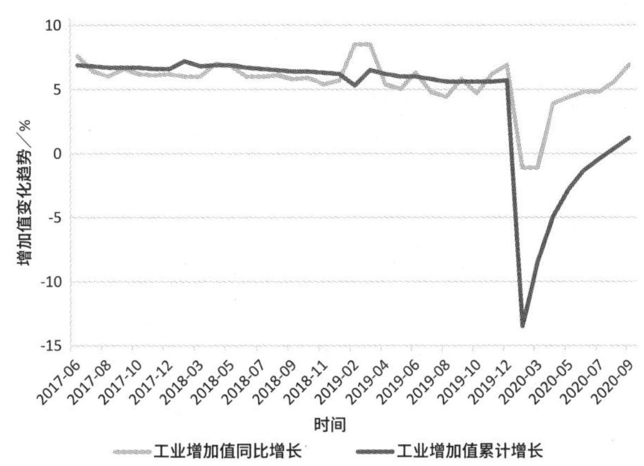

图8-3　2017 年6 月—2020 年9 月中国工业生产增加值变化趋势

数据来源：国家统计局

第三，结合图8-2 和图8-3 中的工业生产增加值与CPI 来判断经济的现阶段位置，工业生产增加值代表经济，CPI 代表物价。因为CPI 一路上升，工业增加值几乎没有增加，2019 年中国经济是在美林投资时钟的滞涨阶段。如果用非食品CPI 作为物价指标，非食品CPI 一路下降，2019 年中国经济是在美林投资时钟的收缩阶段。进入2020 年的第二季度，中国经济在美林投资时钟进入收缩阶段的后半段，在第三季度进入美林投资时钟的复苏阶段初期。

◇ 判断经济未来走向的指标

预测下一个阶段的经济方向，要看领先的经济指标。有五个指标可以作为美林投资时钟纵轴的领先指标，用来判断经济未来走向。这五个领先指标包含厂商出厂价格指数（PPI）、非食品CPI、进口累计增长率、采购经理人指数（PMI）环比和PPI–CPI 的差值。可以用这些指数推断未来经济3 ~6 个月的前景。推断通膨的未来指标可以用路透商品研究局指数（CRB）与南华商品指数。（见图8–4）

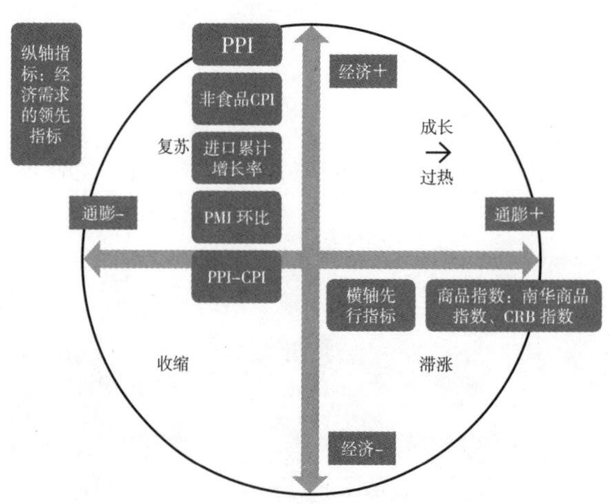

图8–4　美林投资时钟纵轴与横轴的领先指标

第一，厂商出厂价格指数，代表了市场对厂商生产商品的需求，是未来需求的强弱指标。PPI 的出厂价格领先经济运行约3 ~6 个月。

图8-5 所示是2018 年1 月以来的厂商出厂价格增长的趋势图。PPI 出厂价同比数据显示2019 年6 月份PPI 降到0 进入负值，10 月份开始爬升，可2020 年疫情把PPI 再度打下去，直到5 月触底回升，但是回升的动能似乎在9 月停了下来。

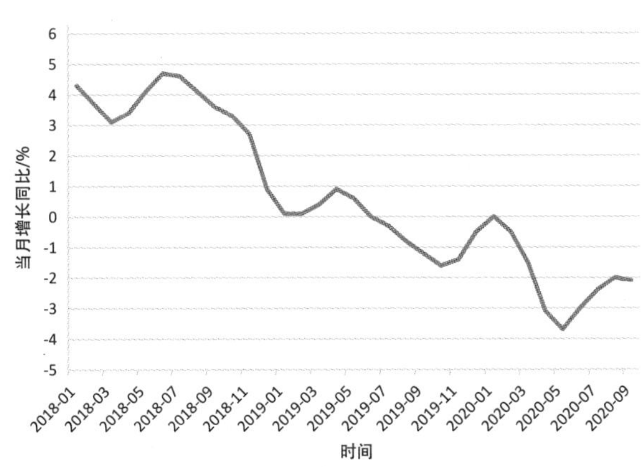

图8-5　2018 年1 月—2020 年9 月中国厂商出厂价格增长趋势

数据来源：国家统计局

第二，非食品价格指数在物价指数CPI 的构成中，分为成本推动与需求牵引两大类。食品价格对CPI 的影响主要是因为食品生产价格的变动推升CPI，并非对食品需求量的增加所导致。原油价格的变动受到政治因素与经济活动的影响。短期受到政治因素影响较大，长期仍然是受到经济需求的影响较大。图8-2 显示CPI 与非食品CPI 的走势基本一致，除了在2019 年因为猪肉价格的上涨带动CPI 上升，但非食品CPI 却呈现继续下降趋势，代表2019 年中国的经济需求继承了2018 年的趋势，仍然走弱。到了2020 年疫情后，即使其他的经济指标同时与领先指标呈现复苏态势，非食品CPI 仍然疲软，直到2020 年9 月似乎止跌。这意味着2020 年经济复苏主要是由经济活动中的供给因素带动，需求因素似乎还没有跟上来。如果需求因素持续没有跟上，那么会增加将来产能过剩的风险。

第三，进口的累计增长率。进口增长率也是经济的先行指标。进口用来直接消费，或是加工生产后，在国内出售或是再出口。进口增长率上升代表直接和间接的最终需求强劲，反之则最终需求软弱。图8–6显示了进口累计金额增长率的变化趋势。从中美之争开始，国内的进口增长率是负增长态势。负增长从2020 年6 月开始减缓，证明2020 年下半年已经度过最坏点。

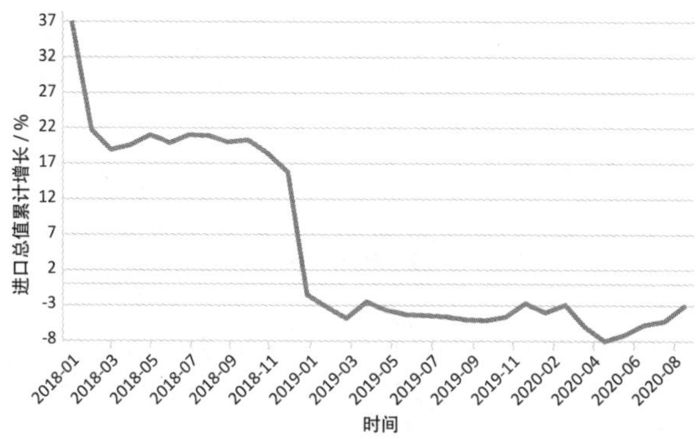

图8–6　2018 年1 月—2020 年8 月中国进口累计金额增长率变化趋势

数据来源：国家统计局

第四，采购经理人指数。分析经济阶段时，我们多看制造业的PMI，比较少看非制造业与综合的PMI。PMI 的50 代表荣枯分界线：50 以上代表前景有改善，50 以下代表前景恶化。读者在使用PMI 指标时不需要拘泥于50 这个荣枯线，而是要着眼于趋势，若连续3 ~4 个月趋势向上，表示未来向好；反之则表示未来趋势不好。图8–7 中显示PMI 在2020 年5 月以后逐渐向好，但由于PMI 指数都在50 上下波动，为了更好看出趋势，用PMI 指数的环比（这个月的指数除以上个月的指数）就有更佳的结果。图8–8 所示是制造业PMI 环比，呼应制造业PMI 指数的趋势，可以看出未来3 ~6 个月的前景乐观。

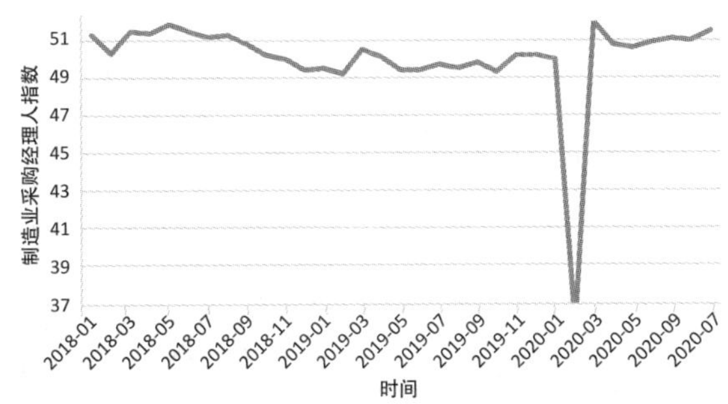

图8-7 2018 年1 月—2020 年9 月中国制造业PMI 变化趋势

数据来源：国家统计局

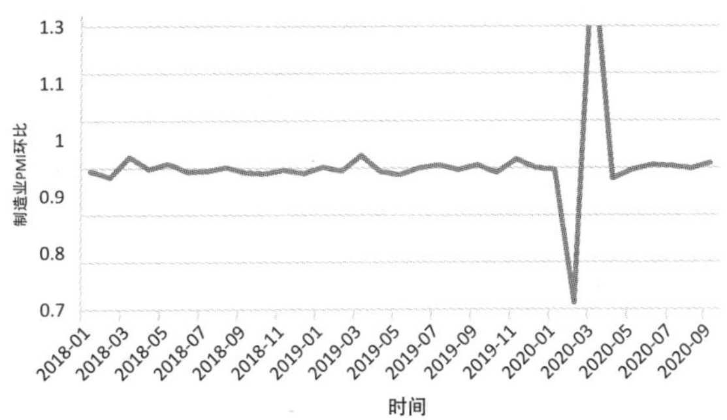

图8-8 2018 年1 月—2020 年9 月中国制造业PMI 环比变化趋势

数据来源：国家统计局

第五，PPI–CPI 的差值。PPI–CPI 的差值可以推测经济下一个阶段的方向。PPI 是厂商出厂价格指数，代表企业的活动，可以视为经济活动的先行指标。经济复苏，需求随之增加，厂商出厂价格也相应上升。经济走缓，需求疲弱，厂商的出厂价格也会走弱，所以PPI 代表经济的先行指标。美林时钟的纵轴用PPI 代表经济的未来。CPI 代表通货膨胀，对应美林时钟的横轴。PPI 上升，CPI 尚未回升，表示经济即将进入复苏期。在这个阶段PPI–CPI 的差值会扩大。一旦CPI 开始回升，经济进入成长与过热期。这一阶段需要比较PPI 增速和CPI 增速，从而对经济情况进行判断。PPI–CPI 的差值开始缩小的时候，表示CPI 增长快过PPI，成长期迈入后半段。到了滞胀期，PPI 开始下跌，经济活动减少，CPI 持续顽强上涨，PPI 与CPI 的差值继续缩小，甚至有可能开始变为负数。进入收缩期的前半段，虽然CPI 和PPI 持续下跌，但由于两者同时下跌，PPI 与CPI 的差值可能不会有太大的变化。进入收缩期后半段，PPI 已经到底，下跌幅度减缓，CPI 因为需求的疲软，仍然下跌，PPI 与CPI 的差值开始减小。如图8–9 所示，2019 年4 月开始，中国PPI–CPI 的差值一直是负数，在2019 年年底似乎有转好趋势。进入2020 年，这个差值继续恶化，且有扩大的趋势。在2019 年，中国CPI 恶化是因为猪肉类的食品价格上涨，当食品价格偏离其他品类价格时，也要根据非食品CPI 来判断经济情况。而PPI 与非食品CPI 的差值更能预判经济在美林投资时钟的下一个阶段。PPI 与非食品CPI 的差值基本上与PPI–CPI 的差值方向一致。2020 年9 月，PPI–CPI 的差值仍然减小，显示经济持续处于复苏期，但是PPI 减去非食品CPI 的差值却没有继续扩大，这是因为非食品CPI 没有上升。

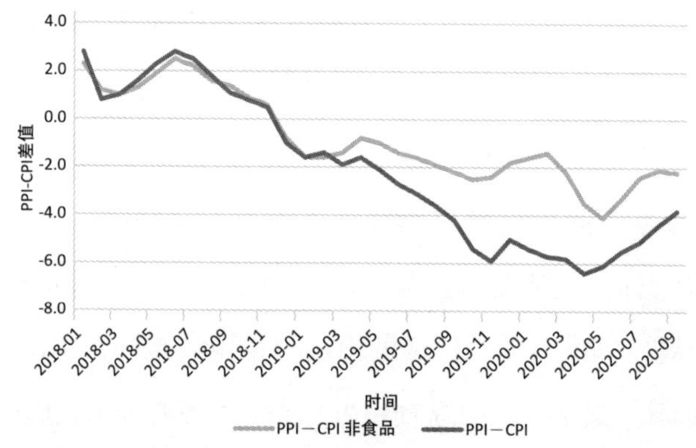

图8–9　2018 年1 月—2020 年9 月中国PPI–CPI 的差值变化趋势

数据来源：国家统计局

表8–1 总结了凭借PPI 与CPI 的差值预判美林投资时钟不同阶段的判断原则，读者可以根据该表灵活运用。

表8-1　PPI与CPI差值对照表

美林投资时钟阶段指标解读	若CPI与非食品CPI反向，要分开计算
复苏	PPI-CPI逐渐扩大
成长/过热	PPI-CPI开始缩小
滞胀	PPI-CPI继续缩小，接近0，可能变为负值
收缩前期	PPI-CPI负值变化不大
收缩后期	PPI-CPI负值开始缩小

除了上述五个领先指标之外，还有一些其他常用的领先指标。

第六，判断存货周期。存货变化也经常被用来判断商业周期的未来。对应美林投资时钟，在经济复苏期时，厂商未察觉复苏，尚未增加生产，但是需求悄悄到来，存货随之减少，这是被动去库存阶段。一旦厂商察觉，开始安排生产，存货因而增加，这个阶段是主动补库存阶段，通常对应成长/过热的阶段。进入滞涨阶段，东西卖不出去，营业额没有增加，甚至下降，厂商即使减少生产，库存依旧增加，这是被动补库存阶段。进入收缩期，厂商为了求生存，降低成本，大幅降价去存货。这个阶段存货的减少是厂商主动降价求售，是主动去库存的阶段，且该阶段的生产还是在减少。图8-10所示是美林投资时钟四个阶段对应的四个存货周期。存货周期也可以定位经济在美林投资时钟的位置。另外，读者需要注意库存周期开始的时间会比每一个阶段晚一点。图中带有箭头的实线代表着库存周期开始的临界点，这只是概念的起始点，不是精确的计算。

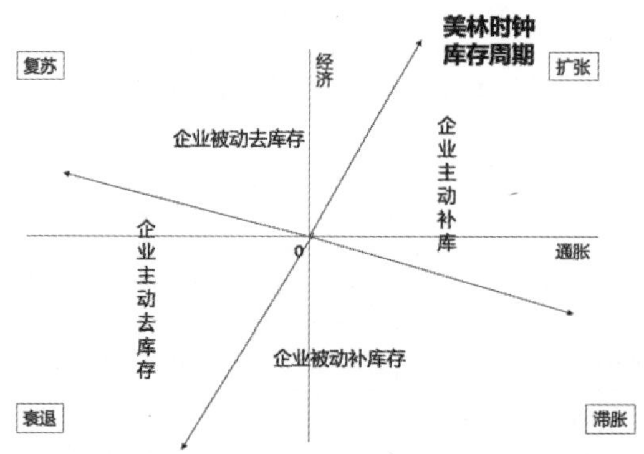

图8-10 企业四个库存周期对照美林投资时钟的四个阶段

图8-11 所示是2018 年1 月到2020 年9 月的中国厂商生产与库存指数，可以用其来判断库存周期。我们可以发现，2018 年我国生产量下降，库存量上升，是被动补库存阶段。2019 年生产基本没变化，库存量下降，可以说是被动去库存。进入2020 年，生产数据被疫情打乱，3 月开始生产恢复正常，库存量一度下降，但是7 月开始库存量持续增加，而且库存量增加的速度明显比生产增加的速度快，令人担心是否进入被动补库存的阶段，需要持续关注。在2020 年6 月之后没有物价上涨的现象，不排除经济未来会直接回到收缩阶段的可能性。

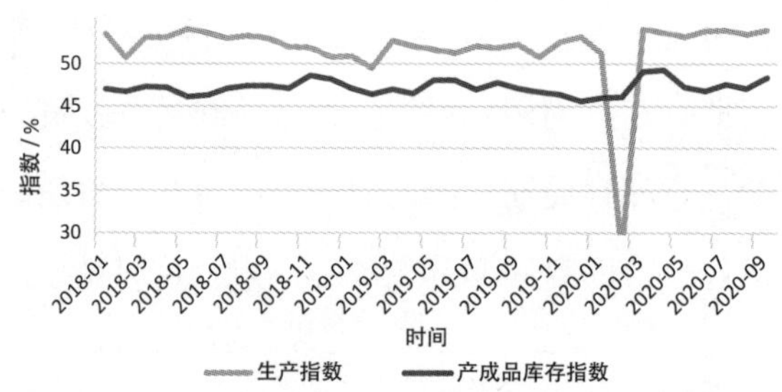

图8-11 2018 年1 月—2020 年9 月中国厂商生产与库存指数变化趋势

数据来源：国家统计局

经济成长的力道分为需求带动与生产带动。需求又分为三大需求：

民间消费与政府消费结合的最终消费支出，投资增加促进的固定资本形成所带来的需求，以及货物和服务净出口需求。疫情以来，政府使用支撑经济逆周期的政策，推动投资，以形成固定资本带动第二季、第三季的经济增长。若是需求的力道没有跟进，未来可能会出现产能过剩。图8-12 是2016 年第一季度至2020 年第三季度，三大需求对我国GDP 的贡献率变化示意图。2020 年第二季度、第三季度线条b 的固定资本形成是带动GDP 复苏的主要力量。但固定资本形成是供给面的增加，而持续的经济增长需要需求面的消费与出口出超接棒。

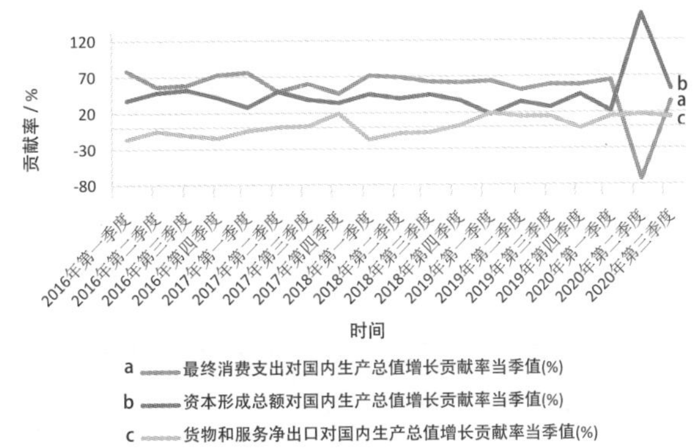

图8-12 2016 年第一季度—2020 年第三季度三大需求对中国GDP 的贡献率变化示意

数据来源：国家统计局

第七，资金是企业经济活动的血液，因此是经济的先行指标。企业有资金，就可以投资、生产，所以资金代表经济增长的供给面。企业运转需要资金，中国的金融体系还是以间接金融为主，银行、影子银行的放贷是企业主要的资金来源。社会融资余额存量的增长率代表供给企业资金的多寡。图8-13 是根据从中国人民银行网站取得的数据（www.pbc.gov.cn）绘制而成的，体现了2018 年1 月—2020 年9 月我国社会融资规模存量的增长率。我们可以从图中明显地看到，社会融资存量从2018 年1 月开始从两位数的增长率一路下滑到2018 年12 月的9.8%。在

2019年1月出乎大家的预料回升到10.4%，造成股市一波上涨。此后就一直维持在10.5% ~ 11%。2020年为了应对疫情的影响，社会融资余额增长率在3月一跃到11.5%，之后一路上升到9月的13.5%，超过金融紧缩前2018年的水平。钱到了企业，企业就可以逐渐增加生产活动。社会融资是企业生产活动的领先指标，按照这个指标，我们对中国经济的未来走向可以不必太悲观。

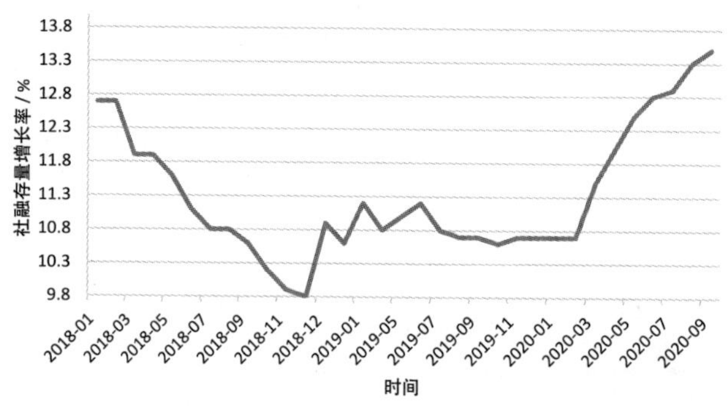

图8-13　2018年1月—2020年9月中国社会融资存量增长率

数据来源：中国人民银行

社会融资规模反映了全系统对企业资金供给的情况。我们可以根据M2增长率来观察银行系统对企业资金的供给情况。银行吸收存款是负债，吸收存款后，要运用、投资，变成资产，赚取利差。银行最重要的投资资产是贷款。贷款发放的资金一定是先放在借款人在银行开设的账户，不管是活期存款，还是储蓄存款。即使借款企业或是个人支付购买物件后，收到钱的企业或个人，也是将钱留存在银行体系内，最终都会反映在M2的增长率。我们每个月的薪水会进入银行的活存账户，除了春节那个月，因为年终奖金的发放，活存账户的金额会有比较大的增加，其余月份几乎不变。其余月份活存、储蓄存款账户余额变化可以显示来自银行放款资金存到借款人的账户的资金变化。M2是可以用来推测银行系统放贷的活动、银行资金进入企业的指标。图8-14 所示是2018 年1 月—2020 年9 月我国M1、M2 增长率的变化趋势图。M2 增长率在2018 年、2019 年以及2020 年的1 月和2 月稳定在8% ~8.5%。2020 年3 月、4 月，M2 快速增长，与社会融资余额的趋势一致，表示政府推动银行系统把资金放贷给企业或个人还是有效果的。社会融资存量的变化与M2 增长率的变化可以作为资金是否进入企业的先行指标。社会融资存量与M2 增长率都显示政府非常努力地供应资金给生产厂商。供给侧已经给足弹药，就看需求面的表现。

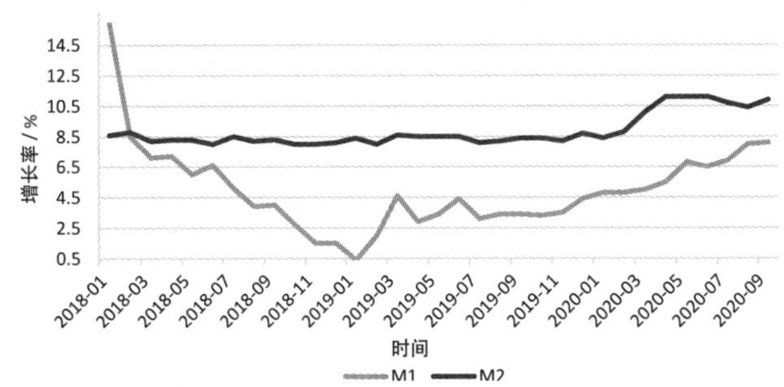

图8-14　2018 年1 月—2020 年9 月中国M1、M2 增长率变化趋势

数据来源：中国人民银行

第八，判断企业利润率。企业利润率的变化可以用PPI 的出厂价格指数减去PPI 的进厂价格指数来推算，图8-15 就是在此基础上做出的企业利润率变化方向推测图。从2018 年6 月起，厂商的利润率就一直恶化。进入2019 年1 月恶化的情况开始改善。2020 年1 月、2 月受疫情影响下降，但是3 月又开始回升，到6 月、7 月后，利润率开始下降。

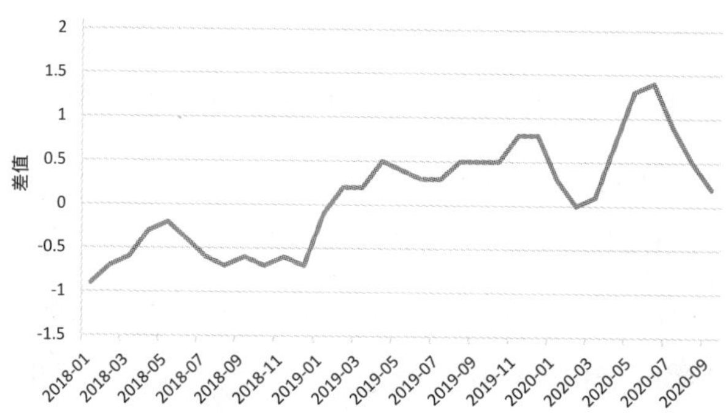

图8-15　根据PPI出厂价格指数减去进厂价格指数推测企业利润率变化方向

（2018年1月—2020年9月）

数据来源：国家统计局

按照同时与领先指标的判断，现阶段的经济运行进入复苏期，厂商的利润率自然随之扩张。可是利润率的扩张不是因为厂商的出厂价格指数上升，是因为厂商的进厂价格指数下跌得比出厂价格指数更快。从图8-16我们可以看到利润率的扩大是因为PPI的进厂价格疲软，这也说明了整体的需求疲弱，是不健康的征兆。虽然厂商的利润率提高，但是整体需求疲软，总利润金额是下降的。从2020年7月开始，厂商的进厂价格下跌幅度减缓，厂商的利润率开始收缩。

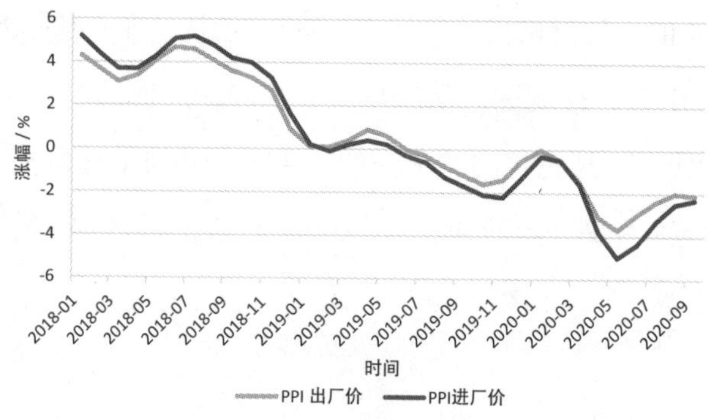

图8-16　2018年1月—2020年9月中国PPI进厂价与出厂价涨幅变化趋势

数据来源：国家统计局

第九，企业营收代表经济的需求指标。企业的生产是产出成品，是供给面，最终需要卖掉才能变成利润，因此企业营收与利润可以作为需求的代表指标。图8–17 所示是2017 年6 月—2020 年9 月我国企业的营收与利润涨幅趋势图，从2017 年6 月开始，我国企业的营收与利润涨幅呈缓慢下滑的趋势。企业的利润总额增长率从2019 年开始进入负值，负值收缩幅度在2019 年上半年有些改善，8 月开始，利润金额又下降。整体来看，企业营收以及利润总金额一直在下降，这证明了经济的需求不振，印证经济需求从2019 年开始下降，营收收缩的滞胀阶段进入收缩期，2020 年第二季度进入收缩期后期，第三季度进入复苏的前期。

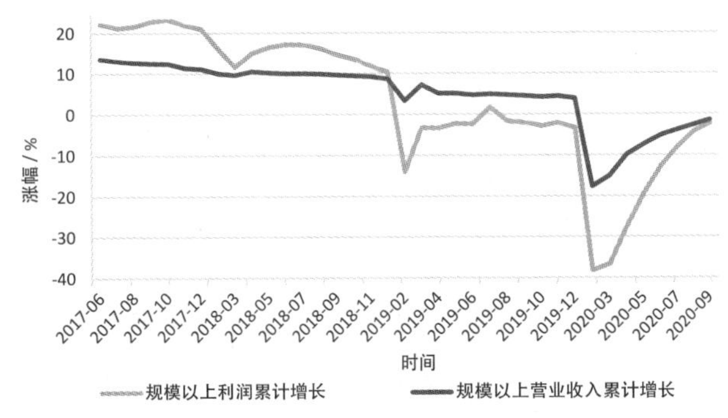

图8–17　2017 年6 月—2020 年9 月中国企业的营收与利润涨幅趋势

数据来源：国家统计局

第十，判断经济运行的资金是否充足，是否会溢出到资产市场。资产价格跟股票投资一样，既受自身因素的影响，也受整体市场因素的影响。自身因素是阿尔法，市场因素是贝塔。影响资产价格最大的贝塔因素就是资金量是充裕还是匮乏。衡量资产市场的资金充裕与否有两个方法，而这两个方法实质上都是在衡量资金在供应经济的实体生产活动后是否有剩余。如果实体经济已经花光了资金供给，那么就没有剩余的资金做金钱游戏。资产价格就只能反映这个资产的阿尔法要素，不会有产生泡沫的机会。衡量生产需要的资金的代替指标是名义GDP，名义GDP就是实质GDP加上消费者物价指数。社会的资金供给可以用社会融资存量和M2衡量。把社会融资存量的增长率减去实质GDP，再减去CPI，得到的差值就可以用作观察社会的资金在用于实体经济的生产后，还剩下多少可以做金钱游戏。M2减去GDP，再减去CPI，得到的差值可以用作衡量从银行体系提供的资金是否有溢出效果。图8-18所示是2018年1月到2020年7月的这段时间内每个月社会剩余资金的观测指标。在2017年11月之前差值都是正数，表示有剩余的资金。政府为了控制系统风险，看紧超额资金供给，从2018年开始这个差值就变为负数，直到2019年都没有得到改善的迹象，到2019年年底情况更加恶化。2018年之前的社会融资存量增加率减去GDP减去CPI得到的差值大约都在4%以上。到了2018年，这个剩余资金就降到4%以下，而且一路下滑，在2019年年底接近0。该现象与政府的中性货币政策有关。但自从进入2020年，新冠疫情的爆发使得情况大变，一方面疫情令经济增长变为负值，另一方面政府转变为宽松货币政策。因此，2020年的剩余资金快速上升。无论用社会融资余额，还是银行体系提供的资金M2来观察剩余资金的状况，我们都可以得到同样的结论。进入2020年，资金供给增加，第一季度经济大幅下滑，对资金需求大幅下降，社会资金过剩；第二季度经济增长复苏，剩余资金跟着大幅收缩；第三季度虽然GDP继续复苏，但是社会融资存量增长率或是M2增长率在8月份有底部回升的迹象。2020年第二季度的上证指数上涨资产价格上涨不是意外，7月开始，上证指数进入盘跌状态与剩余资金的下降有关系。第四季度的股票价格指数涨跌要看剩余资金是否持续回流。

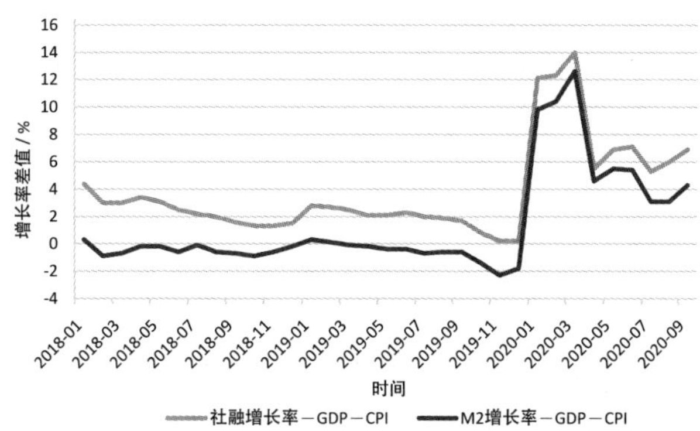

图8-18　2018 年1 月—2020 年9 月中国剩余资金变化趋势

数据来源：中国人民银行、国家统计局

第十一，商品价格指数。商品价格指数是衡量通货膨胀的领先指标。中国的南华商品指数或海外的商品指数是有代表性的商品价格指数。图8-19 所示是2019 年11 月—2020 年9 月我国商品价格指数的变化趋势示意图。可以看到，从2020 年5 月反弹以来，商品价格指数进入横位盘整，这代表未来的几个月没有通胀的压力。

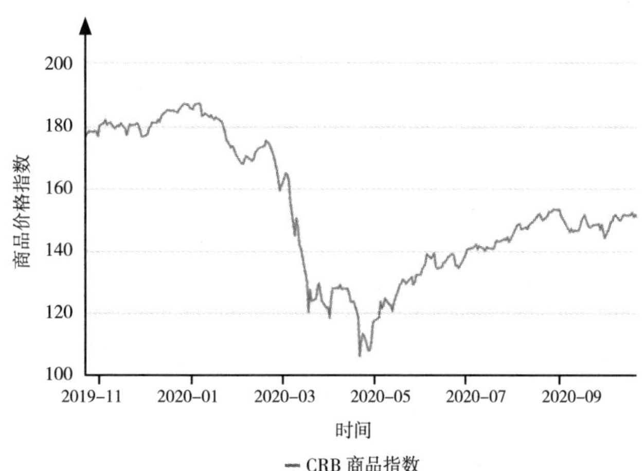

图8-19　2019 年11 月—2020 年9 月我国商品价格指数的变化趋势示意

数据来源：南华商品指数

综合以上11 个领先指标，我们可以说中国经济在未来依旧处于复苏阶段。复苏的趋势会持续多久，必须关注PPI 的出厂价能否扭转回升乏力的局势，以及非食品CPI 是否能够稳住止跌局面。

◇ 判断经济增长的可持续性

要实现经济增长的可持续性，需求的力道比供给重要。工厂开工、政府做基建可以在短期内很快并有效地带动经济增长，但是如果需求没有跟上，迟早会造成产能过剩。代表供给力道的经济指标有工业生产值、社会融资、M2 等。代表需求的关键指标是社会消费、企业营业收入、出口增长率和进口增长率。图8–20 所示用规模以上工业营业收入增长率代表需求，用工业增加值增长率代表供给，可以看出2020 年经济从底部脱离的主要力量来自供给面。在前文的图8–12 中，我们曾说明过三大需求对GDP 贡献比例，在2020 年第二季度，资本形成的贡献度超过150%，而最终消费是负贡献，第三季度固定资本形成仍然占GDP 的52%，最终消费回升到35%，情况逐渐改善。如果2021 年最终消费对GDP 贡献没有超过50%，生产出来的东西卖不出去，大概率会发生产能过剩的情况，图8–20 就可以很清楚地体现这一点。

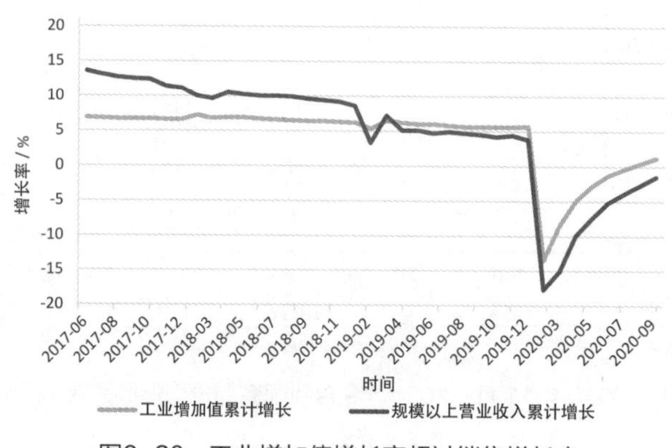

图8–20　工业增加值增长率超过销售增长率

1996—1998 年，中国设备使用率不足50%，产能过剩。2001 年中国加入世界贸易组织，由此产生新的需求带动投资，消化过剩产能，这是外循环。当时也通过城镇化引起的房地产的内循环带动需求，带动投资。2003—2008 年是中国经济增长的黄金时期。从需求来看，外循环是出口，内循环是国内房地产带动投资，带动社会消费。从2009 年开始，出口的外循环对GDP 的贡献度在0 上下徘徊，随后由政府的4 万亿计划，也就是负债带动投资的内循环取而代之。这样的模式会导致产能过剩，企业、地方政府，甚至民间的负债率快速上升。2015 年所有发债企业中，98% 企业的利润不足以偿还债务，必须靠借钱才能偿还之前的债务。因为产能过剩，投资无利可图，金钱游戏盛行，经济脱实向虚。严重的产能过剩主要在重工业，包含原料采掘的采掘业，制作中间产品的冶金、化工行业，制造设备的制造业等。重工业产能过剩一定会传染到轻工业。图8-21 所示是2016 年12 月—2020 年9 月我国食品业与纺织业的产能利用率变化示意图，其中2019 年纺织业产能利用率低于80%，食品业低于75%，明显产能过剩。

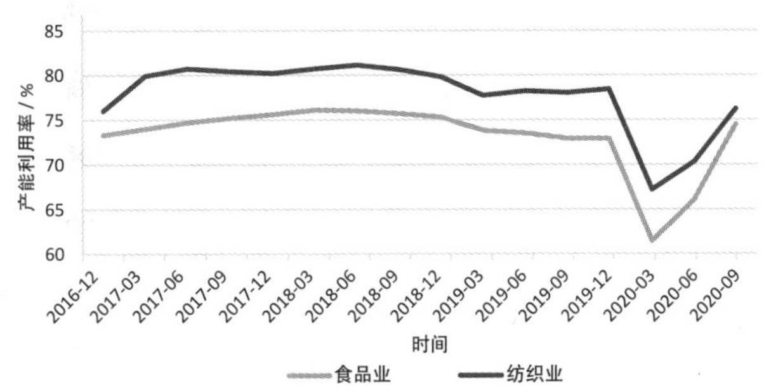

图8-21　2016 年12 月—2020 年9 月中国食品业与纺织业的产能利用率

数据来源：国家统计局

由投资带动供给面已经产生产能过剩，无法可持续性地拉动经济增长。增加需求才能可持续性地拉动经济增长，而要增加需求，就需要提升居民的消费能力，提高可支配所得。居民所得来自企业利润，居民的所得与企业利润息息相关。图8–22 显示规模以上企业中，亏损金额占利润金额的比例呈现逐年上升趋势。企业赚的钱越来越少，居民到手的可支配所得也就很难增长。

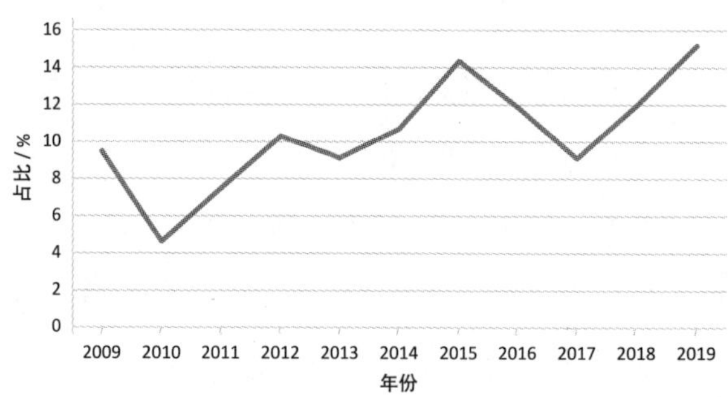

图8–22 2009—2019 年中国规模以上企业亏损额占利润额比例

数据来源：国家统计局

想要使得居民可支配所得增长率保持增长，行之有效的方法是减税，降低人民的负债率。从图8–23 我们可以看出人均可支配所得基本上与人均GDP 增长率保持一致，逐年下滑，如果考虑逐年增加的居民负债率，居民可以真正支配所得就更少。读者需要关注这方面政府的举措。

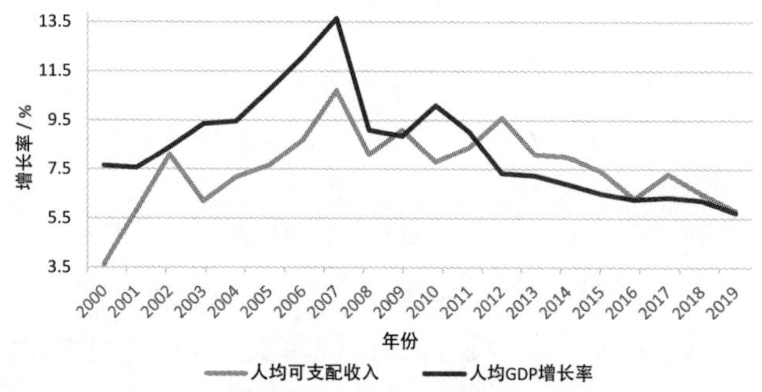

图8–23 2000—2019 年中国人均可支配所得与人均GDP 增长趋势

数据来源：国家统计局

代表经济供给的总结如图8–24，代表经济需求的指标总结如图

8-25。推动需求需要增加居民到手并可以支配的钱。减税、降低居民负债率、提升企业利润是提升居民可支配所得、带动消费能力提升的三个主要手段。

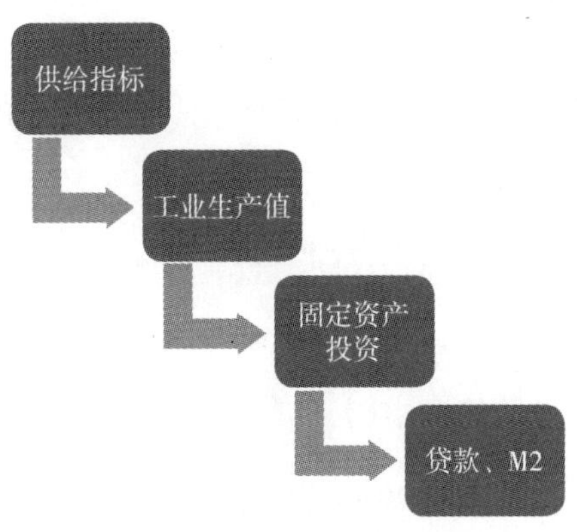

图8-24 代表经济供给面的指标

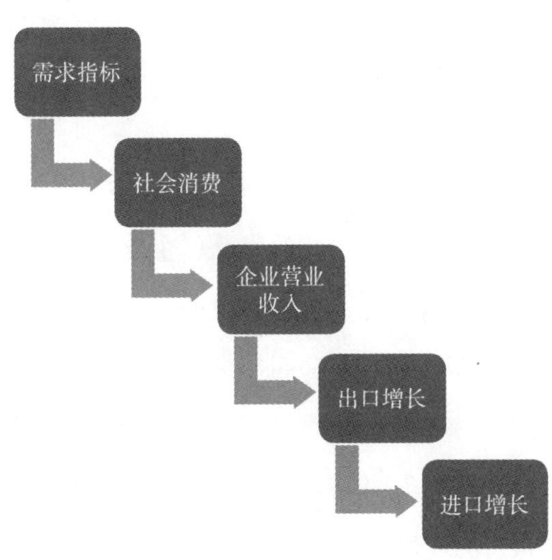

图8-25 代表经济需求面的指标

第二节　判断政策选项

利用美林投资时钟需先定位经济现况，再推断政府政策选项。政府对经济管控的工具有金融政策与财政政策。经济不好，民间不想也不能花钱，政府必须花钱，弥补民间消费、民间投资的疲软；而宽松的财政政策则是用以刺激经济。因为中国企业的融资仍然依赖以借贷为主的间接金融市场，金融政策在中国又拆为利率政策与信用政策。利率政策主要考虑物价水平，还考虑企业的资金成本与对汇率的影响。

◇ 从经济周期判断政策选项

政府对经济调控的政策也是跟着美林投资时钟循环。政府政策的目的是对经济起到逆周期的效用。经济好的时候，“踩刹车”；经济不好的时候，“加油门”。

政府的花钱政策叫作财政政策。有两个方法：一个是自己花钱，另外一个是通过减税、补助的方式给民众、企业钱花。政府花钱通常是开动基础设施、公共工程。除了财政政策外，政府还可以扩张信用，即印钞票。扩张信用、印钞票的方法叫作金融政策。在直接金融发达的国家，金融政策就是利率政策。在直接金融发达的市场经济，政府会调整央行的基准利率，其余一切让市场力量发挥作用。国内的企业融资，银行与各类的影子银行的放款占据比较大的比重，因此国内的金融政策需要再细分为利率政策与信用政策。利率政策与国外一样，中国人民银行（简称央行）调整相关的基础利率，或调整银行的准备金利率，用以增强或是减弱银行创造信用的能力。信用政策是央行对银行做信贷的窗口指导。在经济收缩期，政府会先降低利率，但是信用政策还没有放宽，所以企业还是没有资金。一旦信用政策放宽，资金进入企业，企业就能运作起来，经济就会慢慢地复苏。在复苏期，政府不会调高利率。随着经济从复苏走到成长，甚至过热期，通货膨胀率逐渐上升。政府会开始升息，利率政策转向紧缩。但是信用政策总是落后一步，还是维持宽松。不断高涨的通货膨胀最后会令政府开始紧缩信用政策。信用紧缩，在高资金成本、没有资金的环境下，经济增长就会减缓。经济增长减缓，通货膨胀上升是滞胀期。紧缩的信用政策、紧缩的利率政策的双紧缩很快就会把通货膨胀这头“野兽”制服，但同时也把经济搞下去，进入收缩期。进入收缩期，央行的第一个动作是放松利率，但是信用政策还会保持紧缩。如此循环。

◇ 影响汇率的要素

降息要考虑对人民币汇率的影响。当我们说人民币的汇率时，通常指的是人民币兑美元的汇率。影响人民币兑美元的汇率变化的有8 个要素。这8 个要素分别是：通货膨胀差、经济增长率差、利率差值、中国对外贸易顺差变化与经常账余额变化、外汇储备变化增减率、外债余额、投机行为，以及逆周期因素。其中贸易顺差变化、经常账余额变化和外债余额变化都是落后指标，读者不需要关注。中国用外币发行的债券余额很小，不会构成类似土耳其、阿根廷等新兴国家的外债危机，导致货币贬值。对人民币的投机行为只能在离岸市场[1] 操作。人民币的离岸市场在中国香港地区与伦敦，其中香港是最大的离岸人民币市场。做空人民币跟做空股票一样，要先借到人民币之后再放空。香港能够拆借人民币的唯一庄家是中国银行。如果人民币的空头过度猖獗，影响人民

---

[1] 指主要为非居民提供境外货币借贷服务的国际金融市场。

币均衡走势的时候，中国银行可以调高拆借的利率，令空头无法忍受。空头只好回补放空部位，人民币自然会回升。在过去几年，当人民币遭遇空头袭击时，中国银行曾经两次使用调高拆借利率的招式，令空头铩羽而归。因此境外人民币的投机行为可以被管控。

判断人民币汇率方向就考虑三个基本面要素。第一是中美两国的通货膨胀差值，可以通过计算中国CPI 与美国CPI 的差值来判断。两国CPI 的差值扩大，表示中国的通货膨胀超过美国，通货膨胀国家的货币会贬值。第二是计算两国的经济增长率差值，就是计算中国GDP 减去美国GDP 的差值。中美两国GDP 差值扩大，代表中国的经济增长率比美国好，经济好的国家汇率会升值。另外，中美两国一年期国债的利率差值也会影响两国的汇率。资金是向利率高的货币流动。利率高，资金流入，汇率就升值。中美两国利差扩大时，人民币就有升值的力量。美国利率接近0，有进入负利率的可能。中国利率维持正数的时间会比较长久。从利差的角度看，只要中美利差持续扩大，就有利人民币的升值。第三是政府干预。政府干预在央行的说法是逆周期因子，也就是跟市场的力量相反。该升值时，不升值；该贬值时，不贬值。因为人民币不是自由兑换的货币，若是让人民币完全由市场的力量决定，反而会引起不必要的投机行为。因此判断人民币的方向，先看三个基本面的要素，最后要再看政府的态度，听央行行长的发言。

◇ 政府金融政策选项长期受制于社会杠杆率

政府或央行采取的金融政策除了货币政策，还有信用政策。判断政府是否会大幅放宽信用，还要看中国的负债率水平。全社会的杠杆率是用非金融部门总债务除以当年的名义GDP 而得来的。2017 年与2018 年政府努力控制杠杆，但是2019 年为了刺激经济，政府采用宽松的信用政策，两年控制杠杆的努力，在2019年半年功亏一篑，杠杆率再度上升到250%以上。2020年的疫情使得政府必须大手笔地使用财政政策，政府部门的杠杆率继续上升。

杠杆率的计算是非金融部门的债务总余额除以当年年度的名义GDP。根据中国人民银行专题报告“中国金融稳定报告（2018）”的统计数据，当其余国家都在努力地去杠杆时，唯独中国是加杠杆。中国目前面临的难题是整个系统的杠杆率不断创新高，与此同时，全球其余国家都在去杠杆。这衍生出一个抉择：经济运转低迷，要不要放松信用，如果放松信用的话，又该怎么做？

◇ 政策关注住户部门负债率急剧上升

政府的政策目的是逆周期。在经济不好的时候，放松信用是必要的选项。但是2019年年中中国经济运行处于滞胀的难局，进入2020年，疫情使中国经济进入收缩期。放松信用需要对准目标。过去几年，经济体系里面，增加债务比例最大的三个部门是国企、居民和地方政府。民营企业与中央政府的债务比例反而下降。国企与地方政府背负政策任务，万一偿付能力有问题，政府会做政治考量，本书不做探讨。2017年年末，中国住户部门债务余额为40.5万亿元，同比增长21.4%，较2008年增长7.1倍。存款类金融机构住户部门贷款占全部贷款余额比例为32.3%，较2008年增加14.4百分点。表8-2是该报告2017年对住户部门债务情况的调查结果。住户部门最主要的债务是消费贷款，其中房贷占几乎2/3。

表8-2 2017 年中国住户部门债务情况

类型	余额/ 亿元	同比增速/%
消费贷款	315296	25.8
其中：短期消费贷款	68123	37.9
中长期消费贷款	247173	22.9
其中：个人住房贷款	218605	22.2
经营贷款	89853	8.1
其中：短期经营贷款	45854	–0.8
中长期经营贷款	43999	19.1
总计	405149	21.4

数据来源：中国金融稳定报告（2018）

房价增速随着政策调控的放松与收紧，呈现上升、下降的M 形波动态势。2017 年3 月起，针对房价上涨过快问题，相关部门出台一系列房地产调控政策，北京、上海等城市的房地产交易量明显下降。2017 年年末，个人住房贷款余额同比增速降至22.2%。

随着互联网科技的发展、消费需求提升和信用卡的普及，短期消费贷款在住户部门债务中占比不断提升，2008—2017 年，该占比从7.3% 增至16.8%。短期消费贷款的增长虽然能提高居民生活水平，支持经济发展，但是借钱总是要还的，贷款增加是透支未来的消费能力。央行的报告特别关注在2017 年中长期消费贷款增速下降，短期消费贷款增速大幅上升的情况。央行报告进一步分析了短期消费贷款的异常增长的原因。银行有动力投放收益更高的消费信贷。P2P 监管趋严促使消费贷款回流银行体系。几年来居民购房开支骤增透支了居民的消费能力，居民只好转向短期消费贷款以维持消费水平。报告中更指出部分购房者利用消费贷等产品规避首付比的限制。从“中国金融稳定报告（2018）”我们可以发现政府不但已发觉问题，而且定下了2018 年之后紧信用的监管方向。

早在2018 年，政府就已经看到非银行系统对个人贷款增加的影响。除了银行系统的住户部门债务，互联网金融、民间借贷、典当行是居民获取资金的途径。2013 年起，互联网金融依托互联网技术的便利性和低成本，提供小额、短期、低门槛的贷款服务，业务井喷。个人从互联网获取贷款的渠道主要包括P2P 平台、网络小贷公司以及持牌消费金融公司。2013—2017 年，P2P 等网贷行业贷款余额（包括企业贷款和个人贷款）的年均复合增长率达到159%。部分居民不考虑还款能力，利用互联网金融过度借贷，造成逾期无法偿还，引发暴力催收事件。“中国金融稳定报告（2018）”已经体现了政府对住户部门高负债可能引发的系统风险的担心与整治的决心。

中国住户部门杠杆率低于国际平均水平，但近年来增速较快，这引起了政府的担忧。2008 年年末，中国住户部门杠杆率为17.9%，至2017 年末上升到49.0%，10 年间上升31.1 百分点。图8-26 呈现了几个主要发达经济体住户部门杠杆率在过去的变化趋势：中国住户部门杠杆率快速上升，而其他主要发达经济体的住户部门都在去杠杆。美国住户部门杠杆率从2008 年年末的95.4% 降至2017 年年末的78.7%；日本住户部门杠杆率从59.5% 降至57.4%；欧盟从60.4% 降至58.0%。新兴国家的住户部门负债率均有上升，但是中国的家庭负债率上升最快。

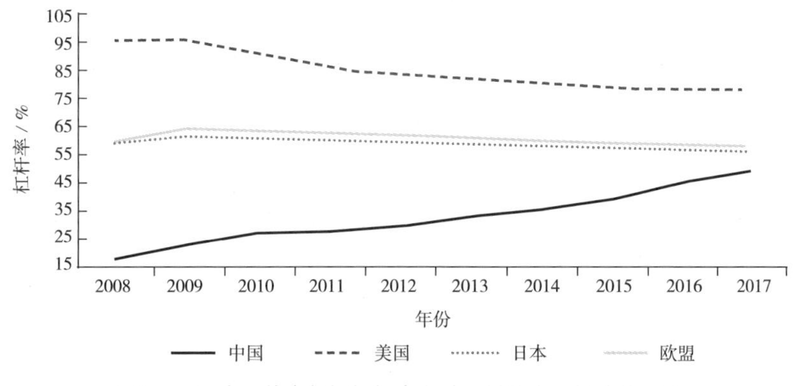

图8-26 中国住户部门杠杆率上升，其他主要经济体下降

数据来源：中国人民银行2018 年金融稳定报告

偿债能力是衡量住户收入中，有多少比例可以用来还钱。债务收入比是以可支配收入衡量的住户部门债务水平，衡量需要用几年的收入才能还清债务。2008—2017 年，中国住户部门债务收入比从43.2% 增至112.2%，10 年间上升69 百分点，已超越美国。房贷收入比（个人住房贷款/ 可支配收入）从2008 年年末的22.6% 增至2017 年年末的60.5%，10 年间上升37.9 百分点。居民的债务比例大幅上涨已经引起政府部门关注，必须采取措施，加以管控。

第三节　金融政策趋势

◇ 如何读懂政府的心

政府施政都有脉络可循，而且都会事先预告。央行的季报、年报，中央政治局定期、不定期的会议纪要是我们读懂政府下一步政策的唯一依据。我们细读2020 年第二季度央行的货币政策执行报告，逐字比较第一季度的报告，会发现政府货币政策已经出现边际收紧的端倪。

对比2020 年第一季度与第二季度的报告，分析报告更改的地方，可以推断出政府政策的边际变化方向。在货币政策方面，第一季度报告是强化逆周期调节，第二季度报告改为精准导向。在流动性方面，第一季度是运用总量与结构性政策，第二季度改为综合运用并创新多种货币政策工具，精准滴灌，提高直达性。对经济判断方面，第一季度是短期面临巨大挑战，第二季度改为明显好于预期。对世界经济判断方面，第一季度是世界经济衰退风险加剧，第二季度改为世界经济陷入衰退。在货币供给方面，第一季度是与名义GDP 基本匹配并稍高，第二季度改为合理增长。在房地产方面，第一季度是强调坚持房子是用来住的，第二季度则增加了“牢牢”两个字，变为“牢牢坚持房子是用来住的”，并且新增“实施好房地产金融审慎管理制度”。在金融市场方面，增加了诸多对债券市场建设的表述。在金融风险方面，增加“加大不良资产处置力度”的表述。货币政策精准导向，流动性精准滴灌，提高直达性，说明绝对不会大水漫灌。2020 年第二季度报告对国内经济感觉明显好于预期，表示政策不会再边际放松。世界经济陷入衰退表示或将加重国内经济比重的内循环政策。房地产政策不会放松，并且会严查银行贷款的资金流向，也会对房地产企业的负债比例做出管制。未来，读者可以用比较前期与后期政策报告用语的差异，从字里行间研读政策变化的方向。

◇ 金融政策的未来

中国整体的杠杆率不断上升，2017 年、2018 年实行了去杠杆政策，但在保增长的2019 年，杠杆率不但又回到原来高点，并且再创新高。2020 年，新冠肺炎疫情导致政府赤字增加，其中包括政府赤字的负债率上升。政府的信用政策有保有压。短期忍受负债率的上升不代表长期不会管控，未来降低整体的杠杆率应该是大概率的政策。这个政策对投资的影响非常深远。长期的资金供给将只配合经济活动，不会再有多余的资金进入资产市场。但是短期内，疫情逼着政府松手，一时之间，资金尚未进入生产性的经济活动之中，短期会有剩余资金带动资产价格的小泡沫。但长期而言，政府的政策目标依旧是提高资金使用效率。在图8–27 中，我们用名义GDP 总额除以新增贷款来代表资金效率，去衡量每一块钱的新贷款产生多少GDP。按照这个公式，只有降低新增贷款，或是提升GDP 才能提升新增贷款效率。疫情的负面影响过去后，信用政策会回归中性，剩余资金会消失，回到低利率、低增长的趋势，因此读者对各类资产的投资收益率必须要降低预期。

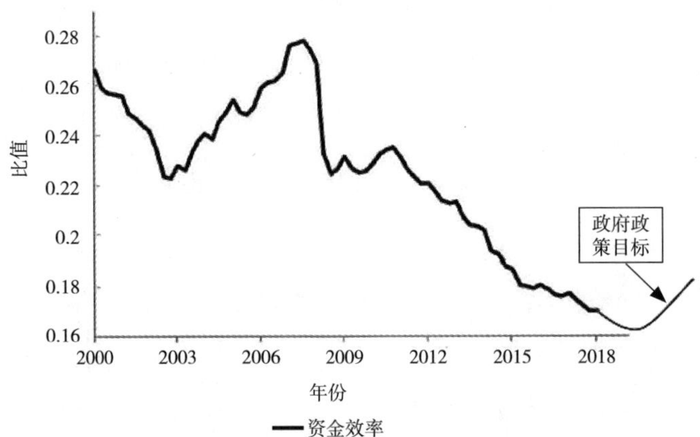

图8-27 2000—2018 年新增贷款效率

数据来源：中国人民银行、国家统计局

09 提升风险判断能力

所有的投资市场都会呈现人性的特性，其中交易市场是最容易显现的，特别是在股票市场。本章用股市的例子，从人性的缺点来说明人性与市场共识如何造成股票、债券市场定价错位与拥挤交易，导致各种风险，进而阐述利用人性的特性操作股票投资的动态策略，并说明如何利用这些机会布局卫星组合。

第一节 股市循环的四个阶段

高盛证券针对美国与欧洲的股票，就市盈率、公司盈利增长与股票指数的收益率三者之间的关系做了研究，并得出结论，将股市分为四个阶段：绝望的黑暗期、希望期、成长期和乐观期。读者通常直觉认为股价的上涨是因为公司的盈利上升，而指数从高点大幅下跌，是因为公司的盈利转坏。但是研究结果令人讶异。研究结果指出，股价从最高点下跌，是因为投资人的情绪变为极度悲观，市盈率快速收缩。因为在股价指数大幅下跌的阶段，公司的盈利其实没有下跌多少，这是情绪面悲观的黑暗阶段。下跌后的第一阶段上涨，盈利的上升不是主要因素，反而是投资人的情绪从极度的悲观转为没有那么悲观。这种情绪的转变，反映在市盈率的变化上。市盈率的上升，带动股价的上涨，这是希望阶段。投资人看到了希望，纠偏以前过度悲观的情绪，市盈率因而从被压缩的水平反转。公司盈利开始转好，这是成长的阶段，读者会以为在成长阶段时，股价应该大幅上扬。但研究结果令读者失望。在盈利增长的阶段，股价反而不怎么上涨，这就是人性因素的影响。因为等到公司的盈利出现，投资人发觉原来的预期太乐观，或是刚刚好合乎预期，利多出尽。因此在成长期，股价经常大幅落后盈利增长的涨幅。结合第八章曾介绍过的剩余资金的计算方法，在成长阶段，政府的金融政策不会再边际宽松，经济形势好转，物价上升，会减少剩余资金的形成，当然股价指数就没有了上涨的动力。之后，经济继续好转，各种好消息不断，股民被感染，新股民进场，擦鞋童开始谈论股经。这是大家都极度乐观的阶段，乐观的情绪反映在市盈率的快速扩张，股价飞涨。但是在这阶段的公司盈利已经难以保持增长。该研究证实了股票市场价格的波动受到人性因素的影响。

◇ 人性在A 股的四阶段中的体现更为明显

天风证券研究所对A 股做了类似的研究，得到了非常有用的结果。A 股股价的波动也有四个阶段。但是人性情绪在A 股黑暗阶段与希望阶段对市盈率的影响远远超过欧美股市。在A 股的绝望阶段，盈利仍然有增长，而在欧美股市的黑暗期，盈利是下跌的。在希望阶段，A 股的盈利其实也是下跌的，而欧美股市在希望阶段，盈利有小幅度的上升。在这两个阶段A 股股民的情绪表现比欧美的股民更为激烈。不论是高盛的研究，还是天风证券研究所的研究，都表明股票市场的股价波动与人性情绪变化有着极为密切的关系。

◇ 股市四阶段结合TAA、DAA 的运用策略

如果将股市的四个阶段与股票操作的战术资产配置（TAA）、动态资产配置（DAA）策略的运用相对应。那么黑暗期对应着股市的熊市，而希望期对应着股市脱离熊市的上升段，上涨的幅度比较大。成长期对应着经济基本面指标出现成长趋势，但股市反而获利回吐的阶段。乐观期对应着牛市最后阶段，经济的领先指标已经出现了不能更好的迹象，但是全民参与进入泡沫期。基本面、股价的估值面、代表人性面的心理、技术、资金在四个阶段，分别发挥不同作用的影响力。四个阶段同样对应不同的资产配置的策略。在黑暗期后期要开始关注DAA的策略，人弃我取。在希望期时要运用TAA 策略，顺势而为。在成长期时，如果你是长线投资者，就用TAA 策略；如果你是短线操作者，可以用DAA 策略，先获利了结，等待进场的信号。在乐观期的后期，一定要运用DAA 策略，见好就收。

第二节　股票投资展现的人性

接下来从人的惯性思维来说明股市风险的产生，引导读者运用DAA策略获利。股市、债市、外汇和商品的投资的最大风险是价格风险，价格风险是红色风险。有红色风险的资产是小兵立大功的资产，适合卫星组合。价格的波动在短期大多时候与基本面关系不大，更多是投资人之间的心理博弈。

过度自信是投资的第一号敌人

有人将股市类比为选美。除了要与其他投资人进行博弈，还要与自己的心理博弈。投资最大的敌人就是自己，过度自信与过度恐惧是敌人最强大的武器。从人群来看，通常男性比女性在投资上更有自信，单身男性比结婚男性更有自信，结婚女性比单身女性更有自信。而有自信的人在股票投资过程中，通常会有以下几个表现：第一，在股票投资时，会快速买进卖出，周转率高；第二，会频繁搜集资料、分析资料，根据分析结果做出投资决策；第三，高估自己搜集资料的正确度和自己的分析能力，过度相信自己投资决策的正确性，因此低估风险，产生过度交易；第四，容不下不同意见，排除与自己看法不一样的情报，过度吸收与自己看法一致的情报。

过度自信容易导致过度交易：频繁卖出自己认为不好的股票，买进自己认为好的股票。但过度交易频率与回报率之间没有必然的关系。过度交易不但不会产生较高的回报率，相反，来来回回的交易会增加交易成本，替券商打工。畅销书《思考，快与慢》中有这样的数据统计：卖出的股票在卖出后的四个月上涨2.6%，买进的股票在买进之后的四个月只上涨0.11%。若把时间再拉长到买卖的一年后，卖出股票较买进股票超额回报高达5.8%。网上交易盛行后，这个现象更加严重。线上交易虽然佣金低，但是券商并没有提供任何服务。这类低费率的券商最受有信心投资人的欢迎。对股票有心得、有自信的投资者，多数会用线上低佣金的券商。在线下交易时，股票周转率是70%；转换到线上交易后，周转率上升到120%。转换前的获利率超越市场指数2.35%。转换后，跑不赢市场指数，反而比市场指数低3.5%。过度自信造成买卖次数增加，却降低了获利，只是便宜了线上交易的券商。

过度自信会让投资者高估自己对知识的掌握，低估风险的存在，放大自己对形势的掌控力。比较容易过度自信的人的画像是怎样的呢？初出茅庐、半桶水、把运气当作能力。另外，创业者往往是容易过度自信的人群。《思考，快与慢》中记录了这样一个研究调查：调查询问2994个创业者他们的创业是否会成功，70%回答会成功。可是被问及类似行业的其他创业者是否会成功的时候，受访者认为只有39%可能会成功。也就是说绝大部分创业者认为自己会成功，但是其他的创业者不会成功。

有信心的投资人喜欢买进较高风险股票，例如小型股、新上市公司或是交易量小的股票，也就是贝塔高的股票。因为对自己有信心，这些投资者会高度集中持股，一有新的信息，马上判断，快速决策，提升周转率。因为自信，有把握，反而不认为风险高。那么这些人的自信从何而来？源于资料，即知识就是力量。在这些人看来搜集的情报越多，他们所做的投资决策的准确性就越高。

然而知识的储备与判断的准确性之间是独立事件，两者没有相关性。知识多不见得会提高判断准确性。这个现象跟掷骰子一样，即使事先知道前几次的结果，对下一次掷骰子结果的判断也完全没有帮助。互联网和移动通信的普及，提高了知识获取量与获取速度。但是增加的知识储备量和获得的更多情报，在某些情况下反而会有负面影响。这类人自以为知道了过去结果的发生规律，或是自以为拥有较他人更多的情报、资料，从而认为自己较其他人更熟悉大局情况，增强了自己对事情的掌控能力。因为这种自我认识，让自己对决策更有信心，幻想自己能够控制结果，比如：总是以为自己选择的彩票号码会比同事代你购买的彩票有更高的中奖概率。

事先知道过去结果的发生规律会误导你的判断。丢硬币连续出现正面，会引导你认为下一次也会出现正面。人们常常误把运气当能力。经常会把大环境带来的成果误认是自己能力的结果。人们对熟悉的任务通常较有信心，相信情报就是力量，误认为深度参与整个事件的过程会提高掌控力。而这些种种因素结合在一起后，往往会导致人们股票操作的周转率高、回报率低、错误换股、风险集中。

◇ 股票投资的左侧交易与右侧交易

股票的买卖有左侧交易与右侧交易之分。左侧交易就是在高点之前卖出，在低点之前买入。右侧交易是看到股价的高点后再卖出，看到股价的低点后再买入。股票投资困扰投资人的就是不可预知性。不知道下一分钟会发生什么，更不知道明天股价是涨还是跌。无法事先预知顶部、底部，因此事前不能确认在右侧交易是否会成功。有经验的投资者都会告诉你，在最大下跌后马上卖出。但是在趋势没有形成前，我们永远不知道目前的下跌是不是最大的下跌。左侧还是右侧的投资策略，其实跟投资人的个性有关。个性保守的多是价值投资者，遵守谨慎、保守、逆势而动、人弃我取、保持安全边际的原则。价值投资者通常卖在左侧，买在右侧。市场的流动性也是价值投资者不愿意在右侧卖出的原因。巴菲特在2002 年前后买入中石油后，看到油价涨不动了，没等到中石油股价的最高点就抛售。彼得·林奇常常自嘲说自己卖股票后，股价又涨了几倍。李嘉诚先生在内地投资时，不论是股票还是房地产投资，经常不卖在最高点。从收益率来说，卖在左侧不是最好的策略，因为不知道市场还会疯狂多久。但是股票投资，讲求的是落袋为安。只要满足你的预期收益率，最后的一块钱要留给别人赚。

“早一步是英雄，早两步成烈士。”这句话最适用在左侧买入的策略。在左侧卖出，只是少赚。人们面对不确定事件，通常相信直觉，形成非理性行为，进而影响市场价格。在紊乱的信号面前不要随便在左侧买进。如果熊市持续，做左侧买进后就会一直等不到右侧。最常见的是在熊市时，被“黑天鹅”事件肥厚的尾部风险扫掉，倒在黎明前。

◇ 预期落差的交易机会

一个人的时候，我们往往可以保持理性。一旦融入群体，受到群体影响，就容易失去理性。投资股票讲求安全性，但又需要具有进攻性。安全性是股票的估值低，同时没有短线投机的浮动筹码。而股票低估值、筹码压力小，往往是因为其公司的业绩暂时令人失望，或是由于没有吸引人的题材，被大众忽视了很久。通常我们说估值就是市净率或市盈率。如果这时的估值指标在这个股票历史范围的最低的5% 以下，那么就表示市场已经极度不看好这家公司的前景。主动管理型公募基金或私募基金的重仓股持股比例可以用来判断市场对某家公司的共识。持股比例高，表示市场整体非常看好这家公司；持股比例低，则表示市场对该公司的评价较低。这种现象就是市场的共识，就是一致的预期。

市场的个股或整体指数有共识，有一致的预期，就存在有预期差的交易机会。如果市场的股民对公司的业绩存在过度悲观的预期，只要结果没有预期的那么坏，股价就会上涨。判断大盘也是一样。只要压抑股市，或是某个行业的外部政策开始有放松的征兆，就会有预期差的交易机会。预期差也会发生在业绩非常好的公司，市场非常看好这家公司，预期高增长会持续，因此给这家公司很高的估值。但是一旦公司实际的增长稍微低于市场的预期，支撑高估值的情绪就会快速变坏。

例如老板电器连续多年高速发展，2018 年3 月底公布的2017 年的净利润增速由往年40% 降至20%。虽然20% 还是非常好的业绩，但是股价却是连续两天跌停。因为市场给予老板电器40% 增长的估值，一旦看到20% 的增长低于预期的一半，股价自然要相应地反应。

再看另外一个业绩非常差的公司——牧原食品股份有限公司，该公司股价转机上涨并不是因为业绩变好，只是因为公司业绩没有市场预期的那么差而已。与此同时，行业的基本面已经在悄悄地改善，只是市场并没有注意。牧原股份的主营业务是生猪养殖，该公司在2018 年第一季度报告中对公司2018 年上半年经营业绩预计净利润为1 亿～4 亿元。但猪肉价格自2018 年大年初一路下跌，2018 年6 月9 日收盘后，公司发布业绩预告，预计公司2018 年1 ～6 月净利润为−8500 万元～−7500 万元。2017 年同期为12 亿元，同比下降107.08% ～106.25%。

出乎意料的是，牧原股份在业绩预告次日是低开高走，两个交易日上涨近12%。未受到业绩下修的影响。究其原因，猪肉价格在2018 年已经下跌，牧原股份上半年的亏损在预期之内。2018 年业绩公告前的股价已经充分反映了这种预期。但是2018 年第二季度，猪肉已经开始上涨，6 月猪肉价格已较上个月上涨6%。市场对于未来猪肉价格的看法开始偏乐观，边际情绪已经悄悄转好。股价的走势与当时猪肉价格趋势严重背离，存在着预期差，股价自然要向上修正。

◇ 预期差交易策略的实践

假设公司A 在未来10 年有10% 的年利润增长率，公司B 增长率只有3%，那么我们该选择哪个股票投资呢？要回答这个问题，我们需要知道市场对这两家公司利润增长率的预期。如果市场预期下一个10 年公司A 的利润以每年15% 的速度增长，但是市场对B 公司没有任何期待，估计公司B 利润增长率只有1%。在这样的情况下，我们应该选择公司B 投资，而不是公司A。因为预期增长率较高的公司其股价已经反映15% 的增长，当实际业绩公布只有10% 时，公司A 的股价反而会下跌，而B

公司业绩要超过市场预期的概率比较大。

预期差是股市、债市交易的关键。市场预期和个人预期之间的差距，就是预期差。当市场尚未意识到公司业绩可能有重大变动时，就存在着预期差的交易机会。在股市投资，绩优股、业绩稳健、可预测性强、预期差的交易获利机会比较少。成长股经常存在预期差的交易机会。

在公司季报、半年报、年报公布前，可以根据业绩的预期差进行短线交易。上市公司都有业绩预告，根据业绩预告，我们可以计算当年的预期净利润，再计算这个股票是否有被低估值。即使有被低估值，也要看安全边际够不够大，值不值得做短线交易。

$$市值=净利润\times市盈率$$

短期市值的提升，是因为对净利润的预期提升，引导了市盈率的提升。在整体金融、利率、资金环境没有大的变化情况下，通常是公司净利润出现上升的迹象，带动了市盈率的扩张。市盈率的扩张带动股价上涨的幅度最大，时间也持续最久。四个季度利润差不多，变化不大，业绩没有明显的季节性的公司最适合做预期差交易的对象。假设某公司的第一季度报公布净利润1 亿元，全年预期净利润简单乘以4，预估为4 亿元。之后预告半年净利润2 亿 ~ 2.5 亿元，就有预期差的可能性。把半年报业绩预告平均数2.25 亿元，乘以2 就得到全年预期净利润为4.5 亿元（2.25 × 2）。年初市场预期净利润为4 亿元，新的预估变为4.5 亿元，预期差为12.5%（4.5/4–1）。利润增长加速使市场提高公司的市盈率，短期会有超过12.5% 以上的获利空间。公司业绩会有提前泄露的可能性，我们按照前面的方法计算的获利空间必须打折。若是业绩好过预期，依据业绩预告的第二日高开的幅度，决定是否做短线预期差的交易。但是上述方法仅适用于季节性变化不显著的企业。

◇ 预期一致到最后还是变为预期差

股市的短期走势除了可以做预期差的交易，还可以做预期一致的交易。市场预期与实际结果差不多、分歧小，就会形成单边走势，且波动小，即一路上涨或一路下跌。特朗普当选后，美国市场开始相信特朗普政府会采取减税政策，放宽行业管制有利美国经济与企业的盈利。之后美股走势属于预期一致型的交易。股市上行到估值区间的高位时，预期就会开始有分歧，股价波动因而加大。投资者行为受到过往行情的影响，会形成惯性思维。投资者群体忽视企业业绩发生的细微变化，导致预期差的交易机会产生。

对政策解读也常常有预期差。政策原来是扶持产业，结果因为某个事件，被人们解读为保护消费者。教育行业、医药行业、食品行业经常有这类的预期差事件发生。对股票的估值思维也会有预期差。封闭的市场开放给外资投资，通常市场会预期有资金流入，有利股价。最后结果是外资把比较成熟的投资手法带进被开放的市场，同时也带来成熟市场的低估值理念。

◇ 事不过三的预期变化

在股市上涨时，大家都预期未来会更好。这时要再深入思考，观察股价背后的公司基本面是否有放缓的征兆，股价是否已经把大家的好预期都反映了。在下跌趋势中，在大家都认为未来会继续利空时要观察是否有缓和看空情绪的契机。以2018 年中美贸易之争为例：2018 年3 月23 日，贸易战爆发，上证指数下跌3.39%；6 月19 日，美方发出2000 亿美元关税的威胁，上证下跌3.78%；9 月18 日，美国宣布对中国2000

亿美元产品征收10%的关税，从2019年起税率上升至25%。上证指数这次不再下跌，反而上涨1.7%。中美贸易冲突从2018年年初开始对股市产生影响，股价已经充分反映这个利空话题的现在与未来。市场预期政府一定会出台对经济利多的政策。利空的消息被解读为政府必须反击的利多。贸易冲突加剧时，股跌债涨，投资者悲观预期贸易战对经济基本面的影响。对股市预期悲观，股价下跌，市盈率收缩，股市估值反而便宜。一旦悲观预期到极点时，物极必反。市场思维从悲观切换为期待，期待政府有作为，期待政策托底，这是股市循环四阶段的希望期。股市没有预期经济会马上转好，只是将原来悲观的预期转为可以看清楚最坏的状况，一致认为不会再更坏。一旦有政策托底，就可以看到经济最坏的情况。投资者的情绪转为有希望，反映到股票估值就是市盈率不再收缩，开始慢慢回复。股市期待政策支持，估值就先到底部。预期成真，政策出现，信心恢复，估值修正股票价格指数回升。政策出现后，执行宽松信用政策后，经济开始做底。一旦经济做底，盈利开始回升，按照股市四阶段的推测，在成长期的股票价格指数可能反而会有回吐下跌的可能性。如果经济、盈利在政策刺激下，仍然没有起色，股票价格指数还是要再下跌一次。万一在政策做多的时间段，出现通膨的压力，或是股市不但恢复正常，而且杠杆横行，或是出现系统性的金融风险，政府政策会转为趋紧，股票价格指数则会受到负面影响。

第三节　“黑天鹅”危机

在没有发现“黑天鹅”之前，大家以为天鹅都是白色的。投资的“黑天鹅”事件是指发生以前没有出现过的事件。“黑天鹅”事件发生的时候，造成的损坏是破坏性和毁灭性的。很多人躲过99.9%的风险，但没有逃过0.1%的“黑天鹅”。肥尾事件说的是“黑天鹅”事件发生时产生的损失非常大。在投资界的“黑天鹅”事件有三个特性：意外性、巨大的破坏性和事前难以预测性。每个人的“黑天鹅”都不同：对菜篮族的大妈而言，P2P平台倒闭是“黑天鹅”；对上班族而言，突然被告知裁员是“黑天鹅”；对英国人而言，脱欧是“黑天鹅”；对全世界而言，2020年的疫情是“黑天鹅”。

◇ 拥抱“黑天鹅”

当意外的“黑天鹅”事件来袭时，会有三种情况发生：第一种情况，我们很脆弱，会受到损伤；第二种情况，我们非常坚强，保持原样；第三种情况，我们以退为进，反脆弱，变得更强大。

《黑天鹅》一书的作者塔勒布提出反脆弱理论。该理论认为波动性、随机性和不确定性往往会带来负面影响，政府和投资者想方设法消除这些因素可能带来的巨大冲击，制定各种新措施，避免已经发生过的“黑天鹅”再度来袭。但是往往得不偿失，反而让我们更容易遭到新的“黑天鹅”袭击。生存的态度应该是拥抱波动性、随机性、不确定性。要利用它们，而不是躲避它们。风会熄灭蜡烛，也能使火越烧越旺。当事情暴露在波动性、随机性、混乱、压力、风险和不确定性之下时，我们要能够做到自我成长，以应对未知的风险与冲击。

在充满变化的时代，下一个“黑天鹅”必将到来。我们需要主动拥抱波动和风险，提高自己的反脆弱性。虽然表象事件的载体不同，但人的行为是不变的。股价涨跌，是因为市场对公司业绩有预期，这是理性指标发生了非理性变化。一个人独处的时候会极度理性，但是在一个群体中就容易被羊群效应影响，变得非理性。这是因为群体的盲从意识往往会淹没个体的理性。为了获得群体的认同，个体愿意抛弃是非，用智商去换取让人感到安全的归属感。股票市场涨跌后，分析人员用各种冠冕堂皇的理由解释，但其实基本原因只有一个：那就是别人都在买，因此我也要买，或者别人都在卖，我怎么能够不卖？暴涨暴跌之后，分析师跳出来，用基本面、估值变化来进行各种解释，就如同一个人用枪先在一张白纸开一枪，然后再在枪洞旁边画上十环靶圈一样。

◇ 群体行为的特性

群体癫狂时，会呈现四个特征。第一是群体变得容易冲动、善变和缺少耐心。独处的个人有主宰自己的能力，群体则缺乏这种能力。第二是群体容易受到暗示和轻信小道消息。暗示和小道消息通过相互传染的过程，很快进入群体中所有人的大脑。在群体中，不存在不可能的事情。第三是群体对事件的反应会有夸张的情绪。第四是群体行为是非常固执的，难以被改变。

◇ 金融危机诞生在群体感觉非常良好时

2016—2017 年所有的金融市场处于极度稳定的状态，波动率指数不断创新低，做空波动率成为最赚钱的策略。2018 年1 月底，极为稳定的波动率指数出现反转，造成全球股市的大跌。投资股市，1 年赚3 倍者如过江之鲫，3 年赚1 倍者凤毛麟角。喜欢冒险的人迟早会撞到属于你的那只“黑天鹅”，最终输得很惨。2015 年，e 租宝崩盘，几十万人血本无归。2017 年年底，钱宝网崩盘，又是几十万人血本无归。凡是认为稳定可以持续，因而敢冒大风险追求高收益的人，最后无一例外，都会输得很惨。

群体受乐观情绪感染，大家感觉良好，对未来充满信心，对投资和投资经理高度信任，对投资收益率要求高，对风险容忍度提高，放松了对风险的警戒。因为群体放松警戒，借钱容易，整体的杠杆率上升。债务比例上升，但新增债务品质下降。因为对收益率的饥渴，高风险资产受到追逐，信用风险溢价缩小。不靠谱公司发行的债券也会受到追捧，群体的草率投资行为增加。对风险资产回报率有幻觉，希望低风险、高回报。2008 年次贷危机之前，用次级按揭贷款包装，有AAA信用评级的金融衍生商品CDS（信用违约合同），因为收益率高过其他AAA 级的债券而广受欢迎。次贷危机发生后，投资这类CDS 的投资者惨遭巨额亏损。2017 年金融市场极为稳定，卖空波动率的金融商品是最赚钱的投资。2018 年1 月所有做空波动率的投资者也遭受大亏损。

◇ 洞察市场参与者是谨慎还是乐观

在任何金融危机爆发之前，群体乐观且盲目，对金融社会的违约率上升视而不见。在严重经济衰退之前，没有人认为激进冒险的行为会导致违约和损失。观察群体的行为，主要看三个情况：第一，看大众坚持投资是出于安全性，还是害怕错过机会；第二，大家是谨慎行事，还是轻率布局；第三，身边的人是考虑规避风险，还是放松风险容忍度。如果每种情况下的答案都倾向后者时，那么代表群体的警戒心下降，孵育危机的环境成熟，“黑天鹅”事件发生后，产生金融危机的概率就会提高。这时候我们要选择谨慎的投资决策。

投资判断只可能对将要发生的事情有一定的认识，但永远不知道事情什么时候会发生。当我们判断危机到来的条件逐渐增加时，只能谨慎行事。我们永远不知道何时发生危机，也无法判断危机是否会导致崩盘。但是在危机发生的条件日渐成熟时，我们就要开始布局下跌风险的对冲策略。这个时候，做任何投资的决策，都要多考虑风险，放弃部分的收益。面对激进型和防御型的投资机会，建议选择后者。

◇ 哑铃型配置策略防御“黑天鹅”危机

不懂投资的人可能会做对十次决策，但错一次就会抹去前面十次的收益。聪明的投资人可能错过十次机会，但只要一次成功，就能赚回前面所失去的机会成本。《黑天鹅》一书的作者塔勒布建议我们采取杠铃策略，增强投资的反脆弱性。杠铃策略就像杠铃一样，中间无物，重量在两端。两端放什么呢？一端是极度保守规避风险的投资，另一端是风险较高的投资。我们投资时，不要将100%的资金全投到非常安全的资产上，因为投资收益率太低。也不能将100%的资金全投高风险的产品，万一碰到“黑天鹅”，会万劫不复。将全部资金投到中等风险产品上，两头都不沾边，既没有高回报，也无法避免“黑天鹅”。

杠铃型配置策略是将90%的资金投到非常安全的产品，例如国债、国开行的债券以及货币市场基金。虽然收益不高，但是可以抵御“黑天鹅”到来时产生的金融危机。另外，将10%的资金投到高风险高回报的产品。如果遭遇“黑天鹅”，只损失10%，不会过度影响我们的生活。但如果没有碰到“黑天鹅”事件，我们就会获取非常高的收益。本书介绍的资产配置框架把配置分为核心组合与卫星组合，与杠铃策略也是异曲同工。核心组合讲求高概率达到预期收益率，是保守的组合。卫星组合是游击兵，找到突破点，小兵立大功，是进攻的组合。

巴菲特采取的也是这种投资策略，他把大部分资金放到安全稳妥、有价值的股票上，只有小额资金在高风险股票。每次股灾都是巴菲特捡便宜货的绝好机会。即使在危机的时候，巴菲特捡便宜货也一定要再杀价，因为他也不知道危机是否马上会结束。巴菲特虽然是做左侧交易，但是杀价取得了足够的安全边际，即使肥尾事件发生，巴菲特也还挺得住。次贷危机的时候，巴菲特不买股票和债券，买的是可以转换股票的债券。巴菲特购买的美国银行的可转换债券，不但利率非常高，还拿到转换价格几乎与当时的股价差不多的长期看多期权。既有防御，又有进攻。在2020年的股灾，巴菲特勇于认错，果断卖出所有航空股止损。

◇ 不进步就被淘汰

不愿拥抱风险，即便想尽办法回避波动与风险，最后还是会被淘汰。在2G时代强大的诺基亚最终消失，原因就是诺基亚不愿拥抱波动和风险。诺基亚曾是全世界顶尖的手机公司。2005年是诺基亚的巅峰时期，其手机在全球市场占有率为72.8%。巅峰之后，诺基亚却迅速衰落，现在几乎消失于大众视野中。诺基亚为何陨落？诺基亚的“黑天鹅”是2007年乔布斯的智能手机。当时，iPhone的出现并没引起诺基亚的重视。诺基亚认为手机不需要这么多附加功能，而且iPhone的屏幕极度脆弱，没有未来，但这是从工程师的角度出发。最终，跟不上时代的诺基亚被时代淘汰。与之形成鲜明对比的是可口可乐。可口可乐虽然是百年老店，却时刻有危机意识，愿意尝试新鲜事物。2018年9月18日英国《每日邮报》报道：可口可乐将与加拿大特许大麻生产商Aurora商讨开发含有大麻二酚的饮料。传统可乐销售逐渐放缓，可口可乐不得不寻求新的增长点，寻求新概念饮料，以便在国际市场提升占有率，例如可口可乐已经在日本销售酒精饮品。

“他杀死亡”和“自杀重生”是企业面对变局的两种选择。他杀死亡，就是死于“黑天鹅”事件。自杀重生，就是用小量资金主动试错，寻求涅槃重生。智能手机诞生后，腾讯拥抱风险，顺应移动互联网趋势，开发移动社交软件，创造微信，发展迅猛。原因就在于腾讯一直在主动拥抱波动，不断试错。在未知的领域，要允许适度浪费，失败也不要紧。腾讯是时代的宠儿，是风口企业，有充沛资金作为试错的本钱。2020 年的疫情改变了许多人们熟悉的商业模式。疫情一来，人们呼应防疫号召待在家里，线下的商业活动基本停顿。企业如果不想办法突破，就会被逼死在墙角。各行各业想尽办法，转变营销模式，先求活下来。例如，疫情爆发后，某知名鞋企4000 多家连锁店全部停业，但8000 多名员工还需要领几千万元的工资，不知道疫情会持续多久。老板绝地求生，亲自带领员工直播，开展3000 多场直播，发动全部员工与经销商参与，通过直播卖鞋营收5000 多万元。农村银行碰到疫情，如果没有作为，就会停摆。农村银行的客户是农民，疫情中，贷款停止，伤及千万农户。农村银行利用科技解决困境，把数据搬到线上，建构云营业厅，让农户通过在线视频开户、面签，通过云平台、云视频可以合法合规地向农户发放贷款。刚性、顽固、不能改变、无法自我迭代、不能学习的人和企业就会走向失败。找到危机的根源，确定改变的方向与路径，量化需要的能力，动员全员，就是企业应对“黑天鹅”的危机之道。

投资也要适时地进与退。当“黑天鹅”事件发生，资产价格大跌后，我们应该继续躲避吗？“黑天鹅”事件发生导致资产价格大跌，孕育“黑天鹅”推动金融危机所累积的压力已经散发，气球不会再爆破，这个时候的风险反而是最低的。因此，这时要“贪婪”，满地的便宜货等你去捡取。

◇ 不断自我修复生成抵抗“黑天鹅”的能力

我们迟早会撞见“黑天鹅”，而应对“黑天鹅”的法宝就是提高自己的反脆弱性。决策时，给自己、给别人留一点余地。不论是投资，还是其他的生活事项，大部分采取保守的策略，少数可以采用冒险的策略。

不要追求过度舒适的环境，要给自己或企业适度的压力。利用少部分的资源主动尝试新的策略，这也是杠铃策略在生活与企业风险管理中的实践。

学术研究证明对冲基金行业是达尔文进化论的演绎者——创新不断，竞争不止，拥抱波动，敢于尝试，适者生存。做资产配置也是一样，投资者留小部分的资产配置在相对高风险的资产，企业也要留部分资源做试错的布局。

◇ 孕育金融危机的条件

怎么预见金融危机的发生呢？“黑天鹅”事件的出现无法预知，但如果金融系统已经累积压力，那么“黑天鹅”事件就只是金融危机的引爆点。任何金融危机的发生都有规律与征兆。因此，需要养成留意身边事物，多一些思考的习惯。当群体对身边事物有一致性意见时，我们需要谨慎，因为一致性意见往往会引发羊群效应。经济学与金融学都不是科学，而是历史的重复。从历史看未来，每一次“黑天鹅”事件引起的金融危机都是在群体的风险意识极度放松，群体处于非常舒适的金融环境下发生的。未来再遇到“黑天鹅”事件时，我们需要保持理智，通过搜集资料，寻找根本原因，吸取经验与教训。“黑天鹅”事件导致的金融危机，对任何投资者而言都是恐怖的。不论是否躲过劫难，都要反思自己，总结经验与教训，提高抵御风险的能力，争取在下一次“黑天鹅”事件发生时获利。

金融危机发生的必要条件大多与人的要素有关。比如，风险意识放松、情绪乐观、对投资和投资经理高度信任、对投资收益率要求高，因此降低风险容忍度。投资人接受高风险，整个经济体的信用风险恶化，导致金融体系的品质下降。聪明人开始做的事情，傻瓜到最后跟进，导致收益率下降，风险提高。投资级债券中，最低评级是BBB 评级。2018 年债券的存量中，BBB 级债券占最大比例。根据彭博相关数据，2008 年美国投资级别债券中BBB 级债券占比为48%，到了2018 年该占比上升到58%。2008 年欧洲债券市场的投资级债券中BBB 债券占比34%，到了2018 年这个占比上升到58%。阿根廷在1980 年、1982 年、1984 年、1987 年、1989 年和2001 年都曾经发生债务违约。事隔16 年，阿根廷在2017 年6 月发行100 年期债券，一经发售便销售一空，其债券收益率为7.9%，共筹资27.5 亿美元。2018 年该产品收益率上升到11%，价格下跌500 个基点。2019 年8 月12 日，阿根廷披索兑美元下挫15%，该国100 年国债在纽约下跌27%，交易价格是54.66 美分。2020 年4 月阿根廷宣布债券违约，这是阿根廷的第七次债务违约。

◇ 截至2020 年美国金融市场风险聚集

政府的推波助澜，也孕育金融风暴：加杠杆助长泡沫，形成危机；减杠杆助跌，戳破泡沫。美国在2008 年金融危机后推出多德弗兰克法规，要求做放款证券化的银行必须在表内留置部分风险。2013 年美国引入《政府的杠杆贷款指南》（*The Government's Leverage Lending Guidelines*）限制过度冒险，杠杆率限制在EBITDA（税息折旧及摊销前利润）的6 倍，这是降杠杆政策。特朗普上台后，放松金融监管，让银行自己决定杠杆倍数，这是加杠杆政策。2018 年法院免除创设杠杆抵押贷款衍生品（CLO）的机构必须持有5% 风险投资的要求，这是加杠杆。2012 年至2018 年，美国发行投资级债券公司的杠杆率继续创下历史新高。过高的杠杆率不可能长久持续，最终都是以经济衰退收场，只是不知道还能“虚胖”多久。

2019 年，全球负债率急速上升，同时品质恶化。国际清算银行的数据显示2007 年至2017 年全球债务占GDP 比例从179% 升至217%。

2017 年美国国会通过的减税和增加支出政策，是在复苏期的最大财政刺激，推升了美国政府债务。用债务占GDP 的比例来衡量国家、地区和市场的杠杆率的话，2019 年欧洲的杠杆率为258%，中国的杠杆率为250% 左右，新兴市场的杠杆率为194%。如果有任何举动造成欧元大幅波动，或造成新兴市场资金流出，那么实质上就是全球市场去杠杆的现象，最终将形成金融危机。

2008 年以来，央行救市用量化宽松政策送钱给企业。虽然后来暂停量化宽松政策，但是借钱度日已成为企业的习惯。如果一个企业连续3 年的利息支出超过该企业的营业利润，我们就可以把这个企业叫作僵尸企业。德意志银行的报告指出2020 年美国的僵尸企业占比接近20%。如果经济增长下滑，这些僵尸企业无法借新还旧，那么倒账的风险就会快速增加。

大家都知道长短端国债利率倒挂往往暗示着未来有经济衰退的风险。但一般人都没有注意到还有另一种倒挂：一再的量化宽松会使全球利率低迷，资金流向美国国债，使国债利率急速下跌，低于美国上市公司现金股息率。正常情况是股价下跌，造成股息率超过无风险的国债利率，就是说买股票的股息收入已经比买债券的利息收入划算，这是股价止跌的自然刹车机制。但是在2019 年发生的股息率与国债收益率倒挂是投资者的避险情绪高涨，转战债券，令国债利率下降所导致的。

◇ 信心满满才是危机的根源

2007 年2 月开始出现危机的特征，到2008 年9 月危机才开始，之间相隔19 个月。过早小心与高点进场都是致命错误。2017 年开始累积的各种金融危机征兆，到2020 年3 月才爆发。预判下一个金融危机发生的时间点，跟预测股市的高点与低点一样困难。当发觉各种金融危机风险聚积一年以上时，投资者对于投资的安排，就应该开始多一份避险安排，少一份对收益率的过度追求。当投资者信心满满，做投资决策时就会放松对风险的警觉，这将是孕育危机的温床。

10 坚守价值投资

如果你是巴菲特的粉丝，相信巴菲特的投资哲学，那么你就是价值投资风格的信奉者。本章将介绍股票投资的价值投资风格，说明价值投资的指标，并深入分析一般人无法做到价值投资的原因，最后剖析巴菲特的投资案例，总结巴菲特在实践价值投资上的八个维度。

第一节　价值投资大师业绩辉煌

相信大家一定对价值投资耳熟能详，以价值投资成名的大师除了巴菲特，还有他的老师本杰明·格雷厄姆。巴菲特的伯克希尔公司在1979—2017年的近40年中，平均每年有近20%的回报，同期间标普500指数收益率为8.5%。他的老师格雷厄姆在1936—1956年这段时间内的年回报率近20%，同期标普500回报率是12.2%。价值投资大师彼得·林奇的麦哲伦基金在1977—1990年这段时间内，平均每年有29%的收益率，同期标普指数收益率是13%。另外一个价值投资大师格伦·格林伯格在1984—2004年这段时间内的年回报率有22.5%，同期的标普指数收益率是12.9%。1979—2017年间，巴菲特保险公司的投资绩效大幅跑赢同期的美国债券、股票，以及全球股票的业绩。

第二节　价值投资的定义

行为金融学的反应过激（overreaction）和亏损厌恶（loss aversion）两个现象支持价值投资的合理性。反应过激指的是短期的坏消息被当作长期的坏消息，例如公司可能有一个坏消息，虽然只是对公司的基本面有短期、暂时的影响，但是投资人经常会将其解读为长期的负面影响，反应过激导致股票被超卖，出现价值被低估的投资机会。亏损厌恶理论说明投资人受不了亏损，导致认赔出场，为价值投资提供买进的机会。简言之，价值投资是买入被一般大众误解的好公司。

几乎每一个人都说自己是价值投资者，但每个人对价值投资的定义都不尽一致。关于价值投资，最常听到的回答就是好公司、股价便宜。因为没有量化的定义，这样的说法没有操作性。学术界对价值投资的定义是公司的股价与代表公司盈利或是其他资产数据的比值。常用的比值有市销率倍数、市盈率倍数、现金流倍数和市净率倍数。这里的“市”是股票的市价，“销”是每股销售金额，“盈”是每股盈余，由此得出：

市销率倍数= 每股市价/ 每股销售金额

市盈率倍数= 每股市价/ 每股盈利

现金流倍数= 每股市价/ 每股自由现金流

市净率倍数= 每股市价/ 每股净值

第三节 价值投资策略的价值

学术界的研究论文里，用几个指标来衡量公司的价值，我把这些指标称为价值投资的选股策略。表10–1 所示中各种估值指标代表的策略都是用公司的各项财务指标做分子，分母的数据除了盈余净率这个比值外，其余均为市场指标，即市场衡量公司价值的指标。

表10–1 价值投资的指标

价值投资估值指标	定义与计算方法
利润收入比 earning to market capitalization（E/M）	公司的总利润收入减去不属于普通股的股息支出，加上回递延税款，再除以公司股票总市值。
企业现金流倍数 EBITDA/TEV	EBITDA 是公司净利润加回利息支出、税负支出、折旧与摊提费用，近似公司的现金流。TEV 是公司的企业价值，计算方法是公司股票市值加上长期贷款、优先股，减去现金与短期投资。
自由现金流倍数 FCF/TEV	EBITDA 减去运营资金变动、资本支出金额就是自由现金流（FCF）。
毛利润比 gross profit/TEV	公司毛利润除以公司企业价值。
市净率倍数 book value/market value	账面价值等于总资产减去总负债减去优先股加上回递延税款，再除以股票总市值。
保留盈余净值倍数 retained earning/book value	公司保留盈余除以账面净值。

◇ 价值投资组合收益率超越成长组合与指数

美国学术界曾对价值投资的有效性做过研究，在研究过程中，研究人员安排的投资策略是在每年6 月底，选取美国市场上所有市值在15亿美元以上的中大盘股票为样本。使用这些公司3 个月前的财务数据，计算6 个比值指标作为不同的投资策略。在每个策略指标中，根据比值从小到大排序，将公司平均分成10 组。第1 组的比值最低，是成长股组合；第10组的比值最高，是价值股组合。操作的方法是在7月的第一个交易日，等权重地在每一个组内买入所有股票。每一组内在不同的年度，平均会有50 ~ 100只股票，一直持有12个月，直到次年6月月底。次年7月的第一个交易日，重复上述方法，做再平衡，调整组合持股。从1971年到2015年，该研究每一年重复上述步骤，共重复45次。由于保留盈余净值倍数计算公式中的分子和分母都没有包含市场股价，无法反映市场情绪的动态变化，不能衡量公司估值与市场预期，准确度较低。因此，45年间除保留盈余净值之外，其余5个指标代表价值组合的第10组的收益率都是最高的。表10–2所示是价值组合与成长组合策略的收益率比较。以成长组合的第1组为例，6种指标中的市净率指标产生最高收益率的9.64%，但是比被动策略的标普500指数收益率的10.52%还要低。相反的，代表价值组合的第10组，每一个指标的收益率都比被动组合的标普500指数收益率高，这证明6个代表价值投资的指标在长期是有效的。

表10–2　不同价值指标的价值组合与成长股组合的收益率比较

成长股 ↕ 价值股

组号	年化收益率						
	收入比	企业收益倍数	现金流比	毛利润比	市净率	盈余净率	标普500
1	7.67%	6.22%	6.98%	5.41%	9.64%	9.10%	10.52%
2	8.07%	6.85%	10.43%	7.12%	8.70%	9.47%	10.52%
3	9.46%	8.87%	9.88%	10.10%	9.52%	10.98%	10.52%
4	10.39%	9.00%	9.11%	11.42%	11.06%	11.84%	10.52%
5	10.58%	11.57%	11.26%	10.67%	11.52%	11.99%	10.52%
6	11.57%	11.70%	11.36%	12.45%	11.42%	12.66%	10.52%
7	12.13%	13.83%	13.08%	13.06%	11.67%	12.21%	10.52%
8	13.79%	13.67%	12.75%	13.39%	11.88%	12.08%	10.52%
9	14.29%	14.39%	14.31%	14.28%	13.53%	12.76%	10.52%
10	14.78%	15.83%	15.31%	15.27%	14.16%	12.66%	10.52%

数据来源：《别人恐慌我贪婪》，www.alphaarchitect.com

◇ 价值投资回撤幅度小于成长组合

判断投资策略好坏除了看收益率，还要衡量风险的大小。股票投资的风险就是价格下跌的幅度，也就是回撤的幅度。如表10–3 所示，在6 个价值指标组合中，每一个指标的价值组合回撤都小于成长组合的回撤。价值股组合的回撤基本与市场指数一致，且在利润收入比和企业现金流收益倍数比这两个指标组合中，价值股组合的最大回撤均低于市场指数的回撤。

表10–3 价值组合与成长组合的回撤比较

成长股 ↑

组号	最大回撤						
	收入比	企业收益倍数	现金流比	毛利润比	市净率	盈余净率	标普500
1	–77.41%	–88.15%	–71.20%	–86.93%	–77.82%	–83.30%	–50.21%
2	–81.21%	–85.16%	–64.95%	–81.38%	–69.69%	–74.66%	–50.21%
3	–76.03%	–67.79%	–70.10%	–56.37%	–62.74%	–50.41%	–50.21%
4	–58.78%	–53.17%	–64.43%	–49.42%	–54.42%	–52.14%	–50.21%
5	–52.47%	–47.67%	–51.37%	–51.05%	–52.73%	–50.00%	–50.21%
6	–48.62%	–49.69%	–50.63%	–48.89%	–52.88%	–48.29%	–50.21%
7	–49.45%	–48.79%	–47.47%	–47.37%	–49.30%	–53.45%	–50.21%
8	–53.71%	–51.73%	–52.99%	–48.43%	–55.06%	–57.75%	–50.21%
9	–49.10%	–50.98%	–50.60%	–49.59%	–49.54%	–56.59%	–50.21%
10	–48.67%	–48.89%	–51.31%	–58.71%	–57.48%	–59.06%	–50.21%
最大回撤差值（10减去1 的差值）	28.74%	39.26%	19.69%	28.22%	20.34%	24.24%	

↓ 价值股

数据来源：《别人恐慌我贪婪》，www.alphaarchitect.com

第四节 用质量指标增强价值投资效果

在价值投资的指标之上加上公司的质量指标，会强化价值投资策略的有效性。学术界的论文研究在上述6 个价值投资指标组合的基础上，用包括毛利资产率（毛利润/ 平均总资产）、资产收入率（总收入/ 平均总资产）、净运营资金率（净运营资金/ 平均总资产）、总资产增长率以及财务困境等5 个指标来衡量公司质量（见表10–4），并根据指标数值从低到高将公司分成5 组。以利润收入比减去毛利资产率为例，第一组是毛利资产率最低的公司，为低质量股票组，第五组是毛利资产率最高的公司，是高质量股票组。

表10–4　衡量公司质量的量化指标名称与计算公式

质量分析指标	指标计算公式	指标含义
毛利资产率 gross profit to total assets	毛利资产率= 毛利润/ 平均总资产	毛利资产率越高，公司质量越好
资产收入率 sales on assets	资产收入率= 总收入/ 平均总资产	资产收入率越高，公司质量越好
净运营资金率 net operating assets to total assets	净运营资金率= 净运营资金/ 平均总资产	净运营资金率越低，公司话语权越高，质量越好
总资产增长率 assets growth rate	总资产增长率= 本年度资产增加金额/ 上年度资产余额	总资产增长率越高，公司质量越好
财务困境指标 financial distress	用公司财务指标与股价做回归，从股价变化推测公司进入财务困境的概率	公司困境指标概率越高，公司质量越低

◇ 质量指标提升价值投资组合的收益率

表10–5 总结了用利润收入的价值指标在不同的公司质量指标的测试结果。每一个质量指标最高组合的年化收益率都超过质量低的组合。高资产增长率与低资产增长率的收益率差别最大，最高资产增长率的股票组合比最低的组合每年多赚4.02%。高资产收入率与低资产收入率的股票组合收益率差别不大，只有0.36%。最高的毛利资产率的价值股组合的年化收益率最高，达17.71%，超过标普指数收益率约7%。

表10-5　利润收入的价值指标在不同质量指标的收益率

公司质量指标（从低到高）	年化收益率					
	毛利资产率/%	资产收入率/%	净运营资产率/%	资产增长率/%	财务困境/%	标普500
1	15.55	15.6	13.24	13.02	14.27	10.52
2	14.48	17.26	15.83	17.01	15.41	10.52
3	17.1	16.84	18.79	17.12	17	10.52
4	15.89	15.15	16.74	16.63	18.15	10.52
5	17.71	15.96	16.29	17.04	15.65	10.52
年化收益率差值（5减去1的差值）	2.16	0.36	3.05	4.02	1.38	

◇ 质量指标提升价值投资组合的夏普比率

加上质量指标强化价值投资的选股策略后，也会提高风险调整后的收益。如表10-6 所示，以利润收入比的价值指标，加上公司质量指标为例，最高质量的毛利资产率组合的夏普比率为0.65，超过所有高质量组合，也超过标普500 指数的0.42。最高的资产增长率与最低资产增长率组合的夏普比例差别最大，高达0.20。不论从收益率还是夏普比例的角度来看，代表公司质量的指标都可以大幅提升并强化价值投资的效果。读者在做价值投资的时候，需要在价值投资指标的基础上再加上公司质量的指标，方可达到最佳的投资结果。

表10-6　利润收入比的价值指标加上不同质量指标的夏普比率

公司质量指标（从低到高）	夏普比率					
	毛利资产率/%	资产收入率/%	净运营资产率/%	资产增长率/%	财务困境/%	标普500
1	0.59	0.54	0.45	0.44	0.47	0.42
2	0.54	0.66	0.61	0.63	0.57	0.42
3	0.63	0.68	0.75	0.68	0.66	0.42
4	0.58	0.58	0.63	0.66	0.76	0.42
5	0.65	0.57	0.6	0.64	0.59	0.42
年化收益率差值（5减去1的差值）	0.06	0.03	0.15	0.20	0.12	

第五节　价值投资实践

◇ 价值投资知易行难

读者看了我介绍的策略这么有效，可能会迫不及待，马上想要亲身实践。但是知易行难，价值投资挑战的是周期性的跟踪误差。价值投资是逆向投资。别人恐慌时，你贪婪；别人贪婪时，你要恐慌。但是逆向投资的代价是有时候大盘涨，你没有大盘涨得多；大盘跌，你比大盘跌得还多。投资人虽然都自称是长期投资，但是没一天不关心股价，不由地因为股价波动影响到投资行为。因此心理面向的投资期限很短，无法承受在一年内或两年内的较大的跟踪误差，对价值投资失去信心，经常不得已割肉离场而导致价值投资失败。巴菲特有句名言是对没有信心与毅力的价值投资者的最佳写照：股票市场是将财富从没有耐性的人转移到有耐性投资者的一个设计。如果价值投资每时每刻都能跑赢大盘，必然会有无数的投资人涌入，按照金融行为学的理论，必定会导致价值投资策略失效。就是因为有周期性的较大跟踪误差，放大投资人的不理性行为，给高质量公司的股价砸一个坑，才为坚定的价值投资者创造进场的机会。例如在2003 年至2005 年的3 年间，巴菲特股票的回报大幅低于标普500 指数收益率，累计跑输大盘近25%。但在接下来的3 年，巴菲特的组合奋起直追，累计超过大盘36%。在2008 年的股灾，巴菲特股票组合也比指数少跌一点。因此价值投资需要有信心，有恒心，耐得住寂寞，且最好用的是自己的资金，这样才不会受到考核的压力，也不会在最关键时刻放弃价值投资理念。

◇ 实践价值投资的四要素

成功的股票投资需要保持再平衡纪律。先看价值，再看质量，市值要大，要有长期持有的信心与坚持，熬过暂时的影响，定期再平衡，这些是价值投资的诀窍。价值投资有四要素，分别是低估值、高质量、系统性再平衡、定力。低估值、高质量指的是投资者需要耐心等待市场错误定价那些高质量的好公司的时机。当高质量的好公司被以低估值出售时，投资者需要做到不受他人情绪的影响，果断买进。再平衡指的是检视投资组合的个股是否估值过高需要卖出，市场是否有估值过低的股票，存在投资机会。而定力则指的是投资者需要对付人性的贪婪与恐惧，当买进后，公司的盈利增长没能达到预期时，不要犹豫而要及时止损。

◇ A 股价值投资的四种策略

价值投资策略需要从估值和质量两个维度来区分股票。虽然市值高低间接反映了公司质量，但股价低其实有两种原因：一是公司本身一无是处，也被市场充分验证，股价就应该低落；二是公司本身质量很好，价值暂时被市场严重低估。后者才是价值投资所需要寻找的投资标的。价值投资策略是在估值便宜的股票的基础上，挖掘高质量公司。价值投资虽然是长期投资，但并不意味着完全不做调整。公司价值与市场的认识随时随地在动态调整，因此投资者也必须对投资组合做动态调整。投资者可以计划每只股票持有期为1 年，1 年后根据新的估值与价值指标进行动态调整，卖出昂贵的股票（成长股）和质量恶化的股票，继续持有或者买入质量指标有所改善的价值股票。

国内海通证券研究所对A 股的价值投资策略做过深入的研究。其报告显示高股息、低市净率、低市盈率和小市值的风格策略可以跑赢大盘。高股息率股票具备长期投资价值。低市净率的股票安全边际较高，收益率较好。低市盈率策略牛市表现普通，熊市跌得少，震荡市表现较好。小市值策略在A 股的超额收益效果显著，并且小市值股票因成交活跃、成长性容易被预期，一直受投资者喜爱。

第六节　实践价值投资的工具

在美国市场，价值投资的工具非常普遍，免去了投资人自己选股的烦恼。其中有一家公司叫作动态方向基金（Dimensional Fund Advisor，DFA），该公司发行4 只公募基金，专门作价值投资。诺贝尔奖得主尤金法玛和肯佛伦奇是这家公司的顾问和董事。表10-7 列出了这家公司的产品名称给读者参考。

表10-7　美国DFA 基金公司的价值投资基金

基金代码	基金名称	基金规模 / 亿美元	成立日期
DFLVX	DFA 美国大盘价值股基金	364.8	1993 年2 月18 日
DFVIX	DFA 国际大盘价值股基金	154	1995 年2 月2 日
DFSVX	DFA 美国小盘价值股基金	367.2	1993 年3 月2 日
DISVX	DFA 国际校盘价值股基金	212	1994 年12 月29 日

数据来源：www.investing.com

在国内也逐渐出现价值投资的工具，例如嘉实基金公司有一款基本面50 的交易型开放式指数基金（ETF），非常接近价值投资的理念。从其历史数据分析来看，这个ETF 有超额收益的业绩记录。量化投资也越来越盛行，其他的公募基金公司也会不断推出价值投资的指数基金或ETF，读者可以借助价值投资工具实现价值投资。

第七节　巴菲特价值投资的实践

本章最后总结几个巴菲特的有名投资案例，用以说明价值投资大师是如何实践价值投资的：挖掘高质量的好公司、耐心等待、不贪心。巴菲特成功的投资案件都是“买入后捂住”（buy and hold），持股时间都非常长。例如1988年投资可口可乐、1990年投资富国银行以及从1976年开始买入盖克保险（GEICO），并在1995年将其收编为自己的保险公司。

◇ 巴菲特价值投资的八个维度

我们可以用八个维度来深入探讨巴菲特有名的价值投资案例。第一个维度是挖掘好公司后，耐心等待洼地出现。比如，他对比亚迪、可口可乐、盖克保险、美国运通的投资都是先挖掘到好公司，耐心等待股灾出现洼地，再出手买入。第二个维度是重视管理层。华盛顿邮报、比亚迪、盖克保险这三家公司入选其投资名单的原因之一是管理层让巴菲特折服。第三个维度是等待风险收益比值有利收益的上档空间才出手。在与美国银行、高盛、几个石油公司达成高额交易之前，巴菲特都是在讨价还价中，拿到免费的看涨期权。免费看涨期权就等于没有融资成本的杠杆。会卖，敢卖，不贪心是巴菲特实践价值投资的第四个维度。比如，他投资的美国银行、房地美都不是卖在最高点，但是卖完之后，公司都出了问题，股价巨幅下跌。第五个维度是要踏上大趋势，赚取贝塔周期的收益，比如投资中石油、比亚迪。第六个维度是用高现金股利提供最大的风险保护垫。可口可乐、美国银行都曾为其提供丰厚的现金股利，快速降低了巴菲特当时的投资成本。虽然巴菲特不喜欢高科技股票，但是他相信任何科技只要能够改变人们生活习惯就符合价值股的定义，这是巴菲特实践价值投资的第七个维度。投资苹果、亚马逊，也正是因为这两个公司的商业模式改变了人们的生活习惯。第八个维度是如果判断错误，要果断止损，即使短期持有，也不能碍于面子舍不得割肉。巴菲特在IBM、甲骨文上的割舍就是在告诉广大投资者，面子不重要，果断认错才不会流血不止。2020 年2 月底巴菲特出手投资航空股，5 月初宣布出清全部航空股，果断认赔出场。巴菲特出清航空股是基于基本面的考量。虽然巴菲特出清航空股之后，航空股股价反而一路上涨，但这是因为美联储大幅放水，不是基本面的原因。读者都以为巴菲特以长期投资为招牌，好股票要持有10 年，甚至永久持有。但是读者可能不知道，在巴菲特的投资组合中，超过60% 的股票在买入后一年之内就会被卖掉，持仓超过10 年的不到4%。对好的投资长期持有，对不对的投资，果决认赔出场，这是巴菲特的投资实践法宝。

◇ 踩上大趋势——比亚迪投资

巴菲特投资比亚迪最早是在2008 年，而直到2020 年第二季度，巴菲特仍然持有2.25 亿股比亚迪股票，投资以来未售一股，未包含股息收益的年化收益率为25%。巴菲特投资比亚迪是由于其黄金搭档查理・芒格的推荐。芒格打电话给巴菲特说王传福比爱迪生更厉害。巴菲特说这好像还不够好，就挂了电话。过了一会儿芒格又打来说王传福是爱迪生和比尔・盖茨的合体。2008 年9 月，雷曼兄弟垮台，油价暴跌，新能源汽车股价随油价下跌，从风口跌落。直到这个时候，巴菲特才出手，用每股1.03 美元（当时折合约8 港元）的价格买进2.25 亿股比亚迪股票，成本约为2.32 亿美元。一年后，比亚迪股票涨到88 港币，一年上涨11 倍。之后全球经济陷入泥潭，比亚迪利润在2012 年下降94%，股价跌到巴菲特的建仓线附近。因为对其管理者具有信心，所以巴菲特一直持有比亚迪股票，最终比亚迪变成中国新能源汽车的龙头企业。巴菲特抓住了人弃我取的时机买入比亚迪。挖掘好公司，耐心等待低成本，构建投资的风险垫，愿意与时间做朋友。巴菲特投资比亚迪成功的因素，除了信任王传福，也坐上了中国新能源列车的大趋势。国内新能源补贴政策于2010年发布，起源是在2009年的《新能源汽车生产企业及产品准入管理规则》。财政部、科技部、工信部、发改委陆续发布文件，推动节能与新能源汽车示范推广试点、私人购买新能源汽车补贴试点、新能源汽车推广应用示范等工作。巴菲特坐上了这些推升新能源汽车股价的政策列车。

◇ 会卖的本事——房地美

巴菲特在1988年投资房地美，2000年清仓，年化收益率达23%。当时他以4美元的均价买入房地美股票，占其总股本的9%。巴菲特认为当时房利美的价格极为便宜。1998年房地美股价相较投资成本已经翻了12倍。2000年房利美业绩鼎盛，每股收益达历史最高水平。管理层不断回购股票，信心十足。单单看业绩，无法判断出当时是卖出时机。但是巴菲特观察到了房地美管理层异常行为的迹象：整个管理层极为关注每三个月的财报短期业绩表现，并追求风险；CEO只关注两位数的高盈利增长；房地美开始从事与主营业务毫不相关的投资。于是，巴菲特在2000年左右清仓房地美股票，其清仓的价格在40～50美元，距离次贷危机之前房利美最高价的70美元还有很大的差距。后来次级贷款大面积违约，“两房”[1]首当其冲，直逼破产的边缘，最后被美国政府拯救。巴菲特卖出的判断基于细读公司财报的措辞，观察高管言行。从

[1] “两房”：即房利美与房地美。

高管言行、公司策略、投资专注度，判断公司是否进入自我陶醉阶段，并将其作为判断依据。

◇ 喜欢管理层——华盛顿邮报

1973 年巴菲特投资华盛顿邮报，并于2014 年用股权置换的方式退出，年化投资回报率达12%。对于报纸，巴菲特非常感兴趣，他自己做过报童，也投资过纽约客杂志。1971 年认识华盛顿邮报（以下简称邮报）女老板凯莎琳。报业曾经是媒体之王，发行量大的报纸彼此之间没有直接竞争关系。大报赚钱靠记者能写，在当时大报业绩好是因为市场缺乏竞争，而二三流的地区性小报只能在盈亏线上挣扎。报纸的护城河是经济商誉。报纸的资本投入很低，运营良好可以迅速盈利。大报涨价能力强、资本回报率高，在互联网出现之前，报纸即使涨价仍能保持90% 的订阅留存率。20 世纪70 年代邮报的净资产收益率（ROE）是30%，最高曾经达到36%。1973 年巴菲特以每股5.63 美元买入邮报股票，投资金额1100 万美元。巴菲特说投邮报就是投凯莎琳的管理能力。最后报业还是逃不过被互联网打击的命运，华盛顿邮报公司最后重组为格雷厄姆控股公司，而邮报报纸业务本身也在2013 年以2.5 亿美元卖给亚马逊。2014 年，巴菲特签署11 亿美元股权置换协议，退出华盛顿邮报。1100 万美元的成本，不算股息分红，40 年达到100 倍的收益。巴菲特投资邮报前后经过四十余载，其中的投资逻辑除了对管理层的青睐，还由于邮报完全符合高质量公司的要件，以及巴菲特愿意与时间做朋友。表面上传媒的传统销售、阅读渠道被互联网打败，但是任何线上巨头还是需要内容，所以巴菲特还是能够获利出场。

◇ 分析财报，选股后等待进场点——中石油

巴菲特在2002 年投资中石油，在2007 年清仓，年化收益率达50%。当时中石油市值约350 亿美元，巴菲特按照对原油价格的判断，估算中石油至少值1000 亿美元。2002 年到2003 年间，巴菲特用4.88 亿美元买入中石油1.3% 的股份。之后油价大涨，中石油市值水涨船高，达到2750 亿美元，5 年上涨7 倍。巴菲特个人的原则是遵循能力圈，绝对不碰不懂的事情。财报分析是巴菲特的特长，不受限国家、地缘的限制，只要公司的财报是英文，他就能通过阅读财报，了解该公司的商业模式。在巴菲特的股东会上，有人质疑巴菲特投资中石油的尽职调查没做到位。巴菲特回答说在中石油的投资上，从未询问过第三方的意见。巴菲特说读完财报后认为中石油至少值1000 亿美元，然后去查股价，换算市值只有350 亿美元。这么大的差距不需要再做过多的调查。当时，巴菲特还打了一个比方说：如果我知道一个人重300 磅（1 磅=0.9 斤）以上，那么不需要精确数字，我就能定义他是个胖子。巴菲特的公司是全美国在尽职调查上花费最低的投资公司。巴菲特以工程师的思维来追求安全保护垫，不浪费资源做不必要的尽职调查。

中石油的投资反映了巴菲特投资的哲学：独立思考，独立决策，逆向工程。也可以从中得出巴菲特做出投资决策前的几个步骤：先做研究，算出估值，再看股价。如果先观察股价，按照行为金融学，会产生锚定效应，形成先入为主的偏见，影响决策的客观性。除了上述的逻辑，我认为巴菲特对油价提前做足了功课。当时处于第三次石油危机，油价走势分为三个阶段。第一阶段是稳定期，在2000—2003 年，油价22 ~28 美元/ 桶。第二阶段是油价上升期，在2004 年至2008 年上半年，油价由30 美元/ 桶逐步上升到近150 美元/ 桶，创下当时30 年来新

高。第三阶段是油价的巨幅下跌期，2008 年后半年，油价急转直下，7 月中旬开始，美元上升，叠加美国金融危机，油价于当年12 月19 日跌至33.87 美元/ 桶的谷底。巴菲特在2007 年出清中石油股票，而油价在2008 年才做头，让人不得不佩服巴菲特做功课的功夫。

巴菲特投资的第一步是对财务报表进行分析。从报表就可以理解商业模式，商业模式越简单越是好的投资标的。从商业模式找到挂钩的对标，用对标判断大贝塔趋势的到来，然后进场。当对标的趋势已经转头向下，果断卖出与对标挂钩的股票，不用卖在最高点。巴菲特在中石油的卖出上展现了“卖得及时”的智慧。

◇ 耐心等待洼地——可口可乐

巴菲特在1988 年投资可口可乐，持有4 亿股，至今仍未卖出一股，年化收益率达到24%。巴菲特自称每天喝5 ～6 罐可乐，占其每日热量摄入的1/4。巴菲特曾说过：以合理价格投资优异的公司胜于以优异价格投资平庸的公司。巴菲特买入可口可乐时，其估值已经不便宜。在巴菲特投资前三年，可口可乐净利润已经增长50%，市值已翻一番，市盈率达15 ～19 倍，高于行业平均水平。但巴菲特看上了可乐的品牌与全球化市场这两个护城河要素。然后开始等待洼地，等待价值的出现。1987 年的股灾给巴菲特提供了买入的洼地，他用合适的价格投资了可口可乐。20 世纪90 年代，可口可乐股价产生了估值与盈利双击的效果，10 年内股价涨了近18 倍，直至2018 年遭腰斩后复苏，相较1998 年没有增长，有人嘲笑巴菲特老眼昏花，说他不理解消费趋势的变化，如今的人们已经开始远离含糖饮料。这是见树不见林的表面之见。巴菲特没有误判，在这20 年内巴菲特收到了可观的股利分红。1995 年可口可乐公司给了巴菲特8800 万美元股利。每一年可口可乐都会提高分红：

2011年有3.76亿美元分红，比2010年高2400万美元。2017年巴菲特从可口可乐拿到的现金分红有5.92亿美元，是最初投资本金的45%。1998年到2018年，可口可乐的累计现金分红远远超过巴菲特当年原始的投资成本，已经没有在险资金，赚的钱都是纯利润。这再一次体现了巴菲特的投资哲学：挖掘高质量、护城河深的好公司，静待洼地出现时机，用低成本做初始的风险保护垫，用未来的现金股利有效降低投资成本，形成更坚强的风险垫。

◇ 改变生活方式的是护城河——苹果手机

巴菲特在2016年投资苹果，到现在仍然持有其股份。巴菲特追求确定的回报，排斥潜力大但风险也大的投资。作为一个投资者，巴菲特说："新兴行业如同太空探索一样，我们愿意为其喝彩，但是我们不想真的上去。"巴菲特直到搞清楚人们的生活习惯已经被苹果手机所改变，才投资苹果的股票。他投资苹果的逻辑非常清晰：苹果公司的产品已经改变了我们的生活方式，人们围绕自己的iPhone规划生活，这是护城河的体现。苹果有极强的盈利能力，苹果的ROE（净资产收益率）持续保持在35%～45%，估值合理。公司持续创新，其商业模式改变了人的生活习惯，这些都是最强护城河，苹果已经符合巴菲特对绩优股的定义。可以说巴菲特投资苹果的时候，苹果已经脱掉成长股的休闲装，披上绩优蓝筹股的西装。巴菲特投资苹果不是投资科技公司，是投资消费公司。苹果将消费者放在前端，技术应用放在后端。巴菲特的投资哲学是不可能投到所有的赚钱机会的，但是只要投资，就一定要赚钱。

◇ 巴菲特的短线投机——三本地图

巴菲特其实也做短过线投机，他在1959年投资了三本地图（Sanborn

Map），在1960 年清仓，年化收益率高达50%。三本地图的公司业务为测绘极为精密详细的地图产品，火灾保险公司需要这些信息来精算承保风险与保费的定价。公司早期靠垄断获取了大量经济利益，收益不受经济周期影响，不需要资本再投入，因此在不断制造现金流。三本地图的资金充沛，公司将闲置资金用于投资，积累可观的投资组合。后来公司主业逐渐衰败，1938 年到1958 年，道琼斯指数从100 点涨到550 点，三本地图的股价反而从110 美元跌到45 美元。这期间三本地图的投资组合价值从每股20 美元涨到每股65 美元。用45 美元可以买到市价65 美元的投资组合，加上仍然有盈利的地图业务，这是多么划算的生意呀！巴菲特用当时的35% 基金资产买入三本地图，同时联合其他股东组成巴菲特联盟，向管理层施压。巴菲特联盟占公司股份的44%，管理层被逼让步，同意将三本地图的投资组合以公允价格分拆出售，释放价值。当时巴菲特合伙基金的35% 仓位获利50%，这是拆分公司的策略，英文叫作SOTP（sum of the parts）原则，比较适合对冲基金之类的机构投资者。

◇ 过度反应的洼地机会——美国运通

巴菲特1963 年投资美国运通，到现在仍然持有其股份，至今的平均年化收益率为12%。1963 年美国运通有四块主营业务：银行业务、旅行支票业务、信用卡业务和仓储。仓储业务其实本质上也是金融服务，是以贷款公司库存作为抵押，来进行放贷。一位名叫安吉里斯的狡猾商人就盯上了这个业务，他以在黄豆油中加水的骗术，将1.1 亿磅的黄豆油加工成18 亿磅黄豆油，骗到了美国运通的贷款。事件爆发后，美国运通面临信誉危机。巴菲特深入分析后，却发现了其中千载难逢的机遇。因为美国运通的核心业务是信用卡发卡业务，而非仓储放贷。维萨信用卡（VISA）和万事达卡（MasterCard）采用的是笼络其他银行发卡，以量取胜的模式。美国运通信用卡则是由美国运通自己的银行发卡，量少而单价大。因此对美国运通而言，最重要的利益攸关者是持卡消费者。因为是美国运通银行自己发卡，所以只要持卡者仍然使用美国运通卡消费，就不用担心其他银行。当时刷卡消费可以选择的银行还相当有限，美国运通的信用卡服务非常有优势，客户的黏度非常高，但还是有必要判断持卡消费者会不会在乎黄豆油丑闻。

巴菲特先做功课，发现美国运通虽然因为丑闻十分狼狈，但是涉案业务体量小。美国运通旅行支票业务在全球市场占六成份额，借着垄断地位享有定价权，客户续卡率极高，且每年都在涨年费。如果你是巴菲特，你会怎么进行调研？巴菲特做了简单的草根调研，亲自跑到某餐馆坐了一晚。他发现人们还是像往常一样，结账时摸出美国运通卡，这些人要么不知道黄豆油丑闻，要么根本就不在乎。只要消费者继续刷卡，美国运通主要的业务就没有受到影响。巴菲特知道黄豆油诉讼结果的损失可控，该公司的商业模式、核心业务与市场规模没有持续受到负面影响。结合价值投资的两大要素：公司的质量要高、投资价格要足够低，美国运通当时的状况完全符合这两点要求。巴菲特投资美国运通就是利用看似火烧眉毛，但不伤公司筋骨的黄豆油丑闻危机，砸出价值洼地。

◇ 晋升为机构投资者的转型投资——盖克保险

巴菲特在1951年投资盖克保险公司（以下简称GEICO），到现在仍然持有。巴菲特在1951年时年仅21岁，他猛捧GEICO汽车保险公司，并提出了六个看好的理由。第一是行业好，那个年代汽车保险是刚需，且年年续保。第二是没有库存、收账、原材料、产品过时与设备老化的问题。第三是当时保险直营团队做的是直销，客户收到的是标准化合约，没有中间商赚差价，成本低。在1949年GEICO的承保利润率有

27.5%，而其他财险公司只有6% ~ 7%。第四是GEICO 的未来市场仍然有很大的扩展空间，当时在50 个州里仅拿了15 个州的牌照，有很大的成长前景。第五是GEICO 的股价被低估，市盈率仅为8 倍，未体现成长溢价。第六是巴菲特的老师格雷厄姆是这家公司的董事会主席。21 岁的巴菲特用超过一半的个人资产买入10282 美元GEICO 股票，次年以15259 美元脱手。之后，巴菲特仍然保持着对这家公司的关注。20 世纪70 年代中期，GEICO 管理层在计算理赔成本时犯了大错，保费定得过低，公司差点破产，股价从61 美元跌到2 美元。1976 年至1980 年，巴菲特的伯克希尔公司买入GEICO 三分之一的股份，后于1995 年完成了对GEICO 的整体收购，并改名为伯克希尔保险。买保险的钱来自行将就木的伯克希尔纺织厂的现金流。纺织厂关门大吉，伯克希尔变成保险公司。保险公司的好处是可以获取大量低成本资金，在保险赔付前就已经收到保费的浮存金。收到的保费大于赔付金额，就有承保利润。浮存金的资金成本为零，并可以提供1.6 倍杠杆。用别人的钱做生意是最好的商业模式，是免费的杠杆。低成本的资金是巴菲特投资产生超额收益的来源之一。

◇ 巴菲特的贪婪——美国银行、高盛的免费看涨期权

2008 年金融危机之后，巴菲特于2011 年买入美国银行的优先股，且在换成股票后，目前仍然持有，年化收益率已经有24%。投资美国银行的优先股是巴菲特对“别人恐慌时，我贪婪”（be greedy when others are fearful）的最佳投资实践。2011 年巴菲特投资美国银行优先股的结构是：购入价值50 亿美元的美国银行优先股，每年享有6% 的利息；获得认购权证，在2021 年前，可以用一股7.14 美元买入美国银行7 亿股普通股。全球金融危机后，美国银行恢复得太好太快，开始增加普通股派息，超过

巴菲特的优先股股息。2017 年巴菲特将美国银行7 亿股权证全部提前行权。2011 年当时巴菲特判断美国银行属于系统性风险，政府不会让其倒闭，因此风险与收益不对称，有利巴菲特的优先股投资。巴菲特在抄底时非常贪婪，除了要固定的年收益，同时争取免费的上档收益机会。期权的价值与时间长短成正比。巴菲特拿到一个10 年的期权，而且是免费的，这非常划算。

巴菲特投资高盛也是类似的模式：分红优先股和免费看涨期权。2008 年9 月，巴菲特投资50 亿美元高盛优先股，股息率为10%。同时获看涨期权，投资后5 年内，用每股115 美元价格买入50 亿美元高盛普通股票。在投资高盛优先股时，高盛的股价已经在90 ~ 100 美元。行权价格接近当时的股价，所以这个看涨期权几乎是免费的。全球金融危机结束后，高盛股价上升很快，5 年内股价上升到150 美元左右。为什么巴菲特可以拿到这么好的条件呢？因为巴菲特的名声对当时恐慌的市场有正反馈效应。2011 年4 月18 日高盛回购巴菲特优先股。巴菲特购买的高盛优先股的协议规定每年支付10% 的固定股息，另外在赎回时，高盛要额外支付10% 的溢价，也就是5 亿美元，等于一年的利息。高盛回购其优先股股权后，巴菲特仍继续持有认股权证，允许巴菲特在2013 年10 月1 日以前以每股115 美元购买4350 万股高盛普通股。当时高盛股价为每股159.96 美元，这意味着认股权证账面利润近20 亿美元。加上股息和赎回费用，巴菲特两年半的投资回报大约为34 亿美元，投资回报率为68%。巴菲特在全球金融危机期间还有两笔类似的投资，一笔是瑞士再保险公司（Swiss Re）30 亿美元可转债投资，在2011 年年初被赎回，巴菲特两年的回报约为13 亿美元；另外一笔是30 亿美元购买通用电气的优先股，通用电气在2011 年10 月赎回其优先股。

巴菲特也曾使用类似的投资手法参与西方石油公司的并购交易。他曾投资能源领域，拥有全美最大天然气输送管道网络能源的看涨期权。巴菲特曾经是美国航空业最大投资人，是美国四大航空公司的最大股东，是私人飞机公司Netjet 的全资股东。同时他对原油和成品油的供应链有先天的投资需求。阿纳达科石油公司（Anadarko Petroleum Corporation）是美国中型石油和天然气勘探企业，同意被美孚全资并购，但是途中杀出西方石油提出更高的收购报价。2019 年5 月，巴菲特加入西方石油公司阵营，出资条件是：投资西方石油公司优先股100 亿美元，股利8%。万一优先股股利延迟支付时，股利上升到9%。巴菲特还获得8000 万股西方石油看涨期权，行权价62.5 美元，而当时公司股价就已经是60 美元。看涨期权行权价格几乎是当时股价，又是一个免费的看涨期权。不管并购成功与否，巴菲特都是赢家。并购不成功，巴菲特拿8% 股利，获得股价可能上升收益。并购成功，西方石油公司规模大幅增长，除股利外，看涨期权更有价值。

◇ 巴菲特卖出看空期权的技巧

巴菲特不仅活用看涨期权到极致，运用看跌期权的技巧更令人佩服。2008 年巴菲特靠卖出看跌期权获得81 亿美元的权利金。这些看跌期权的所有合同都要求不能追加保证金。看跌期权在股市的风险敞口有371 亿美元，分布在四个股市：标普500、英国FTSE 富时、欧股50 和日经225 指数。看跌股票指数期权的权利金收入49 亿美元。[1] 期权到期日分布于2019 年至2024 年。巴菲特卖出的看跌期权在2008 年、2009 年，甚至在2020 年3 月四次股市熔断时都是巨额账面损失，巴菲特活过来的秘诀是什么？这些期权都是15 ~20 年的超长期期权，更重要的是这些期权都

[1] 数据来源：伯克希尔·哈撒韦公司2018 年报。

是不可以追加保证金的，直到到期日那天才计算实际的盈亏。即使有几百亿美元的账面损失，在到期日之前不用付出一分钱现金。相较之下，2008 年全球金融危机时，友邦保险（AIG）被它的交易对手多次要求追加保证金，被流动性逼迫，贱价卖出好资产，最后由政府援救，公司股东被稀释99%。这几年世界各大股市都创历史新高，即使在2020 年3 月的短暂下跌后，很快就回到下跌前的高点，巴菲特的卖出期权仓位的行权价格已经远远低于市价，保守估计其获利应该有40 亿 ~ 60 亿美元。

◇ 价值投资实践的总结

价值投资是先挖掘符合高质量条件的公司，但是不急着进场买入，耐心等待市场完全消化这个坏消息后，人弃我取，才有可能用极便宜的价格，买到心仪的好公司。价值投资也不是死抱不放，要定期地再平衡。投资公司一旦不再符合高质量公司的条件，就要果断将其卖出。在泡沫破灭，人心极度恐慌时，可以关注好公司的可转换债券，或者可以转换成普通股的优先股票，不但能赚取利息，还有可能获得非常便宜的看涨期权。价值投资是极长期的游戏，如果经不起1 ~ 3 年的挫折，就没有资格作价值投资。当公司的质量没有变坏时，投资者要经得起市场短期风格轮换的诱惑。

11 寻找投资洼地与泡沫投资

经济活动自存在以来，会定期产生不同形式的金融泡沫。泡沫的形态虽然不一样，但产生的条件却可以总结归纳。本章在讲述和分析世界历史上形形色色泡沫的基础上，总结归纳泡沫形成的必要条件与充分条件，并以此为依据讲述泡沫的应对之道。

第一节 形形色色的资产泡沫

金融市场会不断产生泡沫，从最早的郁金香泡沫到近年的加密数字货币，泡沫形成需要几个充分条件的共同作用。有些泡沫过后，如云过烟逝，了无痕迹。有些泡沫过后，会留下基础设施，比如：2000 年的网络泡沫留下互联网基础建设；郁金香泡沫让荷兰变成世界主要花卉出口国，拥有最先进的农业设施与技术。

◇ 荷兰的郁金香泡沫

荷兰的郁金香泡沫算是第一个有记录的金融泡沫。荷兰共和国是17世纪欧洲繁荣的国家，也是当时最先进的金融中心。当时大环境处于超长景气周期，经济增长潜力十足。17 世纪初期，新教徒与犹太难民自西班牙迁移至荷兰。1610 年阿姆斯特丹交易所成立。在这样的背景下，荷兰迎来了新资本、新人口和新的投资人。复式簿记、票据交易、股份有限公司、交易所，以及期货与选择权等衍生性商品都起源于这个时代，推动了制度变革与金融创新。1618 年开始的30 年战争，使荷兰的经济贸易蓬勃发展。这个情况与后来欧洲战争时的最大债权国美国一样。荷兰东印度公司等殖民地事业开始获利，社会财富增加，消费主义开始盛行。

16 世纪中叶，郁金香被引入荷兰。这符合泡沫的必要条件：新发现。1573 年至1634 年间，郁金香多由花卉爱好者购买。由于荷兰整体财富增加，社会对奢侈品与炫耀品的需求上升。从1634 年开始，荷兰花卉市场的郁金香球茎价格节节上升。除了原本的花卉爱好者，投机者也进入市场。中产阶层开始在小旅馆以最原始的柜台买卖的方式进行现货交易。因为花卉价钱升高，原本的花卉爱好者逐渐退出市场。真实需求消失，投资、投机需求取而代之。部分人士认为投机事业不道德，未积极参与。此时上涨的球茎是较为罕见的高贵品种。

1635 年起黑死病开始在欧洲蔓延，但尚未影响到郁金香市场。1636 年开始出现现金结算的期货，期限为一年。当时政府尚未出台监管市价的制度，性质类似现代的选择权。当时尚未发展出期权定价模型，因此虽然波动率高，但权利金没有跟着提高。对于价值投资人而言，这些衍生性商品是很超值的投资标的。这时还是理性的泡沫，可以适度参与。郁金香期货与选择权的保证金使用远期票据支付，因此信用泛滥，人们可以自由创造信用。这符合信用宽松的要件。当时社会底层的人民也想尽办法挤出身上的最后一点积蓄，进入郁金香球茎市场。当全民参与，擦鞋童也在谈论股票时，就是泡沫最后阶段的典型特征。

泡沫巅峰时，寻常的球茎价格被推升至离谱的程度。1637 年2 月23 日，市场谣传许多交易对手消失，流动性被瞬间冻结，市场上找不到任何买家。泡沫破灭之前，各类危机压力早已累积。只要一个信息或事件就造成流动性突然消失，导致泡沫破灭。因为当时已接近交割日期，众人都急着离开市场，一点风吹草动的谣言就会使价格崩溃。众多投资人不仅无法以现金或现货交割履约，连签发的保证金票据也无法清偿。1638 年荷兰政府颁布法令，要求契约的持有人得用名义契约金额的3.5% 进行最终结算，引进保证金制度，损失由参与者自己负担。泡沫最终结束，荷兰人民此后很长一段时间极度厌恶风险。

◇ 美国互联网泡沫

1995—2001 年，美国出现互联网泡沫。为应对互联网泡沫，美国克林顿总统削减赤字，紧缩财政支出，调整产业结构。美国于1993 年提出建立国家信息基础设施，提议建设通信网络、互动服务、互通式的计算机硬件软件、数据库以及消费者电子系统，并且支持私有部门在国家信息基础设施发展中居于领导地位，采取税收和监管政策，确保有足够激励推动私有部门投资。1991 年到2000 年，美国经济维持了10 年繁荣期，实际GDP 增速稳定，失业率逐渐降低，通货膨胀率维持低水平。

三个潮流导致互联网泡沫滋长：第一个是莫塞克浏览器（Mosaic）与全球网的出现，掀起网络公司创业热潮；第二个是1997 年5 月美国政府宣布调降资本利得税，鼓励资本再投资；第三个是全民热衷在线交易，对网络的兴趣增加。1998—1999 年间，风险投资基金募资额持续增长。1998 年10 月8 日至2000 年3 月10 日间，纳斯达克计算机指数和电信指数分别上涨322% 和296%，而传统产业的交通指数仅上涨37%。1998 年年初，科技公司的估值比一般市场高40%，2000 年时更高达165%。2000

年3月10日，纳斯达克指数在触及5408.6高点后，开始下跌。泡沫破灭后，2001年9月21日纳斯达克指数跌到1423点，跌幅达72%。

◇ 加密数字货币泡沫

从2017年第四季度开始，比特币带动的数字货币资产价格暴涨。在美国，一位叫丽塔的70岁老太太在孙子的帮助下卖出了她持有的比特币，仅仅数周便斩获45%的收益率。有人刷信用卡购买比特币，有人用房贷套取资金买比特币。比特币用近5年时间冲到了1000美元，但从8000美元升到9000美元却只用了9天。2017年感恩节后，比特币涨势愈加迅猛，从8000多美元飙到11395美元。美国城堡基金经理麦克在CNBC访谈中称比特币有望在2018年年底之前冲破4万美元。比特币突破1.1万美元后，转头下跌，第一波的下跌最低触及8600美元，跌落近3000美元，跌幅近22%。2018年比特币泡沫破灭，价格跌到4000美元附近。但是2019年，世界政经局势动荡加剧，避险情绪高涨，避险的资产受到资金的青睐：黄金大涨，比特币也从低点回升。

比特币以及其底层技术的区块链类似20世纪90年代的互联网泡沫。技术、环境尚未成熟，泡沫可能先破灭，在技术与配套环境成熟后会再度复生。未来科技方向是5G、大数据、云计算、区块链与人工智能（AI）。2019年年中，谷歌与脸书都公布要发行自己的加密货币，而中国人民银行已经发行数字货币。未来，以比特币为首的加密数字货币应该逐渐会脱离投机炒作的特性，更多地反映作为交易媒介、财富储藏、对抗通货膨胀、对冲风险、摆脱中央集权管制的工具的价值。

◇ 国内其他形式的资产泡沫

钱多，资产相对就少，所谓的资产荒就随之而生，这也是形成泡沫的充分条件。从2000年开始，中国楼市价格一直上升。一二线城市的土地供给受到严格管制，同时货币供应量大幅上升，导致房地产价格持续高涨。1990—2015年的25年间，另外一个资产荒是股市的中小市值股票。在2006—2015年，每年年初买入市值最小的5%股票组合，10年累计回报率高达61倍，年化回报率超过50%。若买入市盈率超过200倍的股票做组合，10年累计回报率接近800%。这是典型泡沫，与价值投资的信念相互违背。

2017年上半年，国内A股共246家公司IPO上市。IPO家数和筹资额同比分别增长303%和336%。但A股市场排队等待上市的公司仍有600多家。虽然A股发行价受限，但谋求上市的公司却越来越多，因为上市是原始股东最快速、最有利润的套现渠道。原始股东中，私募股权投资基金占大多数。上不了A股，转战新三板的数量更多。2017年上半年，新三板挂牌企业数量达11316家。不能上主板、不能上创业板、不能上新三板，只有买壳上市一途。在2019年开放科创板渠道之前，小盘股即使没有真正业务，还具有壳价值。

私募股权投资基金和创业投资基金规模迅猛增长是国内的另一个泡沫。在2019年，国内PE、VC基金的规模约9万亿元。PE、VC是二级市场资产的制造者，大部分资产最终都要通过二级市场进行变现、退出。A股市场每年的融资额要达到多少规模才能满足PE、VC的变现需求呢？假设有9万亿元的余额，PE、VE的退出期为7年，且规模不再增加，若其中7万亿要通过A股市场IPO或再融资变现，即便投资回报率为0，也意味着A股市场每年需要承接1万亿元的扩容。这个需求远远高于A股的IPO规模。因此PE基金不得不考虑并购、同业交易等收益利率较低的退出方式。从2019年起，在2009年、2010年、2011年募集的PE基金陆续到期，不能再续期。这些到期的PE基金只能通过二手市场将尚未退出的项目打折出售。PE、VC 基金的泡沫不会马上被戳破，但是会逐渐消气。将来投资人一定要降低对PE 基金的预期报酬率。

国内的货币政策也可以说曾经产生过泡沫。M2、社会融资增长速度曾经远远超过经济增长的需要。货币超发、游资乱窜自然滋生资产泡沫。现在货币政策回归中性，M2 与社会融资增速回落到刚刚够GDP 增长。新的资产管理规定意在缩减社会融资中非标产品的规模，也就是去杠杆的目的。货币供应量增速与股市估值存在相关性。M1、M2 的增速分别从两位数的高速增长下降到2019 年的个位数增长，股市估值、房价已经受到负面的影响。

从1960 年开始，台湾地区经济向出口导向转型。20 世纪70 年代末，台湾当局制订“十大建设项目”解决基础设施不足的问题，十大建设包括台北桃园机场、台中深水港、南北高速等。从1978 年开始，台湾地区生产总值从14% 下滑到1982 年的4%，台湾地区经济不得不从出口导向转型到较高附加价值的产业。为了经济转型，吸引人才回流，构筑工程师红利，台湾当局开发了新竹科技园区。1986 年之后，新台币进入升值周期，对美元汇率开始稳步上升，新台币的升值趋势吸引了外资的进入。1986 年至1990 年年初的3 年时间里，台湾加权指数3 年涨12 倍。台湾地区股市泡沫形成的背景及因素有以下几点：

第一，台湾牛市起因是新台币的升值，出口竞争力下降，加上外资流入，资金从生产的实质面转到股市、房地产的虚幻金融面，流动性剧增，推动牛市的诞生。

第二，台湾当局放宽监管，鼓励创新也是推升泡沫的要素。创新就是变相的杠杆，增加了资金供给。1988 年，台湾当局放开券商牌照，开业券商与券商的营业部数量迅速增加，促成股票交易量大增。1988 年6 月台湾地区券商只有28 家，1990 年扩张到197 家。为了抢占市场份额，券商针对家庭主妇、医生、农夫、大学生设立专属投资网点，揽客手段层出不穷，广告大肆宣传。

第三，台湾当局担心选票，利用各种话术迎合民众，更加推升泡沫。当时台湾当局是国民党主政，对市场监管投鼠忌器，国民党将股市繁荣当作竞选口号，选举口号是“丰厚的利润、伟大的繁荣”。市场将这个标语看作防止市场下跌的保证，投资者因而热情高涨。1989 年中秋节台湾财政主管部门开征股票的资本利得税，造成市场大跌，投资者对其进行包围抗议。台湾当局随后取消征收资本利得税，控制IPO 价格，并设涨跌停板限制，这也可以看作是政策引导的一环。当时台湾的监管环境很宽松，新股发行价是由证券交易委员会确定，非市场决定。股票承销多以低于市场的出清价格定价，超额认购，打新产品获得无风险的快速盈利。为了避免市场剧烈波动，当时台湾的涨跌幅定为5%。涨跌停板的限制只能延缓达到市场出清的价格，而无法消除价格限制，阻碍市场出清，反而增加不必要的风险。价格限制不但没有降低风险，还加速了泡沫形成。1987 年台湾股市遭受美国股灾冲击，为保护投资者涨跌幅限制一度缩小到3%。跌停板的股票无法成交，投资者无法卖出补充保证金缺口，反而造成市场进一步恐慌。

第四，除了股市，当时台湾盛行多种金钱游戏。虽然非法但公开经营，且不受金融当局监管的地下钱庄号称每个月能有4% 的收益，最有名气的地下钱庄叫作鸿源。当时台湾股市存在大量非官方的融资交易，给股市带来更大的杠杆。

追逐小市值、新奇题材股是泡沫后期的特征之一。市值小、流通股数量少、有题材、有“幸运的名字”的公司受到个人投资者的青睐。小盘、投机性强的股票，没有潜在价值的空壳公司在牛市末期跑赢大盘，绩优蓝筹股反而落后于大盘。例如1989 年“新奇毛纺”本业逐渐凋零，但是具有壳资源。从3 月开始，该股在25 个交易日中有22 次涨停，其中13 个交易日开盘就涨停锁死。而蓝筹股的代表台塑集团在1989 年第一季度上涨18.8%，低于指数44% 的涨幅。1989 年第一季度，代表大盘蓝筹的第一类股票涨幅为39.5%，代表小盘、投机的第二类股票涨幅为74.8%。股价一旦脱离基本面，对于参与这场游戏的人来说，再高的股价都不会是障碍。泡沫末期，无知的投资人经常有无知的行为。当太平洋建设涨停板时，投资人买不到太平洋，就转战大西洋公司，把大西洋公司的股票推升到涨停板。殊不知大西洋是一家做苹果西打的饮料公司。短线交易，超高换手率，成交量暴增也是股市泡沫后期的特征。当时台湾市场90% 的交易量都是由散户完成的。1989 年台湾交易所股票平均年换手率接近600%，而纽约证交所20 世纪80 年代的股票年换手率仅有50% 左右，最高纪录也没有超过100%。

任何泡沫到了后期都会出现可以凭借新常态理论来解释泡沫资产估值的合理性。结合各交易所数据，1989 年泡沫时期，台湾股市市盈率达到100 倍，高于当时日本的51 倍，也远高于其他国家的10 ~ 21 倍。非正规的场外资金提供了充沛的流动性，是泡沫的子弹。当时，台湾有大量无监管且披着高息理财外衣的融资渠道。借贷标准降低，造成资金多。股价涨不停，吸引新投资人不断进场。当时台湾的兆丰国际商业银行总市值相当于摩根大通、美洲银行、第一银行公司、富国银行和美联银行这五大美国的优质银行的市值总和。当新兴市场的估值超过体制更好更成熟市场之际，泡沫已经进入尾声。

成也萧何败也萧何。形成牛市的基本因素出现拐点，股市见顶，泡沫破裂。新台币升值趋缓，贸易顺差未能再度走高。从1989 年开始，因为市场看法出现分歧，市场大幅波动，但是还是继续上涨到1990 年顶点12000 点。支撑大牛市的根源是充沛的流动性，流动性的根源是热钱流入，配合利率不断下行。但在当时这两个支撑要素都出现了拐点。

第二节　泡沫的成因

泡沫形成需要几个充分条件的共同作用。形成泡沫的充分条件有以下几条。1. 资产价格猛涨，造成大众整体极度兴奋。2. 媒体跟风，推波助澜。街头巷尾充满了一夜暴富的故事，让旁观者妒火心中烧。人们口沫横飞地讲述自己赚钱的故事，公众对该资产的兴趣陡增。3. 新常态理论出现，设法解释未曾见过的价格水平，用各种理由支持价格上涨的合理性。4. 借贷标准下降，几乎任何人都可以轻松地借到钱。5. 政府支持或是不禁止这个活动。

从泡沫的产生和发展过程来看，泡沫发生之前往往伴随新发现、新技术、金融创新的事件。泡沫到了中期伴随疯狂的交易，投资者后浪推前浪，新加入的投资者交投特别活跃。资产供给有限的理论奠定了这个资产价格不断攀升的合理性。泡沫的破灭没有任何警示标志，会突然崩盘。压垮骆驼的最后一根稻草，通常不是预测内和体系内的事件，因此无法预测。

◇ 荷兰郁金香泡沫是泡沫中的典型

荷兰的郁金香泡沫拥有泡沫形成所需的充分条件和必要条件。

充分条件有：1634—1636 年间，球茎价格上升超过10 倍，即资产价格短期内上升；1634 年后社会中产、劳工阶层均参与投机，即社会大众整体兴奋；大众对于资产的兴趣陡增；街头谣传着许多人依靠买卖球茎赚大钱的故事，即媒体参与推波助澜，引发全民投资热潮；只要签发个人票据，或付出少许权利金即可交易，即信用宽松，借贷标准下降。

必要条件有：新的实物载体——郁金香；新科技——期货与选择权等观念逐渐普及；新概念——消费主义兴起，扬弃简朴劳动的加尔文教义；新想象——会有接盘侠进场买走手上的契约。另外，郁金香泡沫还拥有稀缺性：球茎的产量、基因型无法预测。

郁金香泡沫在传递的过程中拥有充分的流动性，交易一层层向下传递，连孤儿、寡妇、擦鞋童都参与其中。而大规模移民带来了一批更贪心的新投资人，助推泡沫形成。再加上政府采取放任态度，不干预市场。这些条件结合在一起使得价格上涨，强化大众信心，形成正反馈，最终导致泡沫破裂，引发危机。

◇ 美国互联网泡沫符合泡沫发生的条件

互联网出现后，产生了新现象、新科技、新概念，以及可以想象的空间。代表新事物的公司分布在各领域：网络通信有美国在线（AOL）、门户网站（MSN）；浏览器有莫塞克、网络浏览器（IE）；入口网站有雅虎（Yahoo）；线上零售商有易贝（eBay）、亚马逊（Amazon）。新科技由软件构成网络，硬件支持应用构成。软件技术包含网络基建的WorldCom，网络工具的Netscape（SSL、Java），以及网络连接技术的WWW（URI、HTML、HTTP）。硬件技术包含思科（Cisco）的频宽和路由器技术，以及第三方支付技术的PayPal。新概念产生的想象空间有互联网（DOT COM）商业模式创造的流量广告。全球通路概念可以把任何东西卖给全世界，同时信息流通成本非常便宜。

全民参与、媒体鼓吹一样发生在互联网泡沫期。1999 年，《福布斯》杂志报道每60 秒就有一位百万富翁在硅谷诞生。股票周转率攀升至198%。股市融资余额至1999 年年底时，已突破2000 亿美元，于2000

年3月到达最高点的2785亿美元。新常态理论在泡沫时期绝对不会缺席。《华尔街日报》称即使是泡沫，也不会容易破灭。泡沫需要资金作为炮弹，在泡沫形成期间，借贷标准降低，更多的资金进入泡沫场中。1997—2000年互联网泡沫期间，利率一直维持在5%。同时，政府采取放任态度，1999年年底美联储宣布不会调高融资标准，投资人可借得更多资金再投入股市，股市市值快速上涨。在股市融资余额环比超过10%时，美联储仍表示并不会针对股市的投资炒作采取任何措施。

◇ 非理性预期加速泡沫形成

非理性预期是资产价格走向泡沫的推手。以房地产为例，房地产非理性的预期有以下两方面。一是相信房价永远上涨。无论购房者还是投资者，其核心想法就是相信房价永远上涨。日本地狭民稠，没有人相信土地价格会下跌。二是过分高估自己的赚钱与还款能力。还款能力即使已经超越购房者承受范围，但购房者在购房时，预期房价会升值，总认为自己能够承受债务。美国穷困潦倒的人用极低的首付背负巨额债务购买房子，明显超出其能力，这是侥幸心理作祟。有些人也知道房价不可能永远上涨，但仍存有侥幸的心理，认为房价都涨了这么多年，不会因为自己购买了就下跌，自己的投资行为不会有风险。还有担心以后买不起的心理更助长追价行为。因为担心房价的上涨超出收入增加，形成现在不买以后更买不起的想法。这都是非理性预期的典型特征。

非理性预期的产生有宏观层面上的原因，分别有七个要件。第一个要件是政策的支持。持有资产的成本若是对持有房地产者有利，大家自然首选房地产。比如，1998年中国房地产实行市场化，没有房地产税，养房没有成本。美国政府一向倡导居者有其屋，鼓励私人拥有住房，政府向购房者提供补贴，还向贷款银行发行债券，提供房贷的资金，收购其住房抵押贷款，降低贷款购房利率。第二次世界大战后，日本鼓励居民购房，制定各种法令，确立公营住宅、公团住宅、私营住宅的三级体系，鼓励房屋交易。拥有自己的房产成为居民的共识，预期房价上涨也成为共识。几乎所有政府会因为社会和谐的考量，鼓励居民持有住宅的房产，这就造就了各国的房地产资产价格的上涨趋势。

第二个要件是货币供给长期维持宽松，让老百姓觉得购买力下降。在2016年以前，中国M2增长在12%左右。之后信贷条件降低，让原来没达到借款资格的人群也能借到钱。首付比例降低，贷款资格放松，房贷利率处于低位。货币供给扩张，贷款便捷，人人可以买房，加强了居民对房价上涨的预期。在美国，政府放宽的贷款条件，使消费者高估了自己的购买能力。金融机构向低收入、无工作、无信用的“三无”人员贷款，让这些居民以为自己的购买力在提高。房价节节升高，令无房者觉得自己越来越贫穷，有房者觉得自己越来越富有。

第三个要件是金融创新。金融创新的精神就是创造杠杆，把形形色色房地产抵押的贷款资产层层包装，直到最后完全丧失原来底层资产的内容，再将这些包装上层层外衣的衍生产品裹着最高信用评级AAA，卖给跟底层资产完全不相干地区的投资人。次级抵押贷款机构将低评级的次级按揭贷款打包成住房抵押资产证券化产品（Mortgage Back Securities, MBS），再细化分割成信用风险互换（Credit Default Swap, CDS）等金融衍生品。更甚者用金融工程的技术把数百个CDS的劣后级包装成新的AAA产品，再分售给其他投资机构。泡沫通过金融创新链条快速膨胀。投资人放松对信用风险的把关，只关注债券的评级和收益率。为了满足投资人的需求，投行加速创造底层的按揭贷款，按揭贷款的信用品质自然快速下降。日本泡沫来自企业的加杠杆，在地价快速上涨的环境下，银行低估了房地产抵押贷款的风险，加大了对企业的房地产贷款。美国的次贷危机是因为投资者购买CDS 债券，只看信用评级，完全忽略底层资产的内容。投资者把自己的投资风险压在评级机构的信用与职业道德之上。但投行为了短期的利益，不断加速创造衍生品底层资产的次级贷款。加速的结果，就是使信用品质急速恶化。

第四个要件是供给短缺。形成泡沫的资产一定有供给短缺的理论与部分事实的支持。供应短缺是产生价格会持续上涨的预期的催化剂。日本面积狭小，土地被认为是最稀缺的资产。大量企业大规模囤积土地，房地产供给严重短缺。1985 年到1991 年，日本企业购买了47.3 万亿日元的土地，企业购买土地占比由1984 年的10% 上升至1985 年的46%。这些企业拿地囤积居奇，进一步造成房地产市场的供给短缺。而在中国，土地供应的唯一主体是政府，政府实施招拍挂制度，土地供应节奏与市场需求脱节。中国的城镇化增加了房地产需求，且预期这种趋势会持续很长一段时间。同时，因为土地是政府提供，人们会产生一种非理性的预期，认为政府会控制土地价格，不会让土地价格下跌。

第五个要件是泡沫化的资产有长期价格上涨的纪录。房价长时间上涨是预期强化的关键。在泡沫破灭之前，居民或投资者认为房价一直是在上涨的。日本六大城市1970 年地价每平方米6000 美元，到1990 年上升至每平方米6.2 万美元。1980 年到1990 年的10 年间，东京都地价上涨3.5 倍。美国在泡沫破裂前，房价维持稳定上涨态势。房价长时间上涨的事实强化预期也是预期自我实现的表现。中国1998 年住房市场化以来，房价上涨有目共睹。其中大型、中型城市的房价上涨形势更为迅猛。虽然从均价来看，2008 年、2011 年、2014 年房价曾出现过下跌，但是因为跌幅太小，下跌时间太短，人们几乎没有形成记忆。在人们的普遍观念中，房价一直在涨从来没有下跌过，这使人们进一步坚定了预期。

第六个要件是市场信息和舆论信息的引导。信息传播速度的不断加快，将个体的预期和心理在大众层面进行传播，加快形成了市场共识。新闻媒体、网络上充斥着房价上涨、房屋短缺的信息，必然形成买房焦虑，而忠言逆耳，警惕之声被淹没。一些媒体宣传房地产是支柱产业，宣传热点城市房价上涨，宣扬房子是社会财富和地位的象征。因此互联网、自媒体等线上渠道的迅猛发展放大了人们对房价上涨的预期。

第七个要件是“羊群效应”。从众心理是人的天性，跟风买房展现的就是“羊群效应”。个人受到外界群体行为的影响，在自己的认知和行为选择上会倾向符合公众舆论或多数人行为，避免被群体排斥。看到周围的朋友、同事因买房而大赚，再警惕的人哪怕没有购房需求，也会忍不住入市。周围的人都加杠杆买房，成为百万富翁，自己不这样做似乎错过了赚钱的好机会。在这种氛围下，房地产越火爆，跟风买房的人就越多。很多可能没有买房能力的人担心未来房价上涨，选择提前举债买房。除了房地产投资，人们在股票投资上也有类似的行为。

第三节　资产泡沫的引爆点

金融泡沫破灭前，各种压力不断累积，就等引爆点事件点燃最后的导火索，致使泡沫破裂。1990 年日本房地产泡沫危机时期，长期低利率、货币超发。1998 年亚洲金融风暴时，各国外债债台高筑。2008 年美国次贷危机时期，房地产、影子银行和大规模次级抵押贷款证券衍生品积压的压力已经具有巨大的破坏力。2019 年之前，高管在做大市值获得期权激励的驱动下，美国大量上市公司通过发债加大杠杆进行股票回购和分红，推升了股价和估值。2008—2018 年非金融企业债券余额从2.2 万亿美元大幅升至5.7 万亿美元，投资级最高风险BBB 级企业债增加2万亿美元，占比从36.4%上升至47.4%。导致金融危机的转折点是经济基本面恶化、债务累积和国与国之间利差扩大。套利和投机交易者看到支撑基本面的力量减弱，便开始反向操作，展开资金流向与基本面的“负反馈”。引爆点是发生突然事件，让利益不同的人开始行动一致。“黑色星期一”之后的华尔街日报的一张走势图、日经看跌权证的出现、泰铢意外贬值、科技股锁定期结束后大股东减持、美联储放弃救助雷曼兄弟、新型冠状病毒肺炎疫情，这些都是引爆点。老实说，很难预测危机引爆点时间，只能归纳总结警示的信号。

◇ 引爆点起因形形色色难以预测

只要是泡沫就一定会破灭，引爆资本市场泡沫破灭的事件叫作引爆点。美国近代的七次股灾有不同的引爆事件：1918年西班牙大流感起源于美国，导致标普下跌24.7%；20世纪20年代产生的贫富差距在1929年到了极点；1930年斯穆特-霍利关税法案造成发达国家平均关税水平接近60%，间接引发第二次世界大战；1968—1970年越战后期，美国经济大幅滑坡，巨额财政赤字，美元大幅下跌；1973年布雷顿森林体系解体，金本位制瓦解，导致美元信用危机；2000年科技股泡沫破灭；2008年在家庭与企业高杠杆背景下，房价大跌，引发银行流动性紧缩，造成全球金融危机。引爆点有些与金融、经济有关，有些则完全无关，比如，2020年金融危机的引爆点是疫情。引爆点犹如压垮骆驼的最后一根稻草，非常难以预测何时引爆，过早做空泡沫也会损失惨重。

1987年10月19日，美股经历了“黑色星期一”，当天道琼斯指数下跌22.6%。同年10月，美国、加拿大、英国、西班牙、澳大利亚等国家，以及中国香港等地区的股市下跌超过22%，其中香港下跌45.8%。两年后道指才回到1987年8月的高点。“黑色星期一”发生前，没有经济基本面恶化的征兆。后来学术研究发现元凶是到达止损线、平仓线、警戒线后，投资者集体抛售。因此美国引入熔断机制，让市场有时间冷静，但是仍然没有给出集体抛售现象出现的原因，也就是没有说明引爆点是什么。1987 年10 月19 日的华尔街日报曾对照1980—1987 年9 月与1922—1929 年的道琼斯股指的走势图，发现两者非常相似。究竟是不是这张图导致投资者集体抛售股票，我们也只能猜测，无法证实。

◇ 泡沫的引爆点经常是门外的野蛮人

泡沫的引爆点往往不是内部的因素。1989 年年底，日经指数达到最高点38957 点。日本皇宫旁的帝国广场的土地价格可以买下美国整个加州。全世界都觉察到巨大的泡沫，只有日本人不以为意。日本国内通货膨胀恶化，外在环境同时恶化，内外困境下，日本银行采取快速加息策略。1988—1989 年，英国加息5 次，美国加息2 次，日本被动跟随加2 次息。为避免日元贬值，日本政府采取加息、去杠杆的应对手段，以减少经济对土地的依赖。日本股市和地产泡沫在1989 年和1992 年分别被戳破。连续加息5 次让名义利率减去通胀率的实际利率达到3%。从1989 年12 月到1992 年7 月，日经225 指数连跌两年半，市值损失56%，日均成交金额下跌89%。在这几年间，房地产泡沫仍然继续。1991 年土地综合价格相比1989 年上涨34%。日本央行联合大藏省限制土地融资，严格控制金融机构对土地的融资额度，强制要求大型银行减少对土地的贷款，切断土地资金来源。1992 年土地价格由升转跌，当年下跌15%，这一跌就是整整25 年。2017 年日本土地综合价格只有1992 年的1/3。表11–1 总结了日本股市泡沫与房地产泡沫发生的原因。

表11-1　日本泡沫原因总结

泡沫发生条件	现象
资产价格猛升	股指上升到38000点， 日本房地产市值是美国的4倍以上。
公众整体情绪高涨	日本短观景气指标在1989年达到最高峰， GDP每年超过政府预测值。
媒体参与推波助澜	大量广告推销奢侈饮食， 新闻媒体鼓吹日本一枝独秀形象。
一夜暴富传闻	制造业公司转做投资，营收大幅超越本业。
公众对资产兴趣徒增	一般民众大量投入房市与股市。
新常态理论出现	多数人认为20世纪80年代资产价格暴涨是日本经济实力与城市结构转型的结果。 日本经济新闻关于泡沫字眼在1990年之前出现不到15次。
借贷标准下降	金融机构放松放款的风险管理，导致信贷大规模扩张。
政府参与或是不禁止	没有对银行高风险放宽有管理措施，无严格管理制度。 政府大量投入不必要的公共建设。

日本的泡沫被戳破后，经济休克随之而来。过度严格的紧缩政策与资产价格暴跌对消费者与企业造成负面影响。消极低迷的社会氛围造成民众消费意愿下滑，企业资本支出增速下滑。股票指数猛跌，民众对股市完全失去信心，股市丧失直接融资功能，企业只能依赖银行信贷。从1994年开始，与银行关系好的大型企业呈现复苏趋势，但大多数中小企业因为“失血”而倒闭。政府财政强势介入经济，直接参与产业建设，公共部门支出越来越大，财政赤字率上升。资产价格趋势一旦反转，就无法遏制。

◇ 亚洲金融危机是一场完美的风暴

20世纪90年代中期人民币和日元贬值造成亚洲其他国家出口下降。美国利率上升带动美元走强，引起其他国家币值下跌。

1997和1998年，亚洲国家出现经常账户逆差，韩国多家大型银行倒闭，流入东南亚投资于房地产和基础设施建设的2000亿美元热钱开始流出，引发当地国的债务危机。东亚国家货币原来实行与美元挂钩的固定汇率制，因此开始承受压力。泰铢率先在1997年5月开始被抛售，引爆点是日本商业银行从泰国撤回贷款。受困于本国房产破灭的日本商业银行，先是向泰国等亚洲国家放贷（利差交易），但后来为了提前应对国际清算银行将于1998年实施的资本充足率规定而从泰国撤资（泰国从境外流入的资本有一半来自日本），这又直接促使其他的商业银行和投资银行效仿。由于外汇储备不足，泰国7月2日宣布放弃固定汇率制，金融危机自此全面展开。泰铢兑美元汇率下跌16%，亚洲外汇及金融市场一片混乱，菲律宾比索、印尼卢比、马来西亚林吉特、韩元、港币被抛售。危机持续了两年，港币之外的所有东南亚主要货币短期内急剧贬值，亚洲大部分国家股票市场暴跌，大批外资撤离，通货膨胀出现。亚洲经济遭受严重打击，造成经济衰退、大量企业破产、银行倒闭、房地产大跌、失业率上升、社会动荡和政局不稳。亚洲金融风暴和经济衰退浪潮还传播到俄罗斯，进而导致美国长期资本管理公司倒闭，索罗斯量子基金损失20亿美元。“完美”的风暴就是几个极不可能发生的事件同时发生，继而形成大灾难。

◇ 互联网泡沫破灭的征兆

参与泡沫并能够获利的必要能力是观察到泡沫即将破裂的征兆，以便及时退出。互联网泡沫的破灭有征兆，且有两次征兆。1999年是第一次征兆，就是互联网公司市盈率在1999年年底到高点。1997—1999年越来越多上市的公司没有盈利能力。市场的乐观预期推升股价，进而推升市盈率。一旦企业盈利能力未能增长，无法达到市场的预期，泡沫便会随时破裂。此时，股民情绪高涨，流动性尚佳，是提早出场、及时退出的第一次时机。第二次退场时机在2000年的年初。网络企业的IPO聚集在1999 年的下半年，1998 年只有42 家公司上市，至1999 年IPO 数目增加到289 家。IPO 针对大股东有180 天的锁定期，锁定期解锁的时间主要聚集在2000 年的1 月到6 月之间。1999 年年底至2000 年年初有各种负面消息出现：美联储宣布将快速升息至6.5% 以抑制泡沫；电商企业如易贝、亚马逊于1999 年营收或盈利大幅下跌；微软在2000 年1 月时面临拆分危机。股票解锁后，这些负面消息使得大股东抛售股票，因此，投资人最佳的第二次退出时机是在2000 年1 月到2 月。

◇ 金融政策收紧是泡沫破灭的先兆

泡沫破灭有迹可循。泡沫需要资金，资金收紧就会导致失血，因此，金融政策的大幅收紧就令泡沫失血。宽松的货币政策是孕育泡沫的充分条件，而金融政策收紧是泡沫破灭的必要条件。宽松货币政策推高资本产品价格，进而推高实物资产与民生消费品价格，通胀压力向消费市场蔓延。当通胀水平快速上升时，金融当局往往实施紧缩性货币政策。货币政策收紧的方法是减缓货币供给的增量速度，收紧贷款的条件。2008 年次贷危机之前，美国CPI 从1.7% 骤升至3.1%，美联储在两年内将联邦基金利率从1% 上调至5.25%。货币政策的收紧抑制了购房需求，增加了借款人的还款压力，导致大量按揭贷款违约。借款者抛售房产或放弃还款，银行拍卖抵押品，这也造成房屋的供给激增。20 世纪90 年代日本房地产与股市泡沫的后期，出现通胀，1989 年5 月起，日本银行连续加息，从2.5% 上升至6%，同时限制房地产贷款量。货币政策突然转向刺破日本股票市场的泡沫，股票市场出现问题导致公司融资困难，进而开始抛售不动产，房地产市场跟着急转直下。

此外，外部冲击令本国金融系统紊乱，也会导致当地政府提高利率。1997 年亚洲金融危机使泰国、马来西亚等国家，以及中国香港等地区的汇率大跌，大量资金外流。中国人民银行被迫提高利率应对，对房地产、股市造成毁灭性的打击。2018 年美元独强的外部因素，造成以土耳其里拉为首的新兴国家货币大幅贬值，以致这些国家和地区的股市、债市市值大幅下跌。

◇ 泡沫破裂的轨迹

泡沫破裂的路径有迹可循。泡沫并非在所有城市、所有市场同时破灭。通常由某一处率先破裂，再蔓延至全国或其他市场。从历史的经验看，泡沫破裂的传导轨迹有一定的特征。通常是从没有基本面支撑，纯粹由资金的追逐推升价格的最后一轮投机资产开始。资金一旦退潮，最后一轮价格上涨的投机资产是首先遭到抛弃的对象。中国的房价泡沫破灭就是从所谓的新兴城市和边缘的三、四线城市开始的。这些城市房价上涨是在一、二线城市上涨之后，房价上涨是因为政策的牵引，而不是需求的推升，没有基本面的支撑。这些城市的各种基础设施不如一、二线城市。资本有逐利性和风险厌恶两个特征。资金退潮，风险厌恶会盖过逐利性。当资金供应出现变化，投机性资金撤出，没有实在的刚需接盘的边缘三、四线城市房价泡沫快速破裂，跌幅远远大于核心的一、二线城市。日本房地产泡沫破灭是由企业端传导到居民端。1985 年起，日本企业开始大量囤积土地，企业拥有土地占比由最初的10% 上升至46%，最高点达到70%。企业囤积居奇，造成房地产市场的供给短缺。1989 年5 月至1990 年8 月，日本银行五次上调贴现率至 6%。日本大藏省要求金融机构控制不动产贷款总量，所有商业银行大幅削减贷款。1990 年，日本股票泡沫破灭，日经指数下跌超过50%，所有银行、企业和证券公司承受巨额亏损，不得不出售其拥有的不动产抯注亏损。同时，房地产市场突然供过于求，房价暴跌。1991 年，日本商业银行停止对不动产业的贷款。没有资金的供给，企业更需要抛售土地，从土地价格先行下跌传导到商业地产，最后到住宅价格也暴跌。美国次贷泡沫破裂是由住宅地产向商业地产传导。美国住宅价格指数在2007 年1 月开始已经处于下跌状况，而商业地产价格指数在2007 年8 月才开始下降。大量次贷借款人因无法偿还贷款而违约。同时，房地产贷款衍生出来金融产品充斥资本市场，导致金融机构承受巨额亏损。企业融资困难，大量商业地产被拍卖，导致地产价格下跌。

◇ 泡沫破裂的影响

传统的资产泡沫破灭时，会导致资产价格暴跌。这是因为泡沫破裂的时候流动性突然丧失，各类资产相关系数变为一致相关。股市泡沫破裂时，股价狂泻，而在这过程中的任何反弹都是短暂脉冲的行情，累计下跌幅度非常惊人，可能高达80% ~ 90%。参照历史经验，股市跌到底部后需要2 ~ 3 年的恢复期，而回到历史高点通常需要更漫长的时间。但是在2020 年，美国的股市，从牛市转为熊市仅仅花了约3 个星期，从熊市回到牛市也只花4 个星期，同时在2020 年的8 月已经回到下跌前的高点。这主要是因为美联储采取无限量的量化宽松，不断印刷钞票。

股市泡沫破灭会给经济造成重大打击，泡沫后的经济走势大多为“U”形或“L”形，比如，日本股市与房地产泡沫破灭后，经济走入迷失的30 年。股市的领先效用一般比经济提前半年至一年转向。泡沫消灭财富，资产泡沫破灭的影响会传导到信用市场、民间消费，以及影响经济增长。每一次泡沫的破灭对经济增长的影响都会持续约3 年时间。泡沫破灭还会影响百姓的消费心理，导致散户在股价高位买入量最大，当股价暴跌时，散户往往会惨遭亏损。股市泡沫破灭后，民间消费通常负增长。根据全球数据统计，泡沫破灭后的3 年时间里，平均经济增长率下滑1.8%，最高达4%。

第四节　应对泡沫之道

接下来我们将展开讲述当泡沫到来之时，是该躲避，还是张开双手去迎接挑战。若要参与泡沫，赚取超额收益的前提是训练自己随时保持谨慎，记住泡沫见顶的特征，观察泡沫见顶的种种征兆，并杜绝自己任何羊群效应的心态与行为，做孤独的投资者，随时准备退出。

◇ 经济先行指标的领先性

在应对泡沫之道上，我认为应该挖掘泡沫的形成机会，享受形成的过程，在估值回归合理之前退出。因为泡沫是超额收益的基础。不参与泡沫，只能赚取稳定利润，难有超额收益。任何资产价格从见顶到泡沫破裂之间通常都会有一段时间窗口，可以供投资者逃离，最难做到的是在泡沫来之前进去，在泡沫破灭之前退出。因此，只要选择正确的时间点入场，并观察泡沫破裂的征兆，在征兆出现时，果断离场，就可以赚得超额收益。观察征兆的过程中，读者们可以运用之前在第八章介绍过的五个判断经济未来的领先指标。

◇ 预测金融危机

想要预测泡沫破裂的时间点，仅看资本价格本身是很难做到的，投资者还需要进一步分析在价格背后的经济行为是不是出了问题。次贷危机前，一位名叫拉詹的印度裔经济学家已经提出警告，一旦周期逆转，原来过度扩张的金融衍生品会放大对实体经济的伤害。次贷危机前，美国采取的刺激措施具有潜在的破坏性，将购房者和银行业一起诱入投机陷阱当中。当时，拉詹抨击发达国家的金融业创造并销售复杂的衍生品，借以转移金融业自身风险。这样的行为会对全球金融稳定造成严重的威胁。美联储前主席格林斯潘经历了1987年美国股灾、1989年储贷危机、1998年亚洲金融危机和2001年科技网络股泡沫破灭，每一次格林斯潘都采用降息的方式进行干预，事后也是安然度过。2005年，由于次贷危机尚未爆发，当时全球经济一片欣欣向荣。2005年的全球央行年会是格林斯潘的欢送大会，而拉詹在会上发表报告，题目是"格林斯潘时代：未来的教训"。报告研究了当时各种金融乱象，并做出预警。他的演讲遭受了大家的炮轰，听众对眼前的危机视而不见。两年以后一切得到应验，美国次贷危机爆发，并愈演愈烈，演变成国际的金融危机。2009年，美联储前主席格林斯潘在国会听证会上承认犯了两大错误：一是高估金融市场投资者合理定价的能力，二是高估金融机构保护股东利益的能力。

拉詹后来写了一本书，名为"断层线：全球经济潜在的危机"，书中描述在2008年金融危机前的20年里，美国的收入分配恶化，低收入群体在国民收入中所占比重显著下降，通过自我奋斗就能变为富豪的"美国梦"逐渐变得不可能。为了讨好低收入群体选民，美国政客们选择采用提高低收入群体借贷，扩大其消费的策略。美国政府坐视房地产泡沫的形成与膨胀，放任纵容基于房地产金融的各项金融衍生产品的交易。克林顿政府扩大房屋自有率、布什政府"居者有其屋"计划都是通过房利美、房地美机构帮助低收入群体获得住房抵押贷款。美国政府是次贷危机的幕后推手。2013年印度的外汇储备大幅流失，汇率贬值20%，拉詹回到印度接任央行行长。当时，印度的状况跟2018年的土耳其情况颇为相似。面对经济下行、通胀率飙升的双重挑战，拉詹有两种选择：一是降低利率、刺激经济，但会加剧通胀飙升和资金流出；二是提高利率，抑制通胀和资金流出，但这会打击经济。拉詹在上任一周决定上调印度基准利率，全力抑制通胀和资金流出。印度通胀率在2013年后开始下降。通胀缓和后，印度经济逐渐恢复活力，外汇储备回升。而拉詹把印度从泥潭中拉出来后，于2016年卸任印度央行行长，回到芝加哥大学重新担任教授。

◇ 当前全球的断层线

每个金融危机的背后都有着各不相同的政治根源。强有力的政治力量会暂时战胜金融脱序的潜在危机。2008年之前的断层线是美国日益严重的收入不平等，政府施压要求银行放松信贷条件。贫富差距扩大的主要原因是技术进步：电脑、手机的出现提高了生产效率，取代了简单工作。但资本和劳动是两大生产要素。过去几十年发达国家贫富差距持续扩大的原因就在于资本的回报率总是高于经济增长率，也高于劳动生产力。劳工阶层的分配比例持续小于资本的分配比例，拥有资本的人越来越富，靠简单劳动的人越来越穷。欧洲的民粹主义、英国的脱欧、美国特朗普当选总统、欧洲层出不穷的抗议活动，都是底层不满贫富差距持续恶化的印证。2008年金融危机时，全球央行采取量化宽松手段，用金融手段拯救世界免于经济衰退。量化宽松造福了有资产的阶层，但却令没有资产的阶层人士继续被剥削。这是目前世界最严重的断层线，甚至看不到解决的征兆。面对2020年的疫情危机时，政府与央行还是用量化宽松的老招，结果金融市场快速恢复，经济却还是在泥沼之中。可以说2020年的危机是穷人的危机。图11–1所示显示了从高分到低分的六个梯次，记录了每一个梯次从1989年到2016年的资产价值的变化。除了所得在最高的第一梯次，其余所得阶层的资产价值在这18年间几乎没有增长。图11–1所示充分体现了不同资产阶层的贫富差距会随着时间的流逝不断扩大。

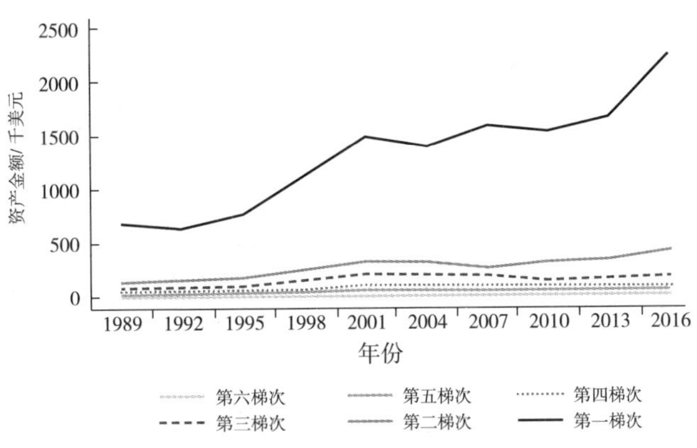

图11-1　全球财富分布极度不公平

数据来源：中国人民银行金融稳定报告

全球化也是导致贫富差距扩大的原因之一。非法移民进入美国，拉低了最低工资标准。大规模削减关税使全球贸易激增，拥有廉价劳动力的国家抢走了美国低端制造业岗位。2008 年危机出现之前，美国出现无就业复苏现象，即经济增长没有带来就业和工资的相应增长。为了争取低收入阶层的选票，克林顿政府和小布什政府都提出“居者有其屋”计划，要求金融机构为那些没有购买能力的低收入群体提供信贷支持，让他们能够享有自己的房屋。身为美国住房贷款提供者的房利美和房地美被迫提高对低收入阶层贷款的支持。图11-2 所示是美国劳动部发布的劳动阶级在全国所得的分配比，图中数据显示美国劳动阶层在经济增长的分配份额情况每年都在恶化。由于2020 年疫情，逆全球化的趋势会继续加剧，全球供应链系统会逐步变为区域化的供应链。

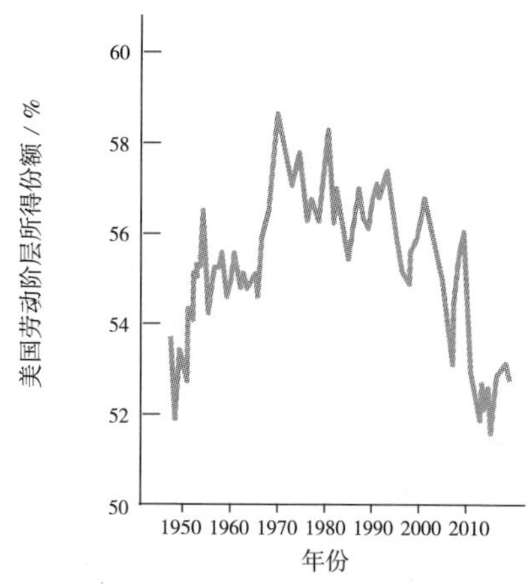

图11-2 美国劳动者分配份额情况每况愈下

数据来源：美国劳动部

◇ 风险不对称鼓励投机

1997—2003 年，房利美、房地美和联邦住宅管理局购买的次级贷款从850 亿美元升至4460 亿美元，此后稳定在每年3000 亿 ~ 4000 亿美元。2008 年6 月，政府扶持的次级贷款总额达2.7 万亿美元，占此类贷款的59%，按揭贷款的品质大幅下跌。次贷按揭市场是在政府影响下创造出来的市场。在无就业复苏的背景下，美国失业率居高不下，通胀可能性不大，美联储保持低利率是理所当然的。格林斯潘在2002 年表明如果市场发生泡沫，美联储不会出手捅破资产价格泡沫，而会通过扩张美联储资产负债表来帮美国度过危机。这是为金融泡沫背书，是政府政策的支持，符合泡沫发生的必要条件。创造条件让低收入阶层买房后，利率永远保持低位，房价永远上涨，低收入阶层哪怕没有工作，也能享受到经济繁荣的好处。这就是隐藏在背后的政治目的。

金融危机产生的另一个必要条件是在金融市场产生不对等的风险。买房需要足额的首付和月供比例，在购房者房价上涨时获益，但房价下跌就损失惨重，风险与收益匹配。如果降低首付、降低收入要求和月供比例让低收入阶层买房，就会导致房价上涨时，购房者产生巨大收益，但房价下跌时，购房者损失有限，把房子丢给银行，收益与风险不对称。没有风险的资本主义就像“没有地狱的宗教”。

金融行业也有类似风险不对等的现象。在传统银行体系，信贷经理的回报是固定的，发放信贷也会比较谨慎，也没有动力承担风险。随着金融脱媒，越来越多信贷行为从银行转向非银行金融机构。资金提供方从存款户转为对冲基金、资产管理公司。机构的基金经理的薪酬回报和其管理的资产收益正相关，同时有同行竞争的压力，导致对冲基金经理比传统的银行信贷经理更愿意冒险。冒险若是成功，投资经理获得巨额的收入；若是失败，代价却只有被“炒鱿鱼”，而烂摊子由投资人承受。这就是风险不对称。在政治的引导下，购房者、金融从业者两者的风险不对称相结合，酝酿了金融危机的潜在风险。

政府诱导和美联储低利率政策导致房价不停上涨，低收入阶层持续涌入房地产市场，创造出次级信贷。银行再把次级信贷打包卖出，投资银行把次级贷款做成衍生金融产品，进行多次包装，卖给全球各地的投资人。金融市场的投资人相信评级机构的信用评级，完全不看底层资产是什么，对风险视而不见，把身家性命交给评级机构。次级贷款衍生的各种金融产品市场规模越来越大，参与者越来越多。理论上风险转移，市场整体风险应该越来越小。但大家的行为模式趋同，系统性风险反而提升。一旦理论上小概率事件的房价大跌发生，产生尾部风险，就将引起踩踏事件。美联储持续加息，美国房地产泡沫破灭，低收入阶层放弃偿还房贷，次级贷款大量违约，建立在次贷证券上的金融链条崩盘。贝尔斯登、雷曼等百年投行老店相继破产，银行业和全球各地的投资人损失惨重。

◇ 中国可能的断层线

截至2018 年，中国三、四、五线城市房价大幅上涨。2018 年前9 个月，三、四、五线城市房价涨幅远超一、二线城市。三、四、五线城市房价上涨的背后有诸多因素，有人说是城镇化的推进使得人口从农村流向中小城市。但不可忽视的是政府为了去商品房的库存，推出棚改房项目，并采用货币化安置的政策。2018 年8 月27 日人民日报报道，10 年间全国棚改累计开工3896 万套，帮助1 亿人出棚进楼。棚改绝对是好的政策，在2015 年以前，棚改以实物安置为主，把房子盖好后送给棚户区老百姓。过程当中如果没有动用金融体系，就没有金融风险的可能性。但之后，棚改的货币补偿造成居民还需要贷款才能买房，从而导致低收入阶层举债加杠杆。

中国居民部门加杠杆是风险点，可能造成断层线。居民负债总额占中国GDP 一半以上，图11–3 所示显示中国家庭负债占居民年度可支配收入超过100%。房贷还款占据约1/3 的可支配所得，老百姓当然没有能力做其他的消费，大额消费增速大幅下滑，只有食品等必需品消费保持稳定。如果经济增长一旦减速，老百姓收入不再增加，有人甚至被裁员，金融风险的发生就不言而喻。幸好政府及时发现，已经采取去杠杆的措施。

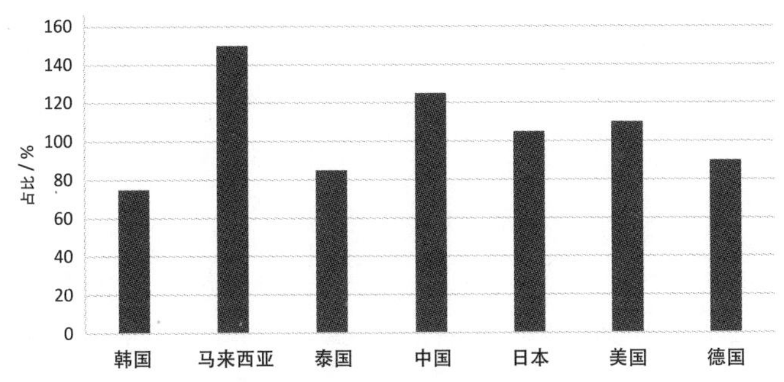

图11-3 2017 年各国居民债务占可支配所得比例

数据来源：根据2017 年各国央行年报计算

过去10 年，网上的小额贷款在全球各地蓬勃发展。利用大数据，利用人们在网上的各种行为判断个人信用可靠度，根据网上的信用分数决定个人可以借款的额度，听起来非常靠谱，非常高科技。但是能够还款的人数是固定的，不可能因为使用科技就增加。随着网贷业务的成熟，网贷机构一定会降低信贷的标准，让原来没有还款能力的人群借到钱。在这种情况下，一旦经济增长反转，就容易产生风险不对称的现象。政府对经济活动过度呵护，会让参与主体失去风险意识，导致大家行为趋同，酝酿系统性金融风险。2019 年年中，中国政府对P2P 平台的大力整顿，比如平安集团的陆金所退出P2P 业务，也是政府去除杠杆的一项举措。

12 选择真正为你效力的投资经理

在做好资产配置后，每一类资产需要选择好的产品，好的产品必须由好的产品投资经理管理。本章介绍了辨别产品经理的法则，读者可以根据本章所述选择为自己效力的理财顾问。

第一节　理财机构的经营模式

◇ 研究团队驱动营销的投资管理模式

国内的许多理财机构，不论是基金公司、三方理财公司还是银行的私人银行部门，其实际上都是以投资管理为核心的组织。投资管理就是以投资研究团队为主导，分析某种资产在下一个阶段行情比较好，顺着这个链条，展开新业务、新产品的推广。并且在业务发展过程中呈现以公司为主的架构，公司开发出什么产品，客户就得买什么。

以投资研究团队为主导的投资管理业务模式如下：首先研究团队论证为什么某个产品在下一个阶段会有好的表现，得到共识后，将这个信息传达给市场营销团队。接着营销团队将这个产品形成话术，做好营销材料，开展营销培训。接下来，产品团队要准备各种合同报监管机构，争取赶快审批，也有团队准备绩效等相关数据，说明公司过去的产品业绩超过业绩基准。同时，也要有两手准备，万一这个产品后续发展不好，需要提前准备客户投诉时的解释材料。整个一条龙作业完全以卖掉产品为核心，客户在这个链条中是被推销的接收者。

偶尔也会有某个公司发行的一款产品非常成功，其他公司就竞相效仿。也有政策促动型的热点产品，比如养老、目标到期日、科创板的品种。不论是什么模式，运作起来，都还是投资管理经营模式的固有逻辑——集中营销、集中激励。在依赖外部营销渠道的基金公司，客户经理的主要工作就是卖当年的一两个主打产品给尽量多的客户，这样过气产品就受到冷落，甚至没人会再提起。客户经理每隔一段时间就会“轰炸”客户，并在每一次推销中，都将当时的产品称为新产品、好产品、合适客户的产品。投资管理的盈利模式是客户购买资产管理产品，因此基金经理是创造价值的核心。

不同的客户会有不同的资金需求，令客户满意的资产管理模式涉及的维度是多方面的，除了收益率，还有期限、风险、流动性、税收、传承等。不是所有人都适合某一个时间点被理财机构热推的产品。任何策略的超额收益会因被模仿、资产规模变大而逐渐消失。以投资管理为业务模式的理财机构会碰见互相矛盾的两难情况：一方面，要持续地保持超额回报率，规模就不能做大；另一方面，因为超额回报率不可能年年都有，在投资回报率不好的时间段，公司的所有利害关系者，包含投资者、股东和员工都会受其影响。同时，客户在历经几次教训后，会逐渐成熟，只要在长期投资持有过程中，能稍微跑赢大盘指数的产品，就让他们感到非常满意，因此投资管理机构的差异化就更不明显。

◇ 追求短期利益是欲速则不达

利益一致是考核理财机构和私募基金管理人的第一个要素。私募基金成败依靠管理合伙人，我们需要对人做判断。判断人的时候，首先要观察管理合伙人是否具有同理心、道德感和责任感。具备这样素质的人才会理性、诚实，有自我约束力和发自内心的责任感，能负起客户委托的职责。在多数人都醉心于即时满足，都在追逐短期，甚至自己的利益时，只有懂得滞后满足道理的人，才有可能做到从客户的利益出发。

◇ 慢工才能出细活

为什么国内的三方理财机构从一开始就不和客户谈资产配置？财富管理机构想的是如何把产品卖掉，做大规模，马上获得销售的佣金收入，他们无暇理会这款产品对客户的资产配置意味着什么，这就是本章开始说的投资管理的盈利模式。理解了金融机构的商业模式，就知道“屁股指挥脑袋”的道理。银行的理财产品是将原本自己的资产剥离，用较低的收益率卖给存款的客户。银行卖理财产品可以赚利差，也可以收取销售费用。公募基金公司不断“创新”，卖新策略的基金，做大管理资产的规模，不论基金净值的涨跌，不管基金的投资人是否赚钱，管理费照收无误。券商靠做大交易流量赚手续费。三方财富公司的盈利模式更是复杂，用非标产品赚利差，用股权（含证券基金）类产品赚申购费、管理费和业绩提成费用。

这些理财机构在将产品推销给投资人的时间点就可以获得收入，不愿等到投资人真的获得收益时，才收取费用。由于投资人在做决策判断时，往往有先看投资产品的过往收益率的习惯，理财机构当然会推销市场热点的产品，强调投资收益率，避谈风险，更不会看是否合适客户的整体需求。投资人不太清楚投资理财和资产配置的区别。一些销售金融产品的介绍文字也会存在误导现象，先用大字介绍产品过往的或预期的收益率，而风险介绍的字都是小字，通常是放在文件的最后。一般的投资人基本不会看到最后，特别是小字的地方。深圳证券交易所对2018年在沪深两市股票交易的24074 个样本进行了问卷调查，涵盖全国331 个大中小城市。图12–1 所示是报告中针对投资人在做投资决策时，主要是看什么要素做调查得出的结果示意图。不出意外，八成投资人是先看收益率。本书不断地提醒投资人注意风险的重要性，如果读者读完本书，将来看投资产品介绍时，能够改变习惯，先找风险的字眼研读，那么就达到本书一半的目的了。

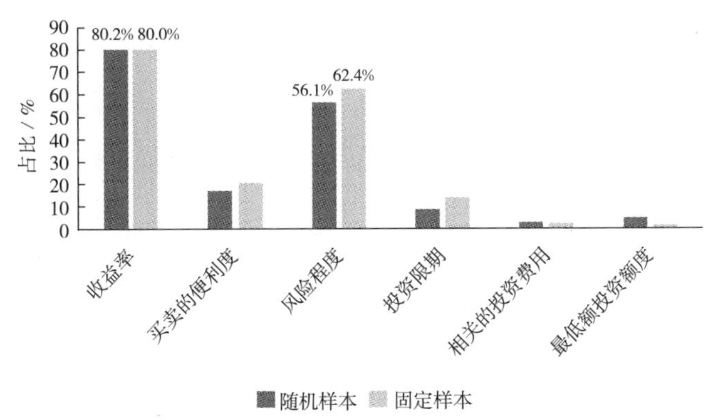

图12–1　投资人选择产品时相关要素占比

数据来源：深圳证券交易所

◇ 管理财富如同装修房子

可以将管理财富想象成是装修房子，需要考虑全局。装修房子需要考虑预算、装修风格、房子大小和每个房间用途等。有了这些思考后，到了家具城，才不会不知所措。投资某个资产就好像买家具。例如买床，不是只考虑床本身，还要考虑把它放在哪个房间，格调是否匹配装修风格。财富管理、资产配置要先考虑自己的全局，要看整体，不能横冲直撞，不能只考虑收益率，买了一堆不适合自己的投资，更不要在无知之中放大风险。不能走到哪儿算哪儿，不能盲人摸象。财富管理要考虑自己的资产规模大小，未来的支出需求，倒推需要的财务回报。有明确的目标后，才能通盘考虑税务规划、保险、传承、养老与风险。利益与投资人一致的投资顾问，就像是装修房子的设计师，倾听投资人的预算、需求、风格偏好后，画好设计图，再和投资人多次讨论，当投资人同意后，制订执行计划。在装修过程中，还会时常与投资人沟通，以便对方清楚执行的情况。

◇ 收费模式决定利益是否一致

不论是银行、基金公司、券商，还是三方的财富管理公司，讲究的是做大做强：快速地做大规模，从规模中获取利润。快速获利就与投资人的利益不一致，因为投资人从这些金融机构购买的理财产品，到最后是否赚钱，有没有风险，都需要时间的验证。金融机构在销售理财产品时，一般采取先收费的商业模式，投资人若是吃亏，就会陷于非常被动的困境。这种先收费的模式对投资人是长期的损害。好的理财产品销售机构的利润模式应该优先考虑客户的利益。美国的证券管理委员会为了防止利益冲突，规定美国独立理财顾问按对客户顾问资产规模收管理费，配置建议按小时计费，或收定额费用，不收销售佣金及业绩提成。美国监管用收费模式区分了销售人员和理财顾问，明码收费的模式，要求投资顾问对投资人负长期责任。

◇ 后收费机制决定了利益一致性

收费机制基本上决定了理财机构是否将利益与投资人绑在一起。前置的收费机制本质上是要快速成交，有成交，才会有收入。采取前置收费的理财机构，是按照成交的金额收取费用。公募基金是标准的前置费用机制，销售有手续费，每年按照管理资产规模，不管基金的涨跌，收取一定百分比的管理费用。银行、财富管理公司有些没有向投资人收取销售费用，但是对第一线业务人员的考核是成交的业务金额。因此前台的业务人员卖产品最积极。银行、财富管理公司所销售的产品的提供商通常会提供销售费用的预算。前置收费的机制决定了理财机构的利益机制与投资人不一致，而后置的费用机制则相较更注重投资人的利益。后置费用机制就是在投资人实际上获取投资收益的时候，才按照最初约定，就超过的部分提取分成收益。投资人赚钱，理财机构才能收取利润，投资人没有赚到钱，理财机构就没有利润。理财机构替投资人做投资时，就不得不考虑退出获利的概率，这样就自然而然地把理财机构的利益与客户捆绑在一起。

◇ 买方模式的理财顾问的三大贡献

理财机构把投资人的利益放在第一位的商业模式，我们通称为买方模式。美国的领航投资公司（Vanguard）的投资顾问对买方模式的理财顾问的价值贡献做了一个分析，发现真正的买方模式的顾问可以为投资人每年贡献3%左右的收益率。而在这3%的价值贡献中最重要的是纠偏投资人的行为偏差，贡献占比约为1.5%，资产所在地点选择贡献占比0～0.75%，支出顺序的安排也会有占比0～1.10%的贡献，其余两个贡献分别是投资执行的费用较低省下来的成本结余（占比0.4%）与适时的再平衡调整（占比0.35%）。为了让客户的资产有效地分散，好的顾问使用指数基金或ETF作为配置的资产，因为指数基金与ETF的管理费用都是最低的。在替客户执行交易与投资的时候，买方顾问会尽力寻求最低的交易费用，这样一年可以省下0.4%的投资成本，也就是增加了0.4%的收益率。买方顾问会定期按照政治格局与金融市场局势，对照委托之初的战略资产配置比例，再平衡客户的资产配置，坚持配置比例不偏离战略配置的精神。而这个再平衡的策略就产生了0.35%的年化贡献率。

好的买方顾问能够在市场过热时给投资人浇冷水，在市场恐惧时为投资人拾起地上的黄金，纠偏投资人行为后的年化增值率有1.5%之多。买方顾问在进行投资时会按照客户的税籍地选择税率最低注册地的资产投资，每年可以省下占比0～0.75%的成本，也就是增加这么多的投资收益率。买方顾问还会依照客户的费用支出顺序做出有序的退出安排，提前安排好流动性，这可以避免客户贱卖资产，提升0～1.10%的年化收益率。

以上的种种举措年化后可以降低3%的客户成本率。3%复利25年，就可以有翻倍的效果。为客户利益着想的投资管理人不是依赖卖出最热门的产品替投资人赚钱，是靠着工匠精神，从小处着手，替投资人省钱，降低成本，进而提高客户的收益率。

◇ 利益一致的收费模式

挑选真正为自己效力的投资管理人的第一要件是在上一段中说明的服务的内容，第二要件是投资管理人的利益是否与投资人联结在一起。收费机制的模式是最直接的判断依据。一个利益与投资人联结在一起的投资顾问，其收费机制是在投资人实实在在赚到钱之后，才从投资人的利润中收取，这样的收费机制是后置的收费。如果投资人没有赚到钱，利益与投资人一致的投资顾问最多只是收取微薄的管理费，用以维持公司的运营，谈不上赚大钱。一旦投资人实现了收益超过当初约定的基础收益率，投资顾问才计提超出约定收益率以上的分成。

这样的收费机制有两个特点：一是平时只收取微薄的管理费，维持公司的基本运营；二是超额利润的分成是在投资人真正退出实现收益后才收取。这两样收入的来源都是客户。因为客户是发薪水的老板，自然投资顾问是为客户打工的，客户是真正的老板。利益与投资人一致的投资顾问不会从产品的供应商收取任何的销售费用，也不会赚取利差。任何从产品供应商那里得到的折扣、销售佣金、随即的佣金都直接进入投资人的投资账户，提升投资人的收益率。

利益与投资人一致的投资顾问，不可能在短期内发大财，也不可能快速地做大做强。只有在一个投资周期结束后，投资人真正赚到超过约定的最低收益率之后，投资顾问才可以赚得超额利润分成。一个投资项目周期要8—10年，因此利益与投资人一致的投资顾问赚的是慢钱。但是这样的投资顾问不需要特意去做行销的广告，他的客户会口传给亲朋好友。这样的投资顾问能够很深地挖掘其客户的口袋，是客户持久信赖的理财顾问，不像一般的卖方理财公司，只是客户“购物的超市”之一。

第二节　判别PE 基金管理人的好坏

◇ 辨别PE 基金管理人的“募投管退”能力

挑选PE 基金的产品首要是选择利益与自己一致的基金管理人。选择PE 基金管理人除了要考虑之前说过的收费机制，还要考核PE 基金管理人的能力。私募基金的能力可以从“募投管退”四个方面来看：“募”

是募资能力，“投”是投资能力，“管”是投后管理的增值能力，“退”是获利退出的能力。募资能力的必要条件是基金管理人已经有几期的运作基金，并且至少有一期基金有退出的业绩。因为有真实的退出记录，所以可以分析其过往的业绩。过往的业绩必须稳定，保持在行业平均之上。除了业绩，还要判别基金的投资策略是否有别于其他基金的差异化策略。做尽职调查时候，要确认这个基金有切实的价值创造的记录，特别要核实宣传手册上写明的强项是否只是口号、目标，还是有实际案例可以证明确有其事。在募资的时候，领导团队的能力与信誉是必要条件。基金管理公司跟一般的公司一样，管理机制完善与否会影响投资人的利益。基金的投资增值能力除了来自运营改善，还来自基金本身的财务与资金的优势。基金的募资能力越强，平台就越大，平台越大，资源调拨的空间就越大，对被投资的企业的增力能力就越强。

投资能力就是发现机遇的能力。发现投资机会的能力跟这个基金在行业的人脉网络息息相关。有人脉的基金就更有可能拿到独家的项目资源。如果基金管理人的研究能力深入，理解某个行业未来的方向、上下游的关系，深入了解目标市场，知道行业布局，能清晰理解和把握细分行业，就能够先人好几步发现未来的明星企业。PE 基金在投资时，注重潜在收益高的成长行业，投资天花板还很高的行业里面的公司。投资的策略又可以大致分为两种，一种是选时，一种是选人。选时是找下一个风口行业，在风口尚未形成时，或是刚刚形成时就进入。资金量大的PE 基金执行这种策略通常是同时投资几个公司，让这些被投企业相互厮杀，之后再加码胜出者。选人策略通常是在风口已过、市场沉寂的阶段。这时寻找经验丰富的团队，凭借团队的能力与经验做好目标公司。选时容易，选人难。另外，资金量小的PE 基金不会竞争头部企业，而会观察头部企业的供应链。资金量大的PE 基金供养头部企业，头部企业供养其供应链，资金量小的PE 基金会投资头部企业的供应链。

尽职调查的目的是确保发现的投资机遇没有暗藏地雷，确保投资不会踩到地雷。因此除了行业，公司的法律、资质、人事、财产、专利、商标等全方位都要详尽地确认其所呈现的文件与事实符合。除此之外，投资前就需要定好退出计划，按照退出计划制订投资后管理的增值策略。所以尽职调查时，还要特别针对能完成退出策略的领域进行深入调查。

交易完成后才是投资工作的开始。投后管理的第一个步骤是事先与被投公司的管理团队达成共识，确认有一个清晰的经营指导原则。根据这个原则，制定被投资公司管理层的关键绩效指标（KPI）和相应的激励制度，发挥被投企业管理层的潜力，并确认被投资公司管理团队的利益与基金一致。退出时机是投资标的成熟，达到预期的回报率和退出条件之时。退出方式中，收益率最高的是IPO 上市的企业，其次是被并购的企业。

几乎每一个PE 基金都会说自己有差异化的策略，但是对每一个所谓差异化的策略都说得很笼统，无法显示其真正的区别。比较多的说法是专注某个行业，创始人/ 团队的行业背景或经验，投资策略，投资案件的来源，可以嫁接的资源，项目的筛选方式，投资后增值的方法。但实际上这些说法显示的是通性，而非差异性。我看过许多PE 基金，只有一家PE 基金管理人的差异化策略让我信服。

◇ 优秀PE 基金案例

这家PE 基金的创始人曾是麦肯锡的咨询顾问，他将免费咨询作为业务切入点，主动上门寻找当时没有在融资的企业，先提供免费的管理、财务、战略等方面的咨询，同时特别关注创始人的执行力。咨询过程中，他对公司的了解比一般尽职调查更深入，能看到一般尽职调查看不见的细节。在咨询服务结束后，能有约30% 的咨询对象转化为投资对象。

这家PE 基金要求投资经理最多只能管理5 个案子，若是要再投一个新案子，必须要有一个案子已经退出。因此投资后管理可以做得到位，且精细化，不做为分散而分散的无用之事，并参与所投资公司的董事会的运营。且该基金对投资对象要求严格，被投公司的毛利同比增长率原则上至少要100%，环比增长率要达到5% ~10%，用以应对产品的市场风险。投前估值不超过当年度毛利的8 倍，用以应对估值风险。

该家基金还有一个“4 +2”原则，就是在每一个案件投资后，用前4 年规划IPO 或并购，若这两个首选的退出方案没有成功的希望的话，后2 年内快速转让脱手。脱手价格是被投公司近一轮估值加合适的溢价。按照这个“4 +2”原则，投资一家公司在6 年内要实现退出，基金持有的平均时间是4.5 年。“4 +2”原则是应对持有时间风险的自我要求。该PE 基金的案源统计结果50% 来自咨询服务，35% 来自咨询服务过的CEO 自己再创业后的第二次合作，15% 来自咨询合作过的被投资公司引荐。投资案源与其他PE 基金迥然不同，投资结果自然是差异化的成果。该PE 基金的退出统计是转让50%，并购15%，IPO 只占15%，而其他PE 基金退出主要是依赖IPO。PE 基金的投资收益率通常是用内部回报率（IRR）计算，受时间影响最大。基金通常会对外宣传回报倍数，同样的回报倍数，回收时间越短，IRR 就会越高。而该PE 基金由于具有“4 +2”原则，持有期最长达6 年，因此IRR 一直居行业的前四分位。

◇ 国际头部PE 基金的制胜秘诀

另外，差异化策略还与投资后的增值措施有关。目前，国内的PE基金规模还不大，投资后的增值动作就是给被投资企业做咨询服务，在财务、业务策略做方向性的指导，比如嫁接资源，协助被投资公司的业务增长，或取得技术、客户等资源。这些投后增值的动作大部分是创始合伙人负责。在这方面，一些国际知名的头部PE 基金的做法就非常可靠，比如KKR 基金，其历史悠久，基金规模大，人才济济。KKR 的投资后增值措施是具体实在、有组织的系统性作为。KKR 基金专门设立投后增值团队，叫作KKR 凯普斯通。这个团队采取全球化的运营模式，拥有大量资源，其中全职员工58 人，资深顾问32 人。

凯普斯通团队对被投资公司的增值改善举措分为三个方面。第一个是业务的增长，从价值定位、营销优化、业务发展和研发着手。第二个是边际利润的改善。可以改善的领域是制造和采购，动用KKR 的全球企业资源与IT 系统，改善被投资企业的基础设施，利用KKR 的资源降低销售、管理、办公和保险的成本。第三个是提高资本使用的效率，提升库存、平衡应收/ 应付账款的周转率。利用KKR 的名声，提升财务、司库的效率。尽管凯普斯通工作的很大一部分是帮助被投公司节省成本、提高资金利用效率，但这个团队也关注提高经营收益效率的各项措施。KKR 凯普斯通团队至今已经为KKR 的亚洲投资组合创造了1.3 亿美元的税息折旧及摊销前利润（EBIDTA）。有这么强大的投资后增值团队做后盾，难怪KKR 的投资绩效能够做到长期可持续。

另一个头部PE 基金是凯雷基金，跟KKR 一样，凯雷也有强大的投资后团队，名为凯雷一家。凯雷基金从尽职调查开始就有全球的资源投入，包含技术、商业、法规和监管。投资后，全球化的资源能降低被投资公司的各类成本，并有43名有运营经验的主管为被投资公司提供运营咨询。作为全球投资巨头之一，凯雷的投资企业涵盖各行各业，而且数量庞大，随之产生了各类经营数据。在大数据的时代，数据就是黄金。凯雷将被投资公司的最新经营数据实时地传送到数据分析中心，以分析产业的动态，进而推断经济的走向。被投资公司提供PPI、PMI等领先指标数据，凯雷根据这些数据做出的投资决策，比起一般基金公司的决策更早、更及时。强大的数据库与宏观经济智囊团队便是凯雷成功的秘密武器。

再融资和退出是PE基金投资的终极宝典。不退出，就没有利润实现。PE基金投资一个企业，从投入到退出的时间需要5年以上。5年时间里，资本市场、监管环境、投资人的喜好会发生不可预测的变化。因此，在整个投资过程中，需要不断重新评估退出的方式。按照退出战略布局价值创造的策略，以退定投。积极主动地监控退出环境和发现潜在买家。投资的法律架构需要弹性预留各种上市地点，预留被并购退出的通道和方案。

◇ 避开拥挤的赛道

调研一个PE基金“募投管退”的能力是判断该基金好坏的重要依据。能够避开已经非常拥挤的风口行业，也是PE基金成败的要素之一。风口行业不是不能碰，只是风口行业的被投资公司有太多的资金追逐，估值的价格相对较贵。即使全部成功，上市时，供给量多，价格也会受到压抑，会影响PE基金的投资回报率。而且风口行业的商业周期是长还是短，也关系到投资成败。如果风口行业的周期比较长，PE基金进入的时间点在周期的早期阶段的话，风险就可以接受。若是风口行业的商业周期短，即使进入的时间点早，因为周期短，当投资的PE基金要退出时，行业极有可能已经进入下降的商业周期，在下降的商业周期阶段退出就会遇到困难，投资回报率自然会非常低。

太多的资金追逐有限的潜在好公司，不可避免地会抬高投资的成本。投资成功的基本要素是控制成本，创造深厚的风险垫。想要投资私募基金的投资人必须绘制好目标行业的投资地图。行业地图的目的是要判断某一个行业的GP 拥挤程度，判断目标行业是否在正当风口，判断可投机会的容量是否能够匹配等待投资基金的资金量。过多的投资资金会造成一级市场的估值泡沫，既而导致退出收益下降。图12–2 所示是根据2017 年的数据做的关于教育行业的PE 投资地图，我们可以清楚地看到赛道的拥挤程度。该图将PE 基金分为专业投资教育的PE 基金与一般的综合性PE 基金。然后再按照企业的生命周期分为早期、成长期与传统PE 基金投资的成熟期。这个行业地图显示在早期、成长期和传统PE 基金投资的成熟期，挤满了专业投资教育的基金及综合基金，到处是有资金、准备投资的基金。大家都看好的行业，资金自然好募集，但也因此使投资人之间的竞争变得更加激烈，投资成本随之提高。所以，投资人要尽可能避开拥挤的赛道。

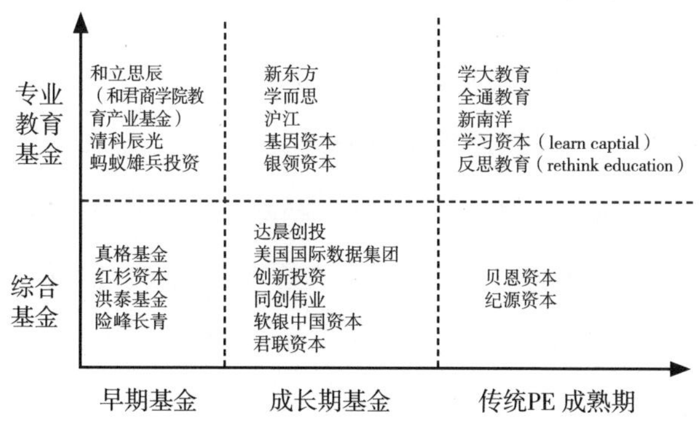

图12–2 教育行业PE 投资地图

◇ 给非合伙人员工的有效激励

私募基金公司除了几个合伙人，还有许多中层员工，这些员工有做投资、研究的前台，有风险管控的中台和运营的后台。私募基金最大的利润来源是超额利润的分成，对私募基金管理公司的非合伙人员工的激励主要结构包含现金收入、超额利润分配收入以及股权激励。现金收入包括基本工资/福利和绩效工资。基本工资/福利是按照员工的工作年限和能力确定业务级别，根据级别确定基本工作和福利待遇水平。绩效工资则是按照公司整体经营和预算完成情况，根据个人年度综合表现确定当年度的绩效工资总额。基金公司收到超额利润的分配收入会分配给合伙人和员工。如果给员工的分配比例越大，那么就能激励员工更用心管好所投资的项目。通常一个基金的超额利润在合伙人与员工的分配比例上越偏向员工，该基金的表现就越好。我见过最慷慨的分配是给员工40%～50%的超额利润的分成比例。股权激励则是根据未来公司发展前景和员工贡献，确定期权池的比例和具体激励人员名单。

◇ PE 基金喜欢的LP 类型

我们作为投资人要挑选好的私募基金管理人，倒过来说，好的私募基金管理人也会挑选适合他的投资人。头部的私募基金管理人希望他们的LP 投资人能够给基金带来增值。私募基金管理人喜欢投资经验丰富、专业化程度高的投资人。私募基金管理人也会看投资者是否拥有雄厚的资金实力，是否具备稳定的出资能力。此外，私募基金管理人也希望他的投资人能够为基金引进额外资源。PE 基金的管理人希望投资人对基金投资管理的限制较少，令管理人在投资管理过程中保持较高的独立性。这些都是私募基金管理人挑选潜在投资人的考虑因素。保险公司、社保基金、主权基金、捐赠基金之类的专业投资机构往往是PE 基金的最爱。

第三节 财富管理的精髓

◇ 理想的财富管理模式

接下来，我们将展开讲述最佳的财富管理操作体系。财富管理是按照客户的需求与担心，在这之上再考虑税收、传承，来设计合适的资产配置。财富管理还需要在每一类的配置中，安排能够达到该类资产预期收益率的产品，定期与客户沟通，确定客户的财务情况、需求与担心有无变化，如果发生变化，就要修正大类资产配置。另外，需要定期再平衡，按照政治与经济局势做战术与动态资产配置，而不是简单地推销产品给客户。财富管理是以客户为中心，是按照客户需求定制的资产配置，需要寻找对应的产品。称职的财富管理经理扮演着客户的“装潢设计师”与“施工队”的角色。

◇ 财务管理的五个步骤

想要做到最佳的财富管理至少需要五个步骤。第一，了解客户需求。需要做客户画像，启发客户将自己的需求说明白，并记录下客户的财务需求，必要时帮助客户弄清楚他更需要什么。很多投资者并不是没有能承担风险的钱，往往由于曾被以产品为中心的理财公司长年轰炸，而一直一期接一期地买三个月、年化收益率不到4% 的产品，忘记了自己其实不需要流动性资金。第二，根据投资目标、客户的担心和不愿意做的约束制定投资政策书。这相当于是一份“翻译”的工作，把客户的需求转化成投资管理的语言：收益、回撤、期限、流动性和限制比例等。这个步骤其实是资产管理中最重要的步骤，因此在这个步骤中，投资顾问的经验十分重要。如果设定的投资政策不准确，那么将直接影响投资结果，客户当然会不满意。可许多理财机构却经常请资历浅的员工来完成这样重要的工作，为了满足要销售产品的风险等级要求，甚至替客户填写风险评级书。然而投资经理费半天劲，做出的一点点超额收益，却不是客户真正想要的。第三，根据投资政策书转化为具体投资方案，即每一类资产的配置比例。这是客观、严谨的优化求解过程，要根据每一类资产收益、风险特性和客户需求，在所有的备选路径中，为客户选择一条最合适客户的投资政策书的配置路径。绝不仅仅是告诉客户"我有什么""我会什么""今天主推什么产品"，将其推销给客户。第四，执行投资方案，并区分核心组合与卫星组合。为核心组合大类资产选择好的投资管理人的产品。卫星组合需要针对当时的投资环境，定出择时的计划，在等待期间对资金做最有效率的安置。第五，与客户保持持续的沟通和反馈，必要时调整大类资产配置。

◇ 财富管理的顾问是做管家的工作

财富管理应以客户为中心，因此上述中的第五步非常重要。财富管理成功的基础是长期坚持，但是过程中坚持的资产配置方向要与客户的状况合拍。反馈与调整的过程，一方面是对过往投资过程和业绩的反思，另一方面也是对卫星组合进行调整与改进，对核心组合的管理人的产品做定期回顾。更重要的是关怀客户，确认客户的财务、税务、婚姻、子女、健康状况、主业的经营状况等是否有重大的改变。若是有重大的改变，就必须修改投资政策书，调整大类资产配置，以符合客户新的状况需求。在市场情况有剧烈的波动时，需要指导客户理解情况，并帮助客户坚定信心。财务管理中的第二步与第五步就是一种管家式的服务，真正体现了以客户为核心。资产管理是针对客户的问题，提出解决方案。资产管理是咨询服务，外带执行服务，并且终身保固。也就是，三流的公司卖策略，二流的公司卖产品，一流的公司卖服务与系统。

国内的基金公司从2018年开始推出养老型的基金，保险公司一直在推销养老险，但这些都是从投资管理的角度出发去开发产品，大力销售产品，KPI是以销售额为主。养老型投资面对的是高度零散的客户，每一个客户情况不同，变量不同。如果这些理财公司能够站在客户的立场开发系统，引入多变量输入因素，根据每一个客户的职业、收入、财务状况、家庭收支结构、子女年纪、传承计划和税务规划等因素，算出客户以往每年的现金流；并按照现金流，规划出在没有流动性的核心组合和高波动的卫星组合中的投资；卫星组合的启动还要看起始时间点的投资环境，做到拥抱洼地，避开泡沫的动态资产配置。只有做到了这些才能达到客户与自身的双赢。如果还是笼统地用单一目标产品去匹配所有客户，那么依旧脱离不开投资管理的业务模式——先有产品，再用各种方法把这个产品大力推销出去。在AI技术成熟的时代，可以通过AI机器人进行资产配置，且适用于人数多、金融小的资产配置业务。

◇ 资产管理的精髓

资产管理的核心任务是识别需求、理解需求、翻译需求、形成投资方案，最后还需要服务反馈，形成闭环的业务模式。五个步骤都是创造价值，环环相扣。目前，国内各种形态的理财机构基本上还是以开发产品、推销产品为主的运营模式，永远是“卖瓜说瓜甜”的话术。各类财富管理机构大多忽略客户画像，忽略按照客户需求与状况构建全资产的配置，忽略沟通反馈。真正的资产管理机构应该以客户为核心做好客户需求与市场可投资产品的匹配工作。立场客观，采取后端收费方式，将自己的利益与客户利益捆绑在一起。资产管理的核心能力不是只依赖投资的能力，更重要的是帮助每个客户正确地理解他需要什么、应该回避什么风险、什么情况没有想到、应该期待什么、不要遗憾什么、最后得到什么，目标是能为客户匹配到满足一生中的需求的产品。尽责的财富管理经理就好比是房屋装修的设计师，是施工队，是客户的终身管家。否则，资产管理就会是盲人摸象、靠天吃饭，净值化就只是逃避责任的说辞。

百货公司、超市被互联网的电商打败，电信公司被微信打败，电脑被手机打败，消灭传统行业都是门外的“野蛮人”。新兴的科技使得智能投资顾问在线服务客户，各种聪明贝塔指数基金的管理理念将转变为以客户为核心的理念。中国从来不缺同质化的产品，大类资产、核心策略的产品供给非常充沛，关键是怎么用好这些产品。围绕投资能力构建投资管理的业务体系，容易短期获利。围绕客户需求重塑生态的业务模式，才是资产管理的核心，而这在目前来说还是一片蓝海。投资的本质是与时间做朋友，从客户的角度出发，帮助客户制定适合他投资目标的配置。这需要资产管理人理清客户的投资思路，耐心地陪着客户一直走下去。只有客户赚钱，资产管理人才能赚到钱，这样的盈利模式才会踏实，才是双赢。资产管理行业最缺“连接”的专才，即连接客户与投资政策、连接投资政策与投资产品、连接投资结果与客户的专业资产管理人。

ASSET ALLOCATION

第五部分

重点领域投资分析与实操指南

13 如何选择好公司

成为大企业的必要条件通常是有迹可循的，本章在展现成功企业和好公司特征的基础上，阐述传统企业和新经济企业公司的估值方法，帮助读者挑选好公司。

第一节　一级市场与二级市场估值逻辑的差异

读者要区分一级市场与二级市场估值逻辑的不同点。第一，在估值基础方面，一级市场的估值是用未来可能实现的梦想作为基础。不管是否有现金流、是不是用钱烧出来的计划，只要故事说得下去，下一轮融资的估值就会增长。二级市场的估值逻辑不同于一级市场。二级股票市场讲究盈利，讲究经营现金流，讲求现实。很多在一级市场被PE 基金追逐的公司，上市后股价没有表现，甚至跌破IPO 的发行价格，原因就是二级市场讲究盈利，一级市场看的是市梦率，而二级市场讲求的是现实。第二，在价格形成机制方面，一级市场交易多是“自家人”，价格的形成不透明。第三，在看待问题的角度方面，一级市场对创新非常敏感，而二级市场对结果非常敏感。第四，两个市场思考商业变化的时间轴不一样，二级市场从商业变化开始往回看，一级市场从商业变化开始往未来看。

第二节 好公司的质量要素

好公司需要具有以下几点质量要素：第一是有高的行业天花板，第二是有可以盈利的商业模式，第三是公司有核心竞争力，第四是有护城河。

◇ 行业天花板

天花板是指企业或行业（产品或服务）的最大容量。如果一个行业已经趋于饱和、接近或达到供大于求的状态，那么就是说该行业的天花板很低，例如钢铁行业。而在此类行业中，投资机会仅存在于具有垄断经营能力的企业，原因有以下几个方面：第一，有垄断力的企业，能够做大做强，构筑市场壁垒，获得产品的定价权。第二，有垄断力的企业自身成本低，能够兼并劣势企业，扩大市场份额，降低产品生产和销售的边际成本。第三，企业越大，从本业经营来的现金流越充裕，越是好的投资标的。在行业紧缩末期，大量同类企业纷纷陷入困境之时，有良好现金流的公司极具潜在的投资价值。运用宏观分析框架，使用行业的PPI 数据，可以判断行业拐点或需求拐点，决定投资时机。

其次，即使在一个成熟的行业，只要有新技术出现，就会打破原有的平衡，创造出新的需求，形成新的天花板。特斯拉新能源汽车和苹果智能手机就是很好的例子。

最后，当行业呈发展趋势时，其市场容量往往是难以估计的，天花板有多高也尚不明确。此时是孕育高估值的环境，估值有扩张空间。例如新型节能材料，延伸消费产品，提高老年化的生活质量、延长人类寿命的医药产品和服务等。建议读者可以关注细分行业的领军企业。若有产业背景，则可以关注熟悉的行业中的非头部企业。

◇ 优良的商业模式保证盈利能力

商业模式是指企业提供哪些产品或服务，用什么途径或手段，向谁收费来赚取商业利润。例如，制造业通过为客户提供实用功能的产品获取利润；销售企业通过直销、批发、门店、网购等销售方式提供产品给消费者，以获取利润。研究公司的商业模式，是研究这个公司的业务是不是个好生意，生意能够持续多久，如何阻止其他进入者。所以核心竞争力与进入壁垒构成了公司的核心投资价值。商业模式也是企业的盈利模式。核心竞争力是实现盈利模式的能力，壁垒是通过努力构筑阻止其他公司进入、分享盈利模式的手段。

例如，戴尔电脑的销售模式是直销模式，核心竞争力是全球直销网上管理系统，直销网络是戴尔的壁垒，而个人计算机饱和、手机功能强大是戴尔的天花板，限制了其在个人计算机的发展空间。百度的盈利模式是搜索流量变现，核心竞争力是不断进步的搜索技术和不断积累的数据，具有新经济边际成本降低的优势；而百度的壁垒是早期进入，具有先行者优势。奇虎360 的商业模式是将免费杀毒软件作为入口，获取流量进行变现，依靠强大的研发能力和快速响应的服务形成核心竞争力；而快速积累的巨量用户是其竞争壁垒，但是当360 想利用巨大的用户量进入搜索领域时，因为没有突破性的技术，所以无法挑战百度的地位。传统银行的商业模式是息差，竞争力是低成本揽储、放贷能力和服务能力，在业内的壁垒是用户基础，对业外的竞争壁垒则是执照。

读者可以运用波特五力模型分析公司对供应商的议价能力、对购买者的议价能力、对潜在竞争者构筑壁垒的能力、对抗行业内竞争者的竞争能力，从而判断公司的商业模式能否成功以及是否有持续性。

◇ 核心竞争力保障商业模式的长久持续性

核心竞争力包含管理层是否专注，股东结构是否扎实，领军人物与团队的经验与投入，研发与技术是否有实用价值、专业性与创新性，业务管理模式能否及时解决问题，信息技术应用、财务资源深度以及发展历史是否领先需求一步等诸多因素。专注是指企业在其领域具有深度挖掘和扩展产品或服务的能耐与耐心。比如，双汇就在肉制品方面绝对专一，肉制品之外的行业均不涉及，其产品线丰富，挖掘和拓展在热鲜肉、冷鲜肉、冻肉、肉肠和其他肉类加工产品的市场。而雨润食品则是“兴趣”广泛，涉足房地产、旅游等市场，管理层精力分散，当然业绩不佳。所有出问题的公司都有一个特性，就是领导层野心勃勃，什么行业都想碰，犯了行为学上害怕失去机会的习性。20 世纪90 年代的德隆集团、近年的海航集团、三胞集团都是犯了这个错误。纯粹的技术无法构成永久的核心竞争力。虽然技术优势可以提升生产效率，形成成本优势，获得高于行业的回报，但专利技术形成的技术壁垒只能在专利期间保持企业的领先优势。我们可以通过看企业的研发费用与收入的比值与 ROE 是否正相关，来判断技术优势的有效性与持久性。投资是投人和有优势的管理团队。通过新闻、招股说明书或董事会报告分析管理层的言行、领导个性，熟悉领导者和管理团队成员的背景，以获取企业的发展方向、行业战略、用人机制、激励措施的信息。读者还需要分析管理层的人品、格局和价值观，特别是第一代创业者的人品。上市公司不乏创业者品格不佳令股价大跌，甚至拖垮公司的例子。而且第一代的创业成功不能保证其继任者能够承续第一代的成功。

◇ 量化护城河要素

巴菲特投资一家企业，看中的不是其所在的行业将给社会带来多大的影响，也不是企业估值将取得多大的增长，而是企业拥有的竞争优势以及竞争优势的持续时间。只有拥有宽广、可持续护城河的产品和服务才能给投资者带来丰厚回报。

有护城河的公司的回报率一定较其他同行业公司高。回报率包含利润率、ROE（净资产收益率）、ROA（总资产回报率）和ROIC（投入资本回报率）。除了分析回报率的高低，还要分析高回报率的来源，以及是否可以持续维持高回报率。并从商业逻辑判断高回报率是由哪些方面构成，决定因素是哪些，能否持续，企业采取何种措施保障高回报率的持续性。分析方法有杜邦分析法、波特五力分析法和SWOT 分析法。杜邦分析法是将ROE 的来源拆解成净利率、资产周转率、杠杆率三个要素。波特五力分析法的五种力量包含供应商议价能力、购买者议价能力、潜在竞争者进入能力、替代品替代能力和同行业现有竞争者的竞争能力。SWOT分析法就是分析公司的优势（Strength，S）、劣势（Weakness，W）、机会（Opportunity，O）和战略（Tactics，T）。除了价格与营收，也要分析总成本与边际成本是否有优势。企业要想保持成本优势，需要做到以下几方面：原材料的资源渠道优于对手、生产工艺流程优于对手、物流分布的优势地理位置、强大的市场规模形成生产规模优势、借由科技优势产生人力成本优势等。分析企业的成本框架，需要分析以下几方面：企业的成本、成本的决定因素、企业的成本是否是行业最低、如何做到行业最低、单位成本是否有规模效应。低制造成本就是高毛利，高毛利的企业拥有定价权，有定价权的企业就有较深的护城河。

护城河的要素有客户的黏着度、网络效应和品牌效应。第一，客户的黏着度。客户黏着度的转化成本即用户弃用公司产品转而使用其他企业相类似产品产生的金钱成本、时间成本和满足度的成本，与仍旧使用本公司产品所产生的所有成本差值。转化成本高的话，就构成排他性。微信和国外的脸书就具有较高的转化、重塑成本，这类社交平台有先发优势。企业必须从消费者和使用者的角度考虑转化成本，不能从自身方便的角度考虑转化成本。同时，转化成本不具备永久性，需定期检视。第二，网络效应。网络效应产生后，会形成良性循环，为用户提供更强的便捷性，而客户黏性也就因此更强。网络规模效应指用户数量增加后，服务效能指数速度增加，用户数量跟着指数级的增加，形成良性循环。有网络效应的行业除了社交平台，还有全国性银行。相比地方性小银行，全国性商业银行的网络效应非常明显。第三，品牌效应。品牌反映了产品或服务的差异性、质量、品位和口碑。品牌效应会改变消费者的购买行为，给企业带来高于行业的平均价格。辨识度强，就是品牌效果之一。客户对使用该品牌产生信任、依赖和满足感，就是这个品牌的价值。因为辨识度与满足感，客户愿意付出高于其他类似产品的价格取得该产品或是服务。有品牌价值的企业，通常会孕育优越文化和价值观，也因此得到客户的信任，产生更强的辨识度效果。有品牌效应的产品或服务都是消费者优先购买、使用的选择。

第三节　给公司定价

◇ 企业商业模式决定估值方法

就投资工作而言，选定质量好的企业是第一步。第二步就是给这个企业定价格，定价格的过程叫估值。企业的商业模式决定了估值模式。传统制造业这类重资产型企业的估值方式通常以净资产倍数为主，以盈利倍数为辅。服务业这类轻资产型企业则以盈利倍数为主，净资产倍数为辅。互联网企业的主要资产与收入来源是用户数、点击数和市场份额，估值方式以销售金额的倍数为主。而针对新兴行业和高科技企业，投资者主要看市场份额的前景，估值方法是以销售金额的倍数为主。

◇ 绝对估值与相对估值

估值方法有绝对估值与相对估值两种方式。绝对估值法是计算公司的内在价值，将公司的未来现金流进行折现。做绝对估值的时候，需要做预测未来业绩、转成现金流、决定合适的折现率三个步骤。相对估值法就是对股票价格采用“标准化”的方法。常用的标准化方法是计算股价与盈利、净资产或销售金额的倍数关系。例如，市盈率倍数(P/E）是计算股价与每股盈利的倍数关系；市净率倍数（P/B）是计算股价与每股净资产价值之间的倍数关系；市销率倍数（P/S）是计算股价与每股销售额之间的倍数关系。使用相对估值法必须找到可比公司作为参照标准。主要有两个方法，第一个是比较同股同权的公司在不同市场上市的估值倍数。例如，比较A股、H股、美股之间的估值倍数。第二个方法是比较同一个股票市场同类企业的估值倍数。同类公司是指主营业务基本相同的企业。做相对估值比较时，如果主营业务与被比较的参照公司有部分不相同，需将不相同的业务拆分后，只对类似的业务做比较。此外，行业体量也要类似，跨行业比较完全没有意义。

相对估值方法有四种，上文说明了前三种，我们归结如下：

（1）市盈率 = 市值/ 净利润（P/E）；

（2）市净率 = 市值/ 净资产（P/B）；

（3）市销率 = 市值/ 销售额（P/S）。

运用这三类估值指标时，需要注意几个技巧，才能得到较好的结果。在使用市净率倍数时，要观察公司的净资产在近几年是否有重大进出。如果有重大的进出，导致净资产有较大的变化，就可以用过去几年的平均值作为基础计算市净率倍数。同时，计算净资产要剔除与经营无关的资产，反映真实经营性资产，这样市净率的比较才有意义。使用市盈率倍数也是一样，需要剔除非主业的盈利。如果企业的盈利在几年之间波动太大的话，那就用这几年的平均盈利作为市盈率的计算基础。

使用P/E、P/B、P/S 倍数估值的下个步骤就是估算合理的倍数。被比较的参照公司需要有至少5 年或一个完整经济周期的交易历史。计算得出在这个周期中参照公司的市盈率倍数、市净率倍数或市销率倍数的区间。如果是新类型企业，那就必须有至少3 年的交易历史，否则相对估值法的结果不具有使用价值。接下来，基于参照公司的估值倍数，做相对应的调整。根据被估值公司与参照物公司的业务成长性、财务健全性、利润率优劣等因素，调整估值倍数。

第四个相对估值指标是反映市盈率与净利润增长率之间的比值关系，简写为PEG。

PEG= 市盈率/ 净利润增长率

通常PEG 比值=1 表示估值合理，一个点的利润增长率对应一倍的市盈率。比值>1 说明高估，比值<1 则说明低估。PEG 是辅助指标，是当被估值公司与参照公司的成长率差异很大时，作为量化的调整市盈率倍数的手段，以反映其成长的特性。

我们总结使用相对估值的步骤如下：步骤一是建立财务模型，明确驱动力、预测未来现金流、折现、计算内在价值。这个步骤是做绝对估值，难题是对未来业绩的预测以及折现率的选择。估值无法做到绝对的精准，只要避免逻辑错误就可以。步骤二是做相对估值，做同行业估值比较，按照基本面的好坏，调高或调低估值的倍数。难题是没有精准的科学手段去计算调高、调低的幅度，因此要注意避免个人喜好。如果做国际对标比较，则必须是海外同类企业，类似发展阶段的估值倍数才能比较，并且需要适度地调整估值倍数。该步骤是计算估值倍数的范围，从估值倍数的范围可以倒推股价的范围。通常绝对估值会落在相对估值的范围内。步骤三是选择买卖时机。买卖时机要参考历史估值倍数的区间。若处于历史估值低位，就可以分批买入。

◇ 新经济企业的估值

上述估值方法适用于传统企业，但不适合新经济企业。因为新经济企业的商业模式还在转型中，尚未成型、尚未定型。许多融资中的新经济企业还没有盈利，经营现金流为负数。但是新经济公司处于成长期，收入持续增长，高投入研发影响盈利与现金流。如果公司的营业额增长有持续性，可以用市销率倍数计算估值。美国的云计算企业、数据公司多用市销率倍数。2016 年11 月，国内的万国数据在美国上市，定价参考美国已上市的15 家云计算公司前一日的平均市销率倍数8.6 倍，再上下浮动10%，得到7.7 ~ 9.5 倍市销率。万国数据2015 年收入7.04 亿元，市值区间为54 亿 ~ 67 亿元，公司上市首日市值为66 亿元。若是营业额的增长尚未稳定，就需要寻找推动该新经济企业增长的因素，对这个增长因素给予一定倍数的估值。新型造车企业多属于早期成长型公司。特斯拉、蔚来汽车在上市的时候均处于亏损的状态，无法用P/E 估值。这些新兴的汽车公司的增长要素是汽车交付量。根据特斯拉财报，2019 年前三季度共交付25.5 万辆汽车，用2019 年第三季度的市值除以交付量数，交付量的比值在0.11 ~0.04倍。蔚来汽车于2018年9月12日在纽约证券交易所上市，采用交付量倍数定价。2018年第四季度，蔚来汽车市值的交付量倍数平均是0.04倍。

◇ 互联网金融企业的估值

新经济企业多是高科技企业，互联网金融公司就是其中的典型代表。互联网金融公司有五种模式：融资企业、资管企业、支付企业、科技输出类企业以及包含前四者的综合性平台企业。融资企业包含消费信贷、网贷平台、金融超市。融资企业的成长动力是贷款的规模。因此融资公司可采用市值除以贷款规模来估值，得出的倍数在0.2 ~0.4倍。如果平台的坏账率低，用户数量增长快，那么这个倍数可以高一点，属于估值溢价。

资产管理企业包含渠道型公司、顾问型公司和管理型公司。渠道型公司的业务模式是薄利多销、以量取胜、费率稳定、净资产收益率稳定，所以用P/E估值。顾问型公司则是高费率、费率稳定，用市值/管理资产规模的倍数来估值，市值/管理资产规模的倍数在0.1 ~0.01倍。

支付企业进行金钱的转移工作。发卡组织是连接机构，提供清算、支付网络服务，是寡头行业，如银联、万事通。收单机构是基于“银行卡＋POS机”的商业模式，为商户提供收单和数据处理服务，行业集中度相对较高。互联网支付机构是基于线上购买场景的收款结款机构。这类企业的估值采用市值/交易规模，或是P/S估值倍数方法，通常P/S倍数是2 ~10倍。市值对交易规模的倍数在0.03 ~0.37倍。

金融科技企业如果已经有营业额，那么就用P/S的市销率倍数估值。例如，恒生电子、同花顺等金融软件企业，P/S倍数在15 ~35倍；国民技术、民德电子等硬件企业，P/S倍数在3 ~10倍。

互联网金融平台类企业从事的是不同类型的业务。估值时，可计算个别主要业务估值的总和。互联网金融企业以电商、社交场景为基础，开展支付、融资、资产管理业务，由场景引流结合变现业务，进而收集数据，沉淀内容，利用业务数据作为风控和定价基础，再将技术输出，利用企业技术优势，开展金融创新或提供运营维护的服务。例如，蚂蚁花呗拥有四种互联网金融业务，先计算这四种金融业务的估值，再按照客户数量、市占率、技术水平、业务协同等要素判断溢价空间的大小，将这四种主要业务分别的估值汇总就能得到蚂蚁花呗的总估值。

我们总结互联网金融业务的估值方法如下：融资业务企业的额估值用市值除以发放贷款规模，得到的倍数在0.2 ~ 0.4 倍。资产管理业务企业估值用市值除以资产管理规模，得到的倍数在0.02 ~ 0.18 倍。支付业务企业估值用市值除以有效交易规模的估值倍数，发卡组织和支付机构的倍数约为0.03 ~ 0.2 倍，收单机构估值倍数约为0.37 倍。支付业务也可以用市销率，约2 ~ 10 倍。技术业务企业估值用P/S 估值倍数，约10 ~ 17 倍。

◇ 互联网平台的估值

驱动互联网平台成长的核心要素是用户数量。互联网平台企业估值是基于梅特卡夫定律，测算企业核心业务未来的盈利能力。梅特卡夫定律解释了网络价值是基于用户数量平方的速度增长，例如，网络里有N 个节点，可能与N–1 个其他节点发生联系，潜在的关联为N（N–1），几乎是N^2 的增长速度，互联网公司价值$V = N^2$（每个用户价值），V 是互联网价值，N 是用户数量。互联网企业的成本最多以线性上升，到最后都会产生快速递减的作用。中后期用户增多，价值超过成本交点后，企业价值就快速超过成本。图13–1 解释了负利润的互联网企业为什么有高估值的现象。互联网企业的生命可以分为三个阶段。第一阶段是初创阶段，需要大量的研发投入，这个阶段的收入非常少。第二阶段是成长阶段，此时用户规模快速增长，商业模式日益成熟，但是仍需要不断投入资金，用赚到的利润做补贴，以便占取市场份额和获取用户。这个阶段用户规模增长快速，而且黏性提升，强者愈强的马太效应明显。第三阶段是成熟阶段，公司护城河已经建立，用户黏性高，获客成本逐渐下降，平均成本递减效果显现。这个阶段的用户规模增速可能开始放缓，但收入增速加快，快速释放利润。

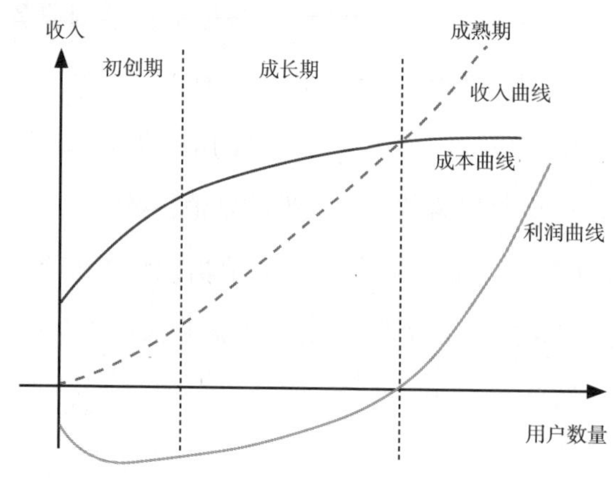

图13-1　互联网企业发展的三阶段

互联网企业的成长要素是用户数量。估值方法是计算每月活跃用户所产生价值的倍数。每月活跃用户用MAU（Monthly Active User）表示。以哔哩哔哩为例，哔哩哔哩是年轻世代的文化社区和视频互联网平台，用户数量快速增长，盈利模式清晰，用户数增长反映了公司的成长性。从2016 年第一季度到2018 年第四季度，哔哩哔哩的MAU 从28.5 万人成长到92.8 万人，三年间增长三倍。虽然哔哩哔哩2015—2018 年营业收入快速增长，但是直到2018 年其仍未盈利。2018 年3 月哔哩哔哩在美国纳斯达克上市，估值选取欢聚时代、微博和LINE 三家公司作为参照，这三家公司的平均市值除以MAU 得到的倍数是68.5 倍，哔哩哔哩定价是取这三家公司平均MAU 倍数的上下10%，也就是61.7 ~ 75.4 倍。哔哩哔哩2017 年第四季度的MAU 是71. 8 万人，因此估值区间应该是44 亿 ~ 54 亿美元。哔哩哔哩上市首日市值为31 亿美元，我个人猜测是海外对MAU 数目存疑，因此产生折价。

◇ 电子商务平台估值

电子商务平台的价值驱动因素是网站的成交总金额，用GMV（Gross Merchandise Volume）表示。目前行业通用的GMV 包括付款和未付款订单的金额。也就是说，用户只要点击购买，无论有没有实际付款，都会计入GMV。淘宝、京东、天猫等电商平台都使用GMV 代表网站成交总金额。目前通用的GMV 是统计顾客购买意向。读者要注意这个GMV 与平台实际的成交金额是有差别的。由于成交总金额GMV 等于“销售额 + 取消订单金额 + 拒收订单金额 + 退货订单金额”，因此，GMV 通常大于平台的实际成交金额和销售金额。电子商务平台的估值用公司市值除以成交总金额来计算。这个估值方法的优点是可以运用在不同运营模式的电商。但是缺点也非常明显：平台为了提高估值，有诱因做虚假交易。

2014 年，阿里巴巴上市首日市值为2314.39 亿美元，GMV 是2.44 万亿元。汇率按6.25 计算，阿里巴巴上市首日的P/GMV 倍数是0.59 倍。京东2014 年上市市值为260 亿美元，当年京东GMV 为2602 亿元。汇率按6.22 计算，京东的P/GMV 倍数是0.62 倍。拼多多上市时，阿里巴巴总市值为5000 亿美元，扣除电商、战略投资估值后，电商业务估值为3805 亿美元。阿里巴巴的GMV 预测是6 万亿元。汇率按6.8 计算，阿里巴巴当时的P/GMV 倍数是0.43 倍；拼多多上市时京东市值为529 亿美元，

GMV是1.8万亿元，对应的P/GMV倍数是0.2倍。投行预测拼多多2018年的GMV是4500亿元。按照可比公司的相对估值法，拼多多的P/GMV倍数在0.2～0.43倍，其估值在138亿～409亿美元。结果拼多多上市定价每股19美元，对应的公司估值是210亿美元。

第四节　计算公司股价的安全边界

◇ 市场指数的安全边界估值上限

第三节讲述了公司的估值方法，包含传统企业和新经济企业的估值方法。知道了公司的估值方法，接下来就是等待股价低于估值再进场。投资最重要的事情是要买得便宜，便宜就是风险垫。买得便宜的反面就是股价超过估值的安全边界，需要考虑逐渐退出。安全边界是计算股价可能的最高估值极限，超过这个范围，股价就开始进入危险的泡沫区，不适宜长期持有，只能短线操作。整体市场指数的安全边界可以用市场利率计算指数估值的极限。使用的时候需要了解不同市场的利率制度。以中国为例，银行一年期存款利率是中短期无风险收益率。一年期存款利率的倒数是测量市场的静态市盈率。假设一年期存款利率是3%，倒数就是1/0.03≈33.33。33.33倍就是市场指数的市盈率最高估值上限倍数。上海银行间拆放利率（Shanghai interbank offered rate，简称Shibor）和国债回购利率（repurchase rate）这两个利率真实地反映了市场资金的供需，是短期无风险收益率，而这两个利率的倒数是市场动态市盈率。因为银行存款利率不会常常变动，根据银行利率倒数计算的市盈率倍数不会常常变化，因此叫作静态市盈率倍数。银行间的拆借利率、国债回购利率反映了市场实时的供需，分分秒秒都会有变动。根据市场利率计算的市盈率天天变化，所以叫作动态市盈率倍数。国内银行理财产品盛行，理财产品收益率是一般百姓市场无风险收益率的参考指标。网站上可以查到每个月公布一年期的信托理财产品收益率，可将其作为理财产品收益率的指标。理财产品收益率的倒数测量一般百姓的风险偏好。这三类利率都是不同意义的无风险的利率。在正常的情况下，理财产品的收益率高于银行一年期存款利率，银行一年期存款利率又高于短期的市场利率，所以市场利率的倒数大于一年期存款利率的倒数，一年期存款利率的倒数又会大于理财产品收益率的倒数。

投资股市有风险，因此股市投资的收益率要高过理财产品的收益率，用以补偿投资股票风险的溢价。风险的溢价到底是多少，怎么计算，各种理论都有，但都是推测。投资股票所需要的报酬率一定要高于各种无风险利率，超过的部分就是冒险的风险溢价。因此，三类无风险利率的倒数推算的市场指数估值倍数就是指数估值的上限。当市场指数的估值倍数超过无风险利率倒推的估值倍数时，代表指数的估值已经进入危险区域，需要逐渐减少在股票市场的持股。市场指数估值倍数上限有三道防线：第一道防线是理财产品收益率的倒数，市场指数估值倍数超过第一道防线时开始减仓；第二道防线是银行存款利率的倒数，当市场指数市盈率倍数超过第二道防线时，再度减仓；第三道防线是市场利率的倒数，当市场的估值倍数高过第三道防线时，要最大限度地减少持股，退场观望。

◇ 个股估值的安全边界与运用技巧

以上是用各种利率倒推市场指数估值的上限，以计算市场估值的安全边际。接着介绍计算个股的估值安全边际。假设公司每股收益是0.3 元，市场一年期定存收益率是4%，这个无风险收益率的倒数是25，静态市盈率就是25 倍。如果股票买入价格超过7.5（0.3 ×25）元，表示这个公司的股价已经进入不安全的区域。怎么计算这个公司股票合理的安全边际呢？在一年期定存的市场无风险利率是4%的时候，问问自己，冒风险投资这个公司股票，需要多少的收益率才是划算的？假设认为至少要有7%的收益率，才值得冒这个险的话，7%的倒数是14.3，也就是这个股票的合理估值是市盈率倍数是14.3倍。用每股0.3元的利润乘以14.3倍市盈率，得到4.29元。如果在股价4.29元以下买入这个股票，在接近7.5元的时候，开始抛出这个股票，那就是在利用无风险利率与冒风险的风险溢价计算买进与卖出的股价。值得注意的是，利用利率计算安全边际的估值与股价时，必须以一年期银行存款利率、上海银行间拆放利率、国债回购利率以及银行理财利率分别代入公式，形成安全边际区间，并根据不同的安全边际区间，采取相应的操作。

股市投资是在艺术中寻找科学的统计轨迹。没人能精确计算出股票价值，也没人能买在绝对低点，卖在绝对高点。分档进出可以做到既不错失机会，也不易深套。长期财务稳健的企业特别适合根据估值与安全边界采用分档进出的策略。我们再用前面这家公司做例子，合理的市盈率是14.3倍，用一年期存款的无风险利率计算的市盈率上限是25倍。当这公司的股价下跌的时候，可在市盈率14倍时开始分档买入，例如在市盈率为14倍、13倍、11倍、10倍、9倍时采取金字塔买入法逐渐买进，价格越低，买得越多。用一年期存款的无风险利率计算的市盈率上限是25倍，因此可从市盈率达到25倍时开始卖出，采用越往上涨，卖得越多的倒金字塔策略。如果当时的银行间市场利率是2.5%，那么倒数就是40倍。因此当公司股价超过市盈率40倍时，就要基本清仓，离场观望。熟悉技术分析的读者可以再根据技术图形优化进出策略。

14 股市

本章主要讲述提升股市投资收益率的三种策略，分别是成长股策略、趋势跟踪策略和聪明贝塔策略，有利于投资者灵活运用，有效提升投资回报率。

第一节 活用成长股策略

◇ 成长股的定义

成长股公司有高估值的共性，是因为这些公司的销售额和利润的增长预期快于同行业其他的公司。特斯拉、脸书、奈飞、阿里巴巴是典型的成长股公司，先有成长的想象空间，然后有成长的事实来支撑高估值。成长股公司利润连年提升，每股收益快于同业增长，提升了市场对其的成长预期，市场对该公司的估值因此得以倍数提升。

股票价格 = 每股收益 × 大盘估值（市场整体市盈率）× 板块溢价（行业超过整体市场估值溢价）× 个股溢价（超过板块或行业的估值溢价）

市场对成长股业绩增长的预期超越大盘，超越行业的平均，因而产生个股的估值溢价。估值溢价就是比较高的各种估值倍数。学术界通常按照四种不同的估值方法定义成长股投资，分别为市盈率、市净率、市销率以及息税前盈利企业价值比 。这四个估值指标高就代表成长股，低则代表价值股。

◇ 成长股策略高波动高风险却没有高回报

成长公司业绩波动大、风险高，股价回撤大，伴随巨大的尾部风险，长期平均回报较低。因此成长股投资不适合作为核心组合资产配置，只适合作为卫星组合的战术资产配置。图14–1 所示整理了成长股组合与价值股组合的波动率风险，图14–2 所示整理了这两种不同策略的回撤风险。成长股组合的回撤远远大于价值股组合的回撤。太大的回撤，对个人投资人或基金经理来说是致命的打击，容易被左尾风险扫地出门。表14–1 用数字说明回撤后，需要更高的收益率，才能填平之前的损失。

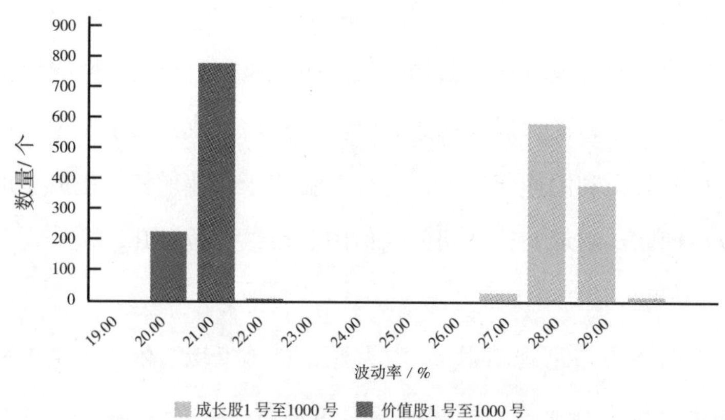

图14–1 成长股与价值股组合的波动率风险分布

数据来源：《为什么成长股可以让你血本无归》，www.alphaarchitect.com

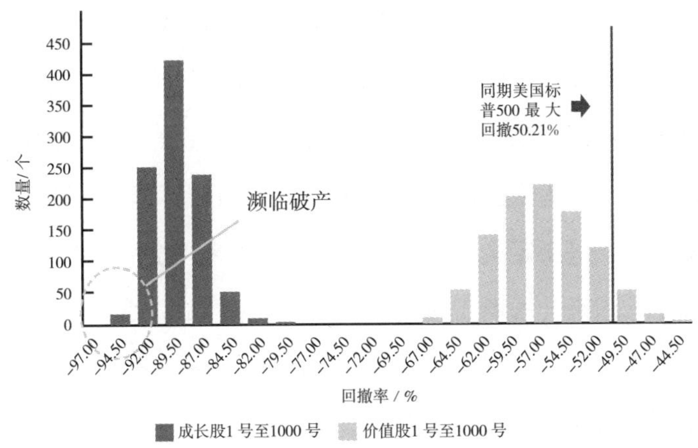

图14-2 成长股与价值股组合的回撤风险

数据来源：《为什么成长股可以让你血本无归》，www.alphaarchitect.com

表14-1 不同回撤后回本需要时间的比较

回撤	回本所需涨幅	10% 年化收益率所需时间/ 年
10%	11%	1.11
20%	25%	2.34
30%	43%	3.74
40%	67%	5.36
50%	100%	7.27
60%	150%	9.61
70%	233%	12.63
80%	400%	16.89
90%	900%	24.16

按照学术研究的结果，传统的成长股投资策略不适合作为长期的投资策略，平均收益率低于指数回报率，低于价值投资的回报率。成长股策略的回撤不但大于指数的回撤，更大于价值股的回撤。当成长股策略的左尾风险超过亏损90% 时，一般的投资人将难以承担风险。

◇ 价值投资与成长投资的区别

成长股投资是顺势而为的投资，需要关注行业趋势，跟踪公司的基本面，配合行业趋势变化，定期调整持仓。价值投资者是以风险管理为核心的投资方式，把股价低于公司的价值作为风险垫，把股票当成债券，把未来公司的成长性当成免费的看涨期权。反之，成长股投资的价格中，已经支付了未来公司成长的看涨期权价格，所以成长股的估值更高。价值投资是过去定义未来，是基于企业未来现金流的折现。成长投资是现在定义未来，用现在的成长率推断未来的成长性。曾经，苹果与其产业链的公司估值很高，连续5 年都取得50% 的增长，业绩增长每年都超过预期，这就是成长股投资。

◇ 另眼看待未来的成长股投资

美国股票从2000 年以来，成长股跑赢大市，这似乎与第一节研究报告的结论不符合：学术的研究报告指出，成长股投资在长期不能有超额的收益。但这是由于2000 年以来，随着移动通信技术的普及，互联网得到新生。移动通信带动了智能手机相关产业的发展。手机的普及与高度智能化带动平台式的商业模式，产生了无数“独角兽”。社交、出行、购物饮食、金融等商业模式完全颠覆传统。这类似汽车的出现时，带动了新一轮的经济转型期，把原有的天花板往上再提高许多。行业的头部企业借着既有优势，被认为有新一轮的确定性增长，受到投资人追捧，即使传统行业如麦当劳、可口可乐、星巴克的股价也都创历史新高。原来的商业模式多了一个虚拟空间的维度，变为四维的商业模式。美国的FAANG[1]，中国的BATJ[2] 的成功要素就是利用第四维空间创作新的商业空间。自2000 年以来美国以FAANG 带头的成长股遥遥领先大盘

[1] FAANG 是美国市场上五大最受欢迎和表现最佳的科技股的首字母缩写，即社交网络巨头脸书、苹果、在线零售巨头亚马逊、流媒体视频服务巨头奈飞和谷歌母公司。

[2] BATJ 是百度、阿里巴巴、腾讯、京东四大互联网公司的简称。

指数。表面上看，2000 年以来的牛市是因FAANG 等高科技公司的带动，但是传统行业也被注入第四位空间。传统行业通过新的技术，配合5G、6G 会改变原有的制造、服务模式，其增长也会再上一个台阶。

把眼光再放远一点，高速增长的不可持续性大幅降低了成长企业的长期存活率。过去30 年，美股和A 股绝大多数行业的龙头公司都换了一遍。但是在移动通信的互联时代，全球各行各业的集中度会提高，强者更强的局面可能成为常态，成长股持股周期可能会变得更长。在这种格局下，最大的敌人不会是门内的熟面孔，而是门外面的野蛮人。

◇ 乌鸦可能变凤凰

移动通信、大数据、物联网、人工智能、5G 等新技术的出现与成熟，使得原来的价值股也会变成成长股。国内的地产行业从2016 年开始，利空不断，各大城市都出台了限购政策。市场共识和主流意见认为中国房地产有泡沫，行业没有成长空间。在这样的主流意见下，投资人反而需要冷静思考，房地产公司的价值是否被严重低估，房地产企业的市值是否低于企业变现价值。比如，巴菲特投资绘制地图公司时，就是看上了该公司的市值低于公司拆散后的变现价值。投资人眼光聚焦在政府的房地产政策等吸引眼球的头条新闻，没有看到行业结构和集中度已经悄悄改变。房地产业前10 名销售集中度已达30%，土地储备集中度为60%。房地产行业可能会像家电、细分类食品行业一样，整个行业被寡头垄断。随着科技的进步，房地产行业的商业模式也发生了重大的变化。以前是屯地模式，而现在的房地产行业是制造业，讲究周转率，薄利多销，重视售后服务。未来房地产公司极有可能从价值公司变为成长公司。

◇ 净利润与股价断层的现象

每一个股票交易所都有要求上市公司披露年报、半年报、季报以及业绩预告的规定。国内的两个交易所要求季报披露时间为4月1日至4月30日，半年报披露时间为7月1日至8月31日，三季报披露时间为10月1日至10月30日，年报披露时间为1月1日至4月30日。公司发布超预期的业绩公告，如果引起股价跳空上涨，表示市场没有充分预期到公司业绩会超过预期，净利润与股价双双往上跳一个台阶，形成跳空上涨的断层现象，我们称之为净利润与股价的断层现象，简称为断层现象。净利润断层没有在公告首日将股价推升一步上涨到位，除了某些市场有涨跌停板的限制，还有投资人反应不足，市场不是完全有效的行为金融学原因。利用净利润与股价断层的投资是基本面、技术面、投资行为学三者合一的策略。一个行业有比较多的个股业绩超过预期现象，净利润与股价形成断层现象占比高，代表这个行业景气度大概率会持续超预期。净利润与股价的断层现象可以让没有太多行业专业知识的投资人降低搜寻成本。随着监管机构对信息披露和监管的规范性越来越强，内线交易被杜绝，净利润与股价断层策略的有效性会逐渐增强。

◇ 净利润与股价断层策略的操作

净利润与股价的断层现象是指公司发布超预期业绩公告后，股价跳空上涨。断层现象需要满足两个必要条件：第一个条件是公司发布的业绩超过预期；第二个条件是公司股价在业绩发布后的首个交易日跳空上涨。股价跳空上涨的定义是公告的交易首日的最低交易价格超越前一交易日的最高交易价格，因而形成向上跳空的缺口，在K线图上形成断层的走势。按照业绩公告的时间表，每年有4次进行净利润断层筛选的机会。但因为年报和一季报的时间基本重合，年报的效应不大，因此读者可以只选择一季报、半年报和三季报三个节点做筛选。以下用两个例子进行说明。第一个例子是沪电股份，首次净利润断层在2018 年7 月10 日公布半年度业绩预告，当日股价跳空上涨6.92%，满足股价跳空的技术定义。在2018 年8 月24 日发布半年度报告继续超预期，当日跳空上涨9.94%。其后在2018 年10 月20 日发布三季报（股价反应是在10 月22 日），在2019 年6 月27 日发布2019 年半年度业绩预告，在2019 年8 月29 日发布半年度报告和前三季度业绩预告，业绩公告均超预期，而且公告后的首个交易日均满足股价跳空的技术定义。从2018 年7 月11 日的收盘价4.06 元至2020 年6 月24 日的收盘价24.96 元，涨幅6.14 倍。

另外一个例子是潍柴动力。该公司首次出现净利润断层是在2017 年7 月13 日发布半年度业绩预告，当日跳空上涨4.51%。在2017 年8 月31 日发布半年度报告当日再次跳空上涨4.05%。其后在2017 年10 月31 日发布2017 年三季报，在2018 年3 月29 日发布2018 年第一季度业绩预告，在2018 年7 月10 日发布2018 年半年度业绩预告，在2019 年8 月30 日发布2019 年半年度报告，在2020 年4 月30 日发布一季报，业绩公告超预期的首个交易日均出现跳空上涨。从2017 年7 月14 日的7.02 元上涨至2020 年6 月26 日的14.24 元，涨幅2.03 倍。读者可以用这个方法在每年第一季度、第二季度、第三季度的三次业绩发布的时间段，关注业绩超过预期产生的股价跳空上涨的断层公司，进行投资。

◇ 用净利润与股价的断层策略做投资组合

A 股上市公司已经超过3600 家，读者不可能完全了解这些公司。但用净利润超过预期造成股价断层的方法，可以协助读者降低个别股票的搜寻成本。随着信息披露和监管规范性越来越强，杜绝内线交易后，净利润超过预期造成股价断层策略的有效性增强。若是一个行业有比较多的个股业绩超预期，净利润造成股价跳空断层占比高，代表这个行业景气度超预期概率大。若一个行业仅仅有少数一两家公司出现净利润超过预期的断层跳空上涨，这只是公司本身的特殊因素导致的超额收益，而不会传导到行业层面。从行业层面做业绩超过预期的股价断层跳空的组合策略又可以达到投资分散的好处。接下来说明用历史的数据回测构建组合的方法与结果。

模拟的组合是筛选净利润超过预期产生股价断层跳空的个股。筛选的条件是业绩公告超预期且股价跳空上涨。每年在一季报、半年报、三季报、年报的4 个时间段筛选净利润股价断层跳空的股票。组合跨越的时间段是2009 年的第一季度到2020 年的第一季度，一共有45 个季度数据。应选取净利润超过预期，并且股价跳空断层标的股票数量排名靠前的行业作为入选行业。入选行业中全部净利润超过预期，令股价跳空断层的个股都进入组合。这里的逻辑是包含较多净利润超过预期令股价跳空断层股票的行业隐含较大的上涨趋势，配置这类行业能够获得较大的超额收益。这样的组合构建方法是同时选取个股和行业层面的超额收益的手法，确定性更高。因为年报公布的时间段与一季报的时间段基本重叠，调仓的时间点只需要三个点，就是每年的4 月30 日、8 月31 日和10 月31 日为调仓日。有两个模拟组合，第一个组合是挑选净利润超过预期令股价跳空断层的前三个行业构成组合，第二个组合是挑选前五个行业构建组合。两个组合的行业配置是等权重，第一个组合每一个行业配置比例是33%，第二个组合的每一个行业配置比例是20%。各行业内，对净利润超过预期令股价跳空断层的个股同样做等权重配置。例如组合一是挑选符合条件的三个行业，每一个行业的配置比例占组合33%。在组合一中，入选的行业A 有5 个公司符合超预期断层跳空的条件，对这5 家公司，每个公司配置6.6%（33%/5）的比重。组合一入选行业B 有3 家公司合乎条件，对行业B 的三家公司，每一家配置11%（33%/3）。组合一的行业C 中，有10 家公司满足超预期断层的条件，对行业C 的10 家公司，每一家配置3.3%（33%/10）。每年只做三次行业调整，同时对个股持仓比例做再平衡，其余时间不做调整。交易成本按千分之三计算，模拟的结果符合预期。从2009 年4 月30 日至2020 年4 月30 日的回测时间，用前五行业构建的组合，累计收益率为666%，年化复合收益率为20.33%。用前三行业构建的组合，同期的累计收益率为824%，年化复合收益率为22.40%。同期万得全A 累计收益率为99%，年化复合收益率为6.46%。在2009 年到2019 年的10 年间，有8 年跑赢万得全A 指数。净利润超过预期令股价跳空断层个股的超额收益来源是公司基本面超预期，对处于景气上行的公司，未来业绩大概率会持续超过预期。

◇ 断层选股策略的未来

从基本面、监管面、市场有效性来看，净利润超过预期令股价跳空的断层策略的有效性只会得到强化。超额收益来源于基本面，净利润超过预期令股价跳空上涨，表示市场没有充分预计到公司业绩会超过预期。一旦公司处于景气上行的趋势，净利润就会大概率持续地超过预期，而这又是市场没有预计到的。进入行业景气度上行的良性循环时，业绩会大概率连续几个季度持续超预期，相关个股以及行业就会持续获得超额收益。公布净利润超过预期时，股价无法在净利润超预期的第一天就一步上涨到位，这是结构与市场心理面影响的原因。净利润超过预期，股价才跳空上涨，反映市场不是有效的，而在跳空上涨首日并没有一步上涨到位，再一次反映市场不是有效的。市场之所以无效率，是因为投资人反应慢，甚至不相信，获利回吐造成的卖压令股价没有上涨到位。

此外，有些交易所设定股价单日涨跌停板的限制，在结构上限制了个股单日一步上涨到位。净利润超过预期令股价跳空断层个股，在初期的投资人是短线投资者，中期的投资人是基本面为主的中长线投资者。

净利润超过预期令股价跳空的断层选股法可以降低选股的时间成本。同一行业的多个公司出现净利润超过预期令股价跳空的断层走势，表明该行业整体业绩大概率也会超预期。这个方法大幅度降低了投资人搜寻有确定性的成长公司的时间成本。从监管单位对信息披露更具规范性来看，这个策略的有效性会增强。因为如果信息披露、保密性不规范，就会有少部分投资者能提前获知业绩，股价提前上涨，减弱公告日跳空上涨的可能性，导致这个策略的有效性下降。但如今随着监管越来越规范，提前知道业绩的可能性越来越少，这个策略的有效性就会更强。

第二节　追涨杀跌的趋势跟踪策略

◇ 趋势跟踪是追涨杀跌的策略

趋势跟踪就是追涨杀跌策略，基于三个假设：价格反映所有信息，趋势会继续和历史会重演。理论核心是资产价格本身对今后的走势有预测作用，即当资产本身形成了一种向上/向下的趋势后，在未来一段时间大概率会维持这种趋势。学术界的研究证明趋势跟踪策略可以产生超额收益。例如，经济学家哈里·马科维茨教授在时间序列动能论文[1]中对大宗商品、股票、国债及外汇进行回归测试。将当期资产回报与过往资产回报进行统计学的t值分析[2]，发现过去的回报与未来的回报两个

---

[1] Moskowitz T,Ooi Y H,Pedersen L H.Time Series Momentumm[J].Journal of Financial Economics, 2011.

[2] 统计学的t值用于比较两样本的平均数是否有显著差异。

样本之间的t值为正数，表明过去资产回报和今后的资产回报之间没有显著差异。

这篇论文的目的是测试时间序列动量策略（简称TSMOM）的有效性，量化动能资产，计算资产过去滚动的12个月的超额收益。这里的时间序列动量策略就是趋势跟踪策略。

$$\frac{\text{某个指数的现在的收盘价}}{\text{12 月前的收盘价}}-1-\text{12 个月无风险利率收益}$$
$$=\text{超额收益率的数据序列}$$

如果过去12个月的资产超额收益大于0，则表示该资产有动能，可以做多该资产。若过去12个月资产超额收益小于0，则表示该资产有负动能，应卖出该资产或转向做空。

◇ 定期再平衡确保趋势跟踪策略有效

简言之，趋势跟踪交易策略就是在（资产价格/资产12个月前价格–1）– 美国3个月短期国债12个月回报>0的情况下，买入并持有该资产。当（资产价格/资产12个月前价格–1）美国3个月短期国债12个月回报<0时，卖出并持有美国3个月短期国债。每个月月底再计算趋势是否还存在，并调仓，坚持再平衡的做法。这篇论文一共测试了6种资产：美国股票用标普500指数为代表；美国债券用美国10年期国债收益率为代表；发达国家股票用MSCI EAFE指数代表；新兴市场国家股票用MSCI新兴市场指数代表；大宗商品用标普GSCI指数代表；美国房地产用US REITs指数代表。论文最大的发现是资产价格与动能趋势有两个月左右的相关性。因此，每个月都必须计算趋势是否仍然存在，再平衡非常重要。

◇ 趋势跟踪与买入持有策略的比较

趋势跟踪论文测试的对标是买入并持有策略。在大部分时间段，根据年化收益率、波动性、夏普比例、最大回撤率以及月正回报百分比这5个指标，趋势跟踪策略的表现比买入持有策略要好。

趋势跟踪策略的价值是在牛市减少无谓的操作，在下跌趋势前根据信号止损，在下一波上升趋势时再根据入场的信号买入。一个投资策略有效与否，主要是看有没有降低回撤的损失，降低对收益率的负面影响。趋势跟踪策略的低波动性体现了这个策略避开熊市的准确性。趋势跟踪策略的夏普比率几乎高于买入持有策略，代表衡量风险调整后的收益比较好。正回报月数比例是计算正回报的月份占总投资持有月份数的百分比，越高说明趋势跟踪策略越有效。趋势跟踪策略避开大跌，降低最大回撤率，大大缩短了回到正回报所需要的时间。在论文测试的6大资产类型、18种指数中，除了印度，趋势跟踪策略的最大回撤率都明显低于买入持有策略。趋势跟踪策略在所有指数的月正回报百分比都比买入持有超过20%的优势。

上一段提及趋势跟踪策略的价值是有效尾部风险管控，好的交易策略是不亏钱、少亏钱，这个原则比赚钱更重要。从1975年到2016年，买入并持有美股的最大回撤为-50.21%，趋势跟踪策略最大回撤为-29.58%。趋势跟踪策略比买入并持有策略少亏损20%。少亏损20%有什么意义？假设投资人A和B同时投资股票，投资人A长线买入并持有，投资人B用趋势跟踪策略择时，两人经历各自策略的最大回撤后，投资人A需要101%的收益才能抹平暴跌带来的亏损，投资人B只需要42%的收益，就可以回本。假设两人在暴跌之后年化收益率为7%，那么A需要10年4个月回到亏损前，而B只需5年3个月。

趋势策略的有效性并不是单靠运气。表14-2 是关于18 种资产大于10% 的回撤（跌幅大于10%）的分析，对照趋势跟踪策略与买入持有策略的优劣做比较。用第一栏的美国标普500 指数为例子，1975—2016 年间，如果买入并持有美国标普500 指数，回撤大于10% 的次数有8 次，平均跌幅为28.49%。趋势跟踪的策略在这8 次中，6 次回撤小于10%，只有2 次大于10%，准确率为75%。买入并持有标普500 指数，在8 次回撤共下跌227.9%，同期趋势跟踪策略总共下跌幅度是52.1%。读者再看其他的17 种指数，结论也一样，趋势跟踪策略在18 个指数上都有效。

表14-2　趋势跟踪策略在风险管控的效应

资产种类	测试期间（年份）	回撤大于10%次数	大于10%回撤的平均回撤/%	趋势跟踪回撤小于10%次数	趋势跟踪优于买入持有的概率/%	回撤大于10%的总回撤/%	回撤大于10%的总回撤/%
		买入持有	买入持有	趋势跟踪		买入持有	趋势跟踪
美国标普500	1975—2016	8	−28.49	6	75.00	−227.9	−52.1
美十年期国债	1975—2016	1	−20.97	1	100.00	−21	30.4
发达国家股票	1975—2016	11	−26.01	10	90.91	−286.1	−78.83
标普大宗商品指数	1975—2016	13	−28.78	11	84.62	−374.1	−200.61
美房地产信托指数	1975—2016	14	−20.2	11	78.57	−282.8	−140.43
新兴市场股票	1975—2016	13	−25.47	10	76.92	−331.1	−184.98
德国DAX 指数	1959—2016	12	−31.92	10	83.33	−383	−156.68
日经225 指数	1971—2016	5	−31.24	3	60.00	−152.6	−43.77
纳斯达克指数	1972—2016	15	−25.26	7	46.67	−378.8	−253.15
欧洲STOXX50 指数	1988—2016	7	−29.01	3	42.86	−203.1	−109.1
巴黎CAC40 指数	1988—2016	7	−30.65	5	71.43	−214.6	−116.43
澳大利亚ASX200 指数	1993—2016	7	−18.55	6	85.71	−129.9	−64.8
加拿大TSX 指数	1976—2016	11	−24.96	9	81.82	−274.6	−159.23
英国富时100 指数	1985—2016	10	−21.62	5	50.00	−216.2	−145.3

续表

资产种类	测试期间（年份）	回撤大于10%次数	大于10%回撤的平均回撤/%	趋势跟踪回撤小于10%次数	趋势跟踪优于买入持有的概率/%	回撤大于10%的总回撤/%	回撤大于10%的总回撤/%
		买入持有	买入持有	趋势跟踪		买入持有	趋势跟踪
印度NIFTY 指数	1991—2016	9	–31.31	5	55.56	–281.8	–214.47
巴西BrX 指数	1997—2016	8	–27.52	4	50.00	–220.1	–126.03
香港恒指	1972—2016	17	–49.39	16	94.12	–839.7	–329.5
上证综指	1992—2016	15	–43.71	11	73.33	–655.6	–334.78
平均		10.17	–28.61	7.39	72.66	–304.2	–148.88

数据来源：彭博

从图14–3 可以看出在标普500 指数8 次超过10% 的大回撤中，趋势跟踪策略有两次没有产生效益，一次是发生在1978 年的黑色星期一，道指单日暴跌22.61%；另一次发生在1998 年夏天，短短的一个月时间标普从高位暴跌19.01%，两次回撤都是股市在没有征兆的情况下大跌。因此，可以得到结论：趋势跟踪策略不适用于短时间突然暴跌的情况，因为没有趋势可以跟踪。做好趋势跟踪策略的基本原则是在资产价格上涨的时候，不多交易，避免过早出场；资产价格开始反转时，尽早出场，及时止损。

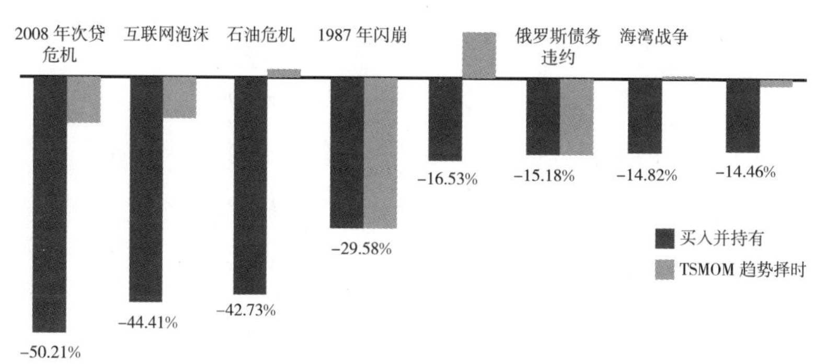

图14-3　趋势跟踪策略在大回档的效用

数据来源：彭博

◇ 趋势跟踪策略知易行难

图14–4所示是分析对冲基金鼻祖之一的索罗斯的量子基金的其超额收益的因子，年回报率的20.3%中，趋势跟踪的动能策略贡献率是17.1%（10.8%＋3.5%＋2.8%=17.1%），占85%。趋势跟踪策略看起来很简单，但是跟价值投资一样，中间会有落后大盘的考验，很难有毅力地执行，是知易行难的投资策略。趋势跟踪策略的有效性也可以在金融行为学中找到合理的说明。趋势跟踪交易策略利用了非理性的行为偏差，对于当前信息的反应不及时，以及一旦反应后，就容易过度反应而产生交易机会。反应不及时的行为与锚定效应有关，人们在做决定的时候总是会以最近的信息或是经验做参照物。比如，指数最近有一波上涨行情，目前手里有闲钱或空仓的投资人，会以最近上涨前的低位作为参照物，觉得很后悔没有在之前买入，现在贸然进去，怕指数反转，造成套牢。因此，等待此次上涨的起涨点作为买入点，迟迟未能建仓。反过来

也一样，当指数一路下挫时，最近的高位又成为投资人心理的参照物，不舍得止损，期望指数能够反转到下跌前的高点再卖出。投资行为学研究调查显示，大多数投资人会将过去52 周的最高价作为卖出的重要参照点，而不是自己的买入成本价。如果持有不超过52 周，投资人往往会把其持有期间的最高价作为参照点。这就解释了为什么大家都想卖在最高点，而一旦回撤，就很难做出止损决策的现象。

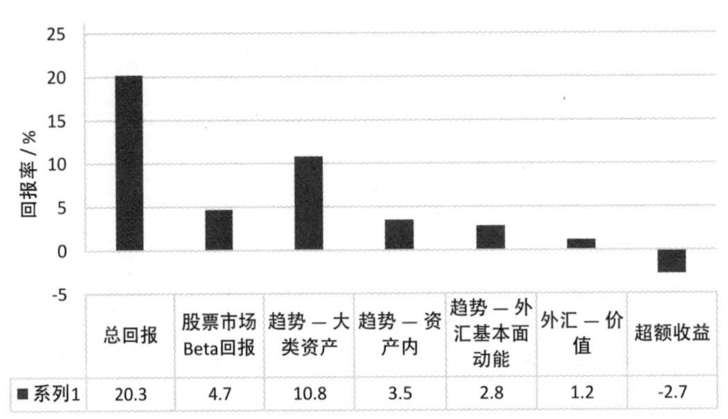

	总回报	股票市场Beta回报	趋势 — 大类资产	趋势 — 资产内	趋势 — 外汇基本面动能	外汇 — 价值	超额收益
■ 系列1	20.3	4.7	10.8	3.5	2.8	1.2	-2.7

图14–4　解析量子基金的收益风险因子

数据来源：《趋势跟踪》，www.alphaarchitect.com

◇ 趋势跟踪策略经得起时间考验

趋势跟踪策略要求投资人在趋势形成初期建仓买入，在趋势反转时止损卖出，赚取一个大波段行情，不受中间市场短期波动的影响。因此趋势跟踪策略要求投资人做一般人做不到的事情，理性做投资决策，规避行为偏差，避免在高位建仓，在低位止损。读者会问趋势跟踪择时策略既然经得起验证还能创造超额收益，为什么不会被全民模仿，因而丧失有效性呢？

第一个原因是船大难调头。机构投资者、养老基金、捐赠基金的资产规模动辄百亿美金，不可能因为一个趋势模型发出卖出信号，就把百亿美金全部卖出，又因为下个月趋势跟踪模型发出买入信号，再把百亿美金股票买回来。这些大基金的资产配置是微调比重，比如看空股票的话，只是把股票配置从40% 调整到36%。第二个原因是代理人风险。对基金经理来说，保住自己工作是重中之重。趋势跟踪的择时在短期会和指数背道而驰，调整对了倒还好，错了就丢饭碗。基金经理不愿意承担大幅偏离指数的风险，小富即安，不出大错即可，就是俗称的“抱团取暖”主义。第三个原因是难坚持。量化模型不可能百分百正确。短期判断错误导致趋势跟踪模型表现不如指数，有人就会觉得模型不管用，从而放弃。正是因为有短期坚持不住的人，才能使趋势跟踪模型长期奏效。

◇ 趋势跟踪策略成功的秘诀是系统性加上定力

趋势跟踪策略的成功要素是系统性和定力。交易都会有亏损，没人能做到长期绝对正确，只要保持小亏大赚就能长期获利。物极必反，否极自然泰来，机遇往往在坚持不住的下一刻出现。想有这样的耐挫力，就需要对自己交易有把握，知道自己有哪些交易优势，优势在什么时候会体现，逆境期会是什么状况，回调程度如何，自己能否忍受短暂的亏损以及是否有应对回调时的交易策略。一方面，事先测算在理论范围内多大的亏损是应该有的合理亏损，这样就不会慌乱，也不会无法坚持。另一方面，不怕亏损，就怕盈利，忧虑煮熟的鸭子飞了，盈利不多，开始减仓。

很多人投身股票市场，是因为听到别人暴富的案例，妄求自己也会短期暴利，结果都是小赚大亏。任何基于概率的竞技，必须要等待足够长时间，概率才会起作用。任何基于概率的博弈，必须统计以前的数据样本，找到共性的大概率模式，一旦出现大概率的信号就建仓或平仓。趋势跟踪交易不是一件随心所欲的事情，和我们的常规思路不一样。趋势跟踪交易是买强卖弱的策略，也就是追高杀低的行为，正统投资理论是低买高卖，专家警告不要追涨杀跌，而趋势跟踪的赚钱策略就是追涨杀跌。高手追求确定无疑的涨势与明确无误的跌势。散户自以为看明白了，在涨跌趋势之前就行动。一些散户天天满仓，一天不满仓就不舒服，好像不满仓就会失去赚大钱的机会。而有经验的投资人在行情不确定或处于跌势时，会空仓观望，不急于操作，空仓时间远多于持仓时间。当趋势明朗时，他们则快速进场，或是出场。

◇ 个人版的趋势跟踪策略

趋势跟踪的交易策略对一般的读者而言，可能是叫好不叫座，因为个人投资者没有足够的第一手数据。读者可以用技术分析的技巧实践趋势跟踪策略。技术分析也有三大假设：价格反映所有信息，趋势会继续和历史会重演。这三个假设与趋势跟踪的假设是一样的。技术分析以价格、成交量为基础数据发展各种各样的指标。在股价方面，有日K线和不同期间计算的价格平均线（均线）。均线代表市场参与者在一段时间内的市场平均成本，也代表了这个时间段内的市场趋势。长期均线是短期均线的累积，短期均线是日均线趋势的累积。在股价上升过程中买入，只有一点是错误的，就是买在最高点。在股价下跌的过程中买入，只有一点是对的，就是买在最低点。用概率计算，在上升过程中买入相对在股价下跌买入的胜率较大。

短期移动平均线包括5日线、10日线、20日线，用一周5个交易日计算，就是一周、两周、四周（一个月）的概念。中期移动平均线包括30日线、45日线、60日线，就是六周、九周与十二周的概念。长期移动平均线包括季线90日线、半年线120日线，以及年线250日线。技术分析的技巧中，与趋势跟踪风格最相关的指标是黄金交叉和死亡交叉这两个指标。当均线向上，日线价格在均线之上变动时，是多头走势，应持有股票。当均线向下，价格日线在均线之下变动时，是空头走势，应持有现金。

黄金交叉是掘金的信号。技术分析中，黄金交叉是当均线向上移动时，周期较短的均线由下而上穿越周期较长的均线。例如5日均线向上走，并从下穿过10日均线，10日均线从下面向上穿过30日均线。这样的穿越所形成的交叉叫作黄金交叉。黄金交叉必须同时满足两个条件：一是短期均线由下向上穿越长期均线；二是短期均线和长期均线都是向上移动的趋势。如果仅有短期均线由下而上穿越长期均线，没有所有均线均向上，就只是普通交叉。黄金交叉有三种交叉：第一种是短期均线和短期均线、短期均线和中期均线、短期均线和长期均线之间的黄金交叉；第二种是中期均线和中期均线、中期均线和长期均线之间的黄金交叉；第三种是长期均线和长期均线之间的黄金交叉。黄金交叉既可以判断个股，也可以判断指数趋势。当中长期均线都呈上涨趋势，短期均线会形成几次的黄金交叉，是给做短线的投资者的参考指标。当中长期均线是下跌的形态，短期均线可能会有黄金交叉，但要避开，因为这种黄金交叉的胜率非常低。当股价在低位震荡整理，各种均线纠结在一起，并没有每一条均线都呈上涨趋势时，短期均线经常会产生无效的黄金交叉，不适合进场。虽然短期均线产生黄金交叉发出的买入信号往往很及时，但稳定性和可靠性较差。在下降趋势或震荡整理行情时，黄金交叉的虚假信号太多，读者可以用模拟方式测试指标的有效性，形成自己的判断方法。最可靠的黄金交叉形态是长期均线趋势向上，短期均线形成黄金交叉，此时的买入信号比较可靠。更可靠的进场点是股价突破收敛三角形，一根大阳线向上突破收敛三角形。突破三角形时，均线形态也形成多头排列，多种信号共振，可以买入。若是长期均线在短期均线、日线之上，但是长期均线的趋势方向向下，即使短期均线形成黄金交叉，也大多意味着股价或指数出现反弹，这种情况下，短期均线发出的黄金交叉信号不值得信赖。股价已经上涨许多才会令长期均线形成黄金交叉，这只能用来印证上涨趋势的广度与深度，因为时间太迟，不能用来做交易的信号。当长期均线开始走平，不再下跌，中期均线呈向上趋势时，短期均线形成的黄金交叉才是最佳的黄金交叉信号，读者需要耐心等待时机。

死亡交叉是离场的信号。黄金交叉倒过来看就是技术分析上的死亡交叉。移动平均线死亡交叉就是周期较短的均线从上往下穿越周期较长的均线。短期均线形成的死亡交叉就是5日线向下走势，并从上面往下穿过10日线、20日线。中长期均线的死亡交叉定义可以以此类推。死亡交叉代表股价已经由多转空，处于下行趋势。死亡交叉出现后，不应对股价再抱有上涨的期望，赶快出逃是唯一选择。短均线死亡交叉的形成需要日线下跌的天数达到被交叉均线的天数，中均线死亡交叉的形成需要中期线下跌的天数达到被交叉均线的天数，长均线死亡交叉的形成以此类推。死亡交叉也需要两个要件：第一是短期均线从上面向下穿过中期，或是长期均线。第二个要件是所有的均线，不论是短、重、长均线，都没有一条均线是向上的趋势。第一次的卖出信号是短期均线与中期均线形成的死亡交叉。指数或个股价格一旦形成第一次的死亡交叉信号，就需要开始卖出。

多数股民在持有的股票上涨20%～30%时，甚至只上涨10%时，就赶紧抛出，这是处置效应的表现。如果股民没有抛出，即使价格下跌，形成死亡交叉后，也舍不得斩仓认赔，这是参考物效应的表现。正确的策略是如果投资人买对，股价继续上升，那就抱紧，一直等到死亡交叉才出场。读者都吃过鱼，一般都避开鱼头、鱼尾，只吃鱼身，因为鱼身最好吃。“吃鱼”理论用在股票投资上的体现就是不需要买在最低点，也不可能卖到最高点。价格底部情况不明朗，风险大，是鱼头。鱼头不好啃，避避为好。价格进入上升阶段，风险较小，赢面较大，黄金交叉出现就买入，放心吃鱼身。价格上升后，一旦反转，形成死亡交叉后，就像看到鱼尾出现，赶紧退出观望。可用黄金、死亡交叉来客观判断鱼身出现的时机。价格从底部上来形成黄金交叉，鱼头已现，后面就是鱼身，只是鱼身大小的问题。价格在黄金交叉均线上继续上升，鱼身在不断地展现，但未能看见鱼身全部，当然不能卖。价格跌破死亡交叉均线，鱼尾已现，焉有不走之理。按照左侧、右侧交易理论来看，个人投资者应该买在右侧，卖在左侧。

第三节　让聪明贝塔策略提升投资收益

资本市场的资产定价模型（CAPM）定义了股票的价格与市场指数的关系，而这个关系的系数叫作贝塔。个别股票的收益率中市场的指数无法解释，与市场指数没有关系的部分，统统被归类为超额收益，超额收益的系数叫作阿尔法。后来的研究与数据的挖掘，将市场能够解释的元素不断细拆，个别股票的收益中，能够被解释的部分就更多，不能被解释的部分就减少，超额收益的阿尔法自然就越来越小。这些能够解释股票价格的新元素，统称为聪明贝塔。随着大数据与计算能力的普及化，量化的聪明贝塔投资产品推陈出新。对个人与机构投资者而言，就多了些成本低廉的投资工具。

◇ 从笨贝塔演进为聪明贝塔

20 世纪70 年代，现代组合理论最初是测试股票组合对单一股票指数的市场组合之间的关系，测试一个股票组合收益率对市场指数收益率的敏感度，这个敏感度用贝塔代表。如果股票组合是由股价波动性高的股票组成，那么组合收益率在上涨的时候，会比市场的指数跑得快。反之，在下跌时，也跌得多。这样组合的贝塔系数大于1，被称为高风险组合。贝塔系数小于1 的组合就是股票组合的收益率在上涨时没有市场指数涨得多，同时在股价下跌时，也没有市场指数跌得多，是保守、防御性的组合。股票投资组合的收益率的高低是看组合对股票指数的敏感度。任何股票组合在测试对应市场指数关系时，都会有一部分无法用市场指数解释的剩余部分，这个剩余部分就是超额收益，就是我们通称的阿尔法。阿尔法就是股票投资组合收益率中，扣除与市场指数相关联的贝塔之外，剩下无法用大盘指数解释部分的收益率。因为无法找到解释的原因，在当时就通通归为选股能力产生超额收益。从此以后，阿尔法就代表很强的选股能力，无法被别人复制。传统被动指数是用市值加权平均，或上市公司家数的算术平均所编制。

随着计算能力与大数据的大众化，数据分析轻而易举，且数据分析的价格越来越便宜，速度越来越快。数据计算速度加快后，就不断把构成市场指数的第二层，甚至第三层因子再细拆，形成现在的多因子组合。单因子是市场指数，是市场的整体风险，是第一层的风险因子。多因子是在单个市场风险因子之下，构建第二层风险因子。第二层的风险因子有市值大小，波动率高低，估值便宜或昂贵以及股息率等因子。不论是第一层的市场风险，还是第二层的细分因子，每一种因子都代表一种风险。投资是风险的选择，投资股票也是一样，用什么策略选股构建组合，本质上就是决定要冒什么样的风险，即一个风险因子的选择，都是一种贝塔的选择。

股票组合的总回报 = 现金收益率 + 各种贝塔 + 阿尔法

寻找影响股票涨跌的第二层，甚至第三层风险因子，并且有数据计算能力可以挖掘新的风险因子，就叫作聪明贝塔的策略。风险因子贝塔拆得越细，无法被解释超额回报的阿尔法就越少。产生超额收益的阿尔法策略（包含交易、选时、选股等）会随着聪明贝塔的挖掘逐渐消失。

近年来统计数据显示，采取聪明贝塔策略配置风险因子，股票组合不但可以取得超越指数的收益，而且成本更低，不用花太多精力与金钱。每一个贝塔代表一个风险因子，配置风险因子是分配不同的贝塔，用投资人相信的风险因子构成聪明贝塔组合。例如，如果平分每一个风险因子对组合风险的贡献，就构建了等风险因子配置的组合。随着贝塔风险因子不断地被深度挖掘，阿尔法很难得到，阿尔法系数越来越小。同时，聪明贝塔越来越大，而且越来越容易取得。

因为聪明贝塔策略的出现，构建股票组合的方式发生了变化。原来构建组合的方法是将不同行业的股票或不同资产，按照投资人对行业的前景看法决定配置比例，构成投资组合。聪明贝塔策略出现后，可以选择投资人相信的风险因子，用特殊配置比例，构建不同风险因子的组合，这个组合可以跨行业，甚至跨越不同国家的市场。计量经济学、行为金融学、神经经济学的出现给挖掘聪明贝塔因子增加了另类的思考方式。在聪明贝塔的挖掘过程中，大数据、机器学习、人工智能会逐渐取代传统的基金经理。如果把股票当作分子，影响股价的贝塔风险因子就可以称为原子。

传统理论解释投资收益率 = 相对市场指数的贝塔 + 不能解释的阿尔法

将原来不能解释的阿尔法超额收益来源深挖细掘，变为聪明的贝塔，纯粹的阿尔法收益就越来越少。聪明贝塔策略也称为战略贝塔策略，即基于定性或是定量的方法，增加、减少某些风险因子的暴露，让投资组合股票的配置比例有别于指数的编制逻辑，获得超越指数的超额收益。

20世纪70年代是讲究主动投资管理的年代。80年代学术界构建资本市场资产定价模型，用市场指数的单一贝塔来衡量风险及收益的关系，用阿尔法衡量超额回报，这叫作单一风险因子模型。90年代出现了多风险因子模型取代市场单一风险因子模型。当时的多因子非常直观，包含国家地域、行业和宏观三个因子。这就是现代财务学大师法马与法兰西两位教授提出的三因子模型。之后卡哈特提出四因子模型，包含市场、规模、价值和动量。动量的风险因子就是上节介绍的趋势跟踪策略。后来又产生了低波动率、流动性、基本面等新的因子。这些风险因子也被称为投资的风格，如果有人问你的投资是什么风格，就是问你采用的风险因子是什么。2000年后，随着计算机的普及化，风险因子投资策略的成本迅速降低。

◇ 聪明贝塔策略是另类的指数编制方法

任何单一食物都含有多种营养，吃进去一种食物，就是同时吃进多种营养成分。投资也是一样，买入持有某一个资产或股票，一定暴露在几个不同风险因子的风险敞口之下。例如，投资百度的股票就暴露在包含科技板块风险、中国经济发展等风险因子之下。如果只想要某单一风险，就好像只要维生素B_1的营养，需要巧妙选取资产，根据不同的风险偏好选择不同因子，获得不同的因子风险敞口，赚取不同的因子风险溢价。聪明贝塔的资产配置策略就是选择风险因子，并且决定每个风险因子的权重。各种资产好像各种食物，各种因子好像食物中的各种营养维生素。人们可以通过摄取不同食物来获得不同维生素，也可以通过直接服用维生素来获得所需营养。聪明贝塔策略就如同直接吸取人们所需要的几种维生素，并按照个人决定的剂量服食，排除不需要的其他维生素。

传统股票指数是公司的市值加权或算术平均编制而成，聪明贝塔策略可以说是特制的指数编制方式。传统股票指数是包含所有上市公司的指数，称为宽基指数（broad-based index）。传统的风险因子有高股息、动能、低波动和市盈率估值。按照股票不同风险因子编制的指数越来越流行，这些按照风险因子编制的指数叫作窄基指数（narrow-based index）。由于计算机成本大幅降低，基金公司和股票市场上开始出现用量化手法制成的各类窄基指数基金。但不论是宽基指数基金，还是窄基指数基金，管理费用都非常低，交易的流动性非常好，因此执行聪明贝塔策略能大幅降低成本。例如，美国有标普500 的低波动ETF，交易代码是SPLV.US。这是从标普500 中筛选出波动率最低的100 只证券作为成分股，通过这个标的投资人取得低波动率股票的收益。ETF 的管理费非常低，投资人采取低波动的策略的成本也就很低。美国股市中，也有高股息的ETF，交易代码是VIG.US。这个高股息ETF 是从美国股市选出的连续10 年高股息的标的，作为ETF 的投资标的。这个ETF 都给投资人低成本的手段执行高股息的聪明贝塔策略。国内近年在窄基指数基金或ETF 的发展非常迅速，这是有兴趣做聪明贝塔策略的读者的福音。

◇ 多样化的聪明贝塔

接下来说明风险因子的种类。最常见的风险因子是系统性、宏观的因子，包含经济增长与通货膨胀。如果投资人用这两个因子做配置的话，就需要先分辨哪些股票与经济增长关系大，哪些股票与通货膨胀变化关系深。接下来，按照对经济的定位，如果在复苏阶段，就多配置对经济增长敏感但对通胀不太敏感的股票，如果在增长阶段，就多配置对通货膨胀敏感的股票，以此类推。简言之，就是在不同美林投资时钟阶段安排最合适该阶段的股票。聪明的贝塔因子还有按照股票的特性分类，包含价值绩优股、成长小型股、动能型股票、波动率高或波动率低的风险因子。风险因子的选择就是展现投资人的投资风格，在债券投资的风格有久期、信用利差的贝塔，在外汇市场有利率差别的套利的贝塔。但是债券市场与外汇市场是机构投资人的战场，不适合个人投资者。

聪明贝塔的风险因子体现了投资风格的类型，通常分为六大类：市值大小、成长、质量、动能、价值和波动率。若是将市场指数作为一级风险因子，这六个维度就是二级的风险因子。根据学术论文的研究，市值大小产生的超额收益率不太显著，其余五个风险因子：成长、质量、动能、价值和波动率都能够产生显著超额收益。图14–5 所示将这五个有效的二级风险因子再细分，结合各自的参考要素就形成了三级的风险因子。

常见聪明贝塔因子

风格	成长	质量	动能	价值	波动率
风险因子	盈利动能	基本回报率	价值动能	自由现金流收益率	波动
	PEG	净利润率	季节性	股息率	贝塔
	自由现金流/已投资本	负债比例		净利润率	公司市值

图14–5　聪明贝塔有效的五个二级风险因子以及三级风险因子

◇ 聪明贝塔策略的运用

聪明贝塔策略是一种主动投资策略，基金经理必须了解影响股价变动的风险因子，并且选取长期有效的风险因子构建组合。在执行聪明贝塔策略时，基金经理必须严格按照量化的规则执行，克服人性的弱点，确保投资的产品风格完全一致，不会漂移。但实际上，基金经理在面临各种内部和外部变化时，投资风格往往难以保持稳定不变。价值投资的基金经理极有可能在一两年业绩不是特别好，受不了自己内心的煎熬，或是老板、董事会的绩效压力下，变成趋势投资。许多基金经理没有理解自己的强项，对投资结果也没有做清晰的归因，不知道自己超额收益的来源是什么，最终就导致产品风格漂移，投资人受伤，也毁了自己的职业生涯。为了解决投资经理个人风格漂移的问题，用聪明贝塔的因子做成不同风险因子的ETF 就可以克服这个难题。另外，不但管理费率便宜，而且流动性高，是个人投资者的福音。

聪明贝塔策略本质上是基于大数据分析的量化策略，对风险和收益进行量化归因分析，找到有效性最高的风险因子，进而用量化手法，选择成本低廉的高质量价值的开放式基金。

可以用1975 年到2015 年的MSCI 全球指数作为标的，研究显示二级风险因子中的低波动、高质量和高股息的组合有更高的年化回报和更低的年化波动率。聪明贝塔策略还可以优化不同市况的收益率，在不同的股市阶段，用不同的风险因子提升投资收益率。例如，在牛市、经济强劲的阶段，价值、动能、小盘三个风险因子可以产生超额收益；在经济疲软的熊市阶段，高分红、质量、低波动率三个风险因子可以产生超额收益。

◇ 聪明贝塔产品本土化

聪明贝塔策略是舶来品，必须本土化。在2016 年之前，发行制度和壳价值导致小市值是A 股有效性最高的因子。2016 年之后形势发生改变，小型股的因子不再有效。中国资本市场势必逐渐与国际接轨，有中国特色的超额收益风险因子的有效性会减弱，同时在海外有效的基本面风险因子的有效性会逐渐增强。要把第十章介绍的价值投资精髓转化为聪明贝塔策略，首先用ROE 与财务分析衡量公司质量，用财务分析的指标选取高质量公司，再把好公司中被低估股票选出来作为投资标的。

质量价值因子的策略是质量为首，价值为次。在国内已经有基金公司用这个逻辑与顺序做成高质量价值投资的开放基金、ETF。读者可以用成本低廉的高质量价值开放式基金或ETF 实现价值投资的聪明贝塔策略。

◇ 国内外基金公司提供各类聪明贝塔策略的工具

在美国，采用聪明贝塔策略的基金非常多。先锋基金公司以提供被动式的基金出名，旗下有各种类型的聪明贝塔策略产品。其他基金公司也有类似产品，例如，标准普尔500 等权ETF，代码是 RSP；标准普尔500 低波动率ETF，代码是SPLV；美国基本面指数ETF，代码是FNDB。国内的基金公司近年来重视工具性的产品，不断推出各类窄基指数的基金或ETF，既有提供质量因子与股息分红因子的基金，也有军工、消费、生物、医药、高科技板块的基金。国内基金公司除了开放基金，还提供行业、主题、聪明贝塔等各种类型的ETF。

国内基金公司跟随美国的基金业潮流，加上大数据与量化手法的普及，开始注重聪明贝塔的投资机会，推出相对应的产品。华宝基金公司推出MSCI–ESG 基金（501086）。ESG 指的是环境保护的E（environment），对社会负责任的S（social responsibilities），以及重视公司治理的G（corporate governance）。ESG 概念已经深入人心，由联合国责任投资原则组织（UN PRI）[1] 推动，UN PRI 覆盖全球资产规模达90 万亿美元，拥有超过2000 家保险公司、主权基金作为其签约方，ESG 概念的影响力在全球范围内持续快速提升。ESG 框架下所倡导的责任、价值、长线理念，已经成为当今全球投资界的绝对主流。

---

[1] 联合国责任投资原则组织（简称UN PRI），由联合国前秘书长科菲•安南于2006 年牵头发起，旨在帮助投资者理解环境、社会和公司治理等要素对投资价值的影响，并支持各签署机构将这些要素融入投资战略、决策及积极所有权中。

MSCI ESG 评级体系关注三方面，包含 10 项主题（如图14–6 所示），37 项 ESG 关键评价指标。基于ESG 评级体系，投资者可以通过观测企业ESG 绩效，评估其投资行为和企业（投资对象）在促进经济可持续发展、履行社会责任等方面的贡献。这类基金的管理费比较低，只有0.5%，托管费只有0.1%。

图14–6　ESG 主题

景顺基金公司推出沪港深红利成长低波动（007751）基金，采用三个传统的聪明贝塔因子: 红利、成长、低波动，且基金历史业绩还不错。东证竞争（007657）ETF 采用聪明贝塔风险因子中的竞争力因子。净资产收益率（ROE）代表了企业核心竞争力。这个ETF 的选股标准是挑选最近三年ROE 持续走高的公司，对标指数是沪深300，样本股都从沪深300 里面选择，行业权重跟沪深300 一致。历史业绩显示回报率与对标的沪深300 差不多，但是波动率比较小，夏普比率比对标的沪深300 高。华夏基金公司也有两款聪明贝塔基金：一个是低波动率与蓝筹公司相结合的华夏创蓝筹，另外一个是股价的动能与成长股相结合的华夏创成长。此外，其他的基金公司也都开始重视工具性的基金、ETF 产品的研发。相信国内的基金从业者会不断推出各种类型的聪明贝塔产品，读者可以按照自己的个性去选择。

赌博、酒精饮料、烟草、嫖娼、毒品、武器都是罪恶的代表物，但这些罪恶的生意利润很高。加州雇员养老基金（CALPA）是美国最大的养老基金，资产规模有3750亿美元。在2001年基金董事会就禁止投资与“罪恶”沾边的公司。有一些基金公司专门设立基金用来投资所谓的“罪恶”股票。根据晨星资料库，投资“罪恶股”的ETF是一家叫作顾问股份公司的罪恶ETF。该ETF于2017年12月推出，仅投资于在美国上市的公司，其投资的公司至少50%的收入来自酒精、大麻或烟草。

但是数据并不支持“罪恶”的股票能够跑赢市场指数。自成立以来到2019年，该罪恶ETF累计上涨1.5%，而同期标准普尔500指数上涨9%，且该基金的资产规模只有1400万美元。其他“罪恶ETF”的表现也不好。

在2017年，荷银（Robeco）资产管理公司曾研究“罪恶”股票是否能够跑赢市场。研究结果表明，这些股票的表现不如传闻的预期。“罪恶”股票被认为能带来高额回报的原因可能是基于投资行为学的观点，即越少人关注的机会，获利的概率越高。因为有许多投资者刻意避开这些股票，所以股价被系统性地低估。但是驱动股价的聪明贝塔因子不仅是估值，还有价值、动量。

◇ 主题投资策略

接下来介绍一个非常有中国特色，而且经常被提及，但是没有被深入研究的聪明贝塔策略，叫作主题投资策略。A股市场的主题投资经常表现出色，是投资者取得超额收益的法宝。主题投资是集政府政策、产业变化、个别事件驱动以及市场风格偏好于一体的投资策略。政策主题、新兴产业主题、事件主题都可以发酵成某一个主题的投资机会。主题投资通常自上而下，先对宏观环境判断，挖掘核心驱动因素，一旦确定主题后，就要选择主题投资的目标，然后择时买卖。选择主题投资目标需要考虑主题的持续性和上涨空间，如果持续性短或上涨空间小，就不值得参与。同时，主题必须符合政策支持力度大、未来发展空间大、天花板高、顺应国家转型和产业发展的方向、令市场短期内无法证伪等条件。在此基础上，主题投资可以获得超过市场指数的超额收益。

互联网时代信息爆炸，信息传播效率大幅提高，朋友圈的互信度高，热点主题迅速被反映在标的股价之中，因此必须及早发掘热点，提前布局，才能获取较大的收益。主题投资的主题是对未来做前瞻性的假设，主题投资在指数上涨或震荡时表现最好，有借势而为的特性。但是在下跌市场中，主题投资就没有作用。图14–7 所示展现了主题投资的逻辑与结构。主题投资是通过分析实体经济中的结构性、周期性及制度性变动趋势，挖掘对经济面有大范围影响的潜在因素，从而对受益的行业和公司进行投资。主题投资不按照一般的行业划分选择股票，而是将驱动经济体长期发展趋势的某个因素作为主题，按照主题内容选择投资对象的地域、行业、板块或个股。

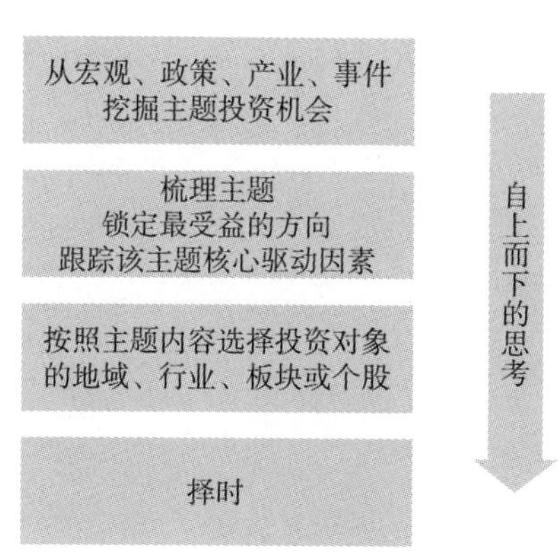

图14–7　主题投资策略的逻辑

主题热点也可以分门别类。大致可以分为宏观主题（如中美之争、人民币升贬值、逆全球化）、政策主题（如2025 工业政策主题、5G 主题、科技独立自主主题）、产业主题（如芯片主题、智能制造主题）和事件主题。宏观主题和政策主题为自上而下的大主题，范围跨越多行业，例如，“一带一路”主题涉及建材、机械、电力设备、有色、旅游、农业等行业；二胎放开主题则涉及奶粉、教育、玩具、医药等行业。产业主题的选择要关注行业的发展趋势，是否有技术突破、产业变迁以及新细分主题的涌现。有兴趣的读者可以选择一个自己熟悉的行业，多看国内外的专业刊物，经常参加重大展会或研讨会，可以挖掘新的行业主题，形成主题投资。事件驱动的主题在指数没有方向，胶着的时候可以作为考虑的一种投资方向。在证券市场的监管机关放松监管态度时，定增、股权激励、并购重组等事件驱动主题经常被使用。主题投资有明显的季节性。第一季度流动性较充裕，市场上行概率较大，主题投资胜率提高；第三季度有业绩等因素的催化作用较多；在年底进入冬季。个别主题投资有规律性，经常被拿来炒作，如环保、高送转等。在股指上涨时，可以积极参与主题投资。因为在牛市中要战胜股指，主题投资是比较可靠的策略。而当股指震荡不前时，投资人需要话题，打破胶着局面。大盘缺乏趋势，传统行业及板块不能吸引投资人资金，而主题投资点有结构吸引力。但是一旦股指下跌，保本是唯一的法则，此时便不要随便参与任何主题投资。

15 房地产

说起房地产投资，每个人都能眉飞色舞地说上几句话，因为每个人都有经验。国人进军海外房地产基本上与移民、孩子就学直接挂钩。但这些都是住宅投资的经验，而房地产业态除了住宅，还有办公楼、商业零售、工厂、仓储以及新型的数据基地。房地产投资策略更可以细分为四种，每一种投资策略的收益和风险都不一样。政策强调房子是用来住的，未来国内住宅投资的前景会是怎样？房地产投资有哪些技巧？以及房地产在家庭资产配置中扮演着怎样的角色？本章就这些读者关心的房地产话题一一进行说明。

第一节　房地产经济学

◇ 计算房地产的供给与需求

房地产价格的决定因素与任何东西都一样，都是供给与需求两个基本面要素。房地产的供给除了要知道有多少房子在市场上卖，更重要的是计算这些房子要卖多久的去化周期和长期供给这两个指标。想要衡量一个城市房地产的当前与未来的供求关系与去化时间，可以用该城市房地产的长期供给除以需求得到的值来作为依据。其中的房地产需求可以以当地过去三年的成交总面积的平均值作为基础，加上对未来居民收入和人口成长的预测，来计算未来1 ~3 年的动态需求面积。

结合供给对比需求，我们可以计算消化某类地产的供给需要多久。目前市面推出新房加上未出售新房的库存除以对未来年度的预期销售面积就可以得到去化周期。去化周期表示当前供求关系，去化周期越长，表示房子的供给远大于需求，风险越高，房价就无法上涨。除了计算当前的去化周期，我们还要考虑长期的供需关系。长期供需指标就是可以建筑的房屋面积加上现屋存货除以对未来三年预测的总销售面积，其中可以建筑的房屋面积可以通过土地面积乘以一定的容积率换算得到。从拿地到建好房屋上市，平均需要2 ~3 年，通过该指标我们可以对城市未来三年的供求关系进行预判。原则上，长期供需指标在1.0 以下表示未来可能供不应求，1.0 以上则表示可能供大于求。下面我用一个实际案例来说明如何计算供需情况。截至2019 年6 月，某市已取得预售证的商品房库存总面积为31.7 万平方米，2018—2019 年单月平均商品房销售面积为5.14 万平方米，库存去化周期约6 个月。2018 年新增土地供应量的建筑面积是74.9 万平方米，这批土地去化周期约14.6 个月。到2019 年6 月为止的新增土地供应量换算成建筑面积是127 万平方米，去化周期约为24.7 个月，因此，2018 年与2019 年新增土地的去化周期约为39 个月，加上库存面积去化周期的6 个月，共45 个月的消化周期。

◇ 判断房价走势的静态与动态分析框架

计算一个城市的千人竣工套数可以观测城市住宅供应的饱和度。在发达国家住宅饱和度最高约为每一千人有12 套，8 套以下饱和度较低，8 ~11 套为中等，11 套以上饱和度较大。这些是静态指标。必须参考代表未来需求增长要素才能判断。影响未来对房地产需求增长的要素有当地GDP增速、人均所得增长和人口增速。以上就是判断住宅价格趋势的基本面要素。

除了上述的静态基本面数据，全面地判断住宅投资机会框架需要结合宏观环境的基本面、政府的政策面和央行的金融面。宏观环境的基本面包含租金支出占收入比、购房支出占收入比、收入增长、人口增长、失业率、租金回报率、结婚人口以及家庭负债率。政府的政策面需要考虑持有的税负成本和买卖的交易成本。央行的金融面就是利率和银行的按揭贷款政策。

第二节　中国住宅房价简史

◇ 2008年开始房价上涨三波段

中国的房地产充分显现了中国特色。根据国家统计局的数据，2008年到2018年的10年间，我国房地产市场的二手房价格总共经历了三波上涨，累计涨幅达到38%。全国房价第一波上涨是从2009年2月至2011年8月，持续时间为30个月，累计涨幅达14%。随后9个月回落2.3%。第二波从2012年5月至2014年4月，持续23个月，累计涨幅为6.2%，之后一年间又回落5.3%。第三波是从2015年3月至2018年10月，持续44个月，涨幅为24%。第三波的上涨时间和涨幅远超前两波。

在第一、第二轮的上涨过程中，一线城市房价涨幅最突出，而中小城市房价整体涨幅不明显。而在第三轮，各线城市房价全面大涨。在2009—2015年的6年间，一线城市房价整体涨幅30%，二线城市上涨12%，三、四线城市上涨8%。在2014—2015年，绝大部分中小城市房价大幅下跌，抹平前几年的涨幅。在第三波时，中小城市的房价涨幅后来居上。2015年3月至2018年10月房价涨幅最大的城市是中山市，涨幅76%。紧随其后是东莞，上涨70%。昆山、廊坊、珠海、惠州、保定、佛山、嘉兴的房价涨幅均超过50%。

绝大部分中小城市的房价在2010—2015年几乎未涨的原因是供给扩张。随着城镇化的推进，城市人口增加，但城市的房地产面积增加得更快。在这段时间里，各地推进新城开发，增加商品房的供给。2006—2016年中国城市建成区面积累计增加61%，城市建设用地面积增加54%，但是城区人口只增加了21%，供给远远大于需求，极度不平衡。

◇ 政策针对四线以下小城市去库存

供给过剩、库存积压，在2014—2015年，各线城市房价下跌。既然供给过剩，为何大部分城市在2015年、2016年后又出现大涨呢？政府的政策是抵抗经济周期。面对房地产市场库存高企和房价的下跌压力，政府开始关注系统性的风险。万一房地产企业大面积倒闭，导致房价大跌，银行将是最大的受害者。因此针对三线以下的小城市，政府从2015年开始大幅提高棚改安置的货币化比例。货币化比例从原来的不到10%快速提高到50%以上。受到棚改货币化比例大幅提高的刺激，2015—2018年这3年，中小城市的房地产市场出现销售量快速提升、价格大涨的局面。去库存的效果非常明显，全国商品房待售面积下降到2014年的水平，住宅待售面积下降到2013年的水平。在第三轮上涨之前，全国房价是一线大城市偏高，后来变成二、三、四、五线城市房价全面偏高，房地产价格泡沫风险普遍到全国大小城市。

◇ 房价已经超出居民负担

全球大部分国家的房价相对收入比值在15倍以下。而中国绝大部分城市的房价相对收入比值超过15倍。也就是说城市居民完全不吃不喝，将全部收入存下来买房，至少需要15年时间。如果日常开销花去一半，就需要30年才能买房。各线城市的房价已经高到单独依靠夫妻双方的力量都买不起的地步，只能依靠加上双方父母，共6个钱包去支付买房的成本。

2008年冬季，全球在金融危机中瑟瑟发抖，中国采取“四万亿计划”的货币宽松政策。在那个时候，如果居民踩对房地产风口，就能让自己的财富上一个台阶。时过境迁，房地产在未来还是好的投资标的吗？我的看法是自住房随时都可以买，但买房投资就不是好的策略。国内住宅房地产的投资机遇期已经过去。2018年年底，中国城镇化率为60%。从全世界其他国家的发展经验来看，城镇化率达到60%是一个拐点。在城镇化率达到60%之后，基础设施建设基本完成，“铁公机”这些基础建设所占的比例开始逐年下降。同时，居民大规模购房导致居民债台高筑，需要等待居民收入逐年上升，慢慢降低债务负担。

不论是在国内还是国外，投资成果的好坏与政府的政策息息相关。在国内更是必须关注政府的政策，关注政府工作报告。2016年年底，中央经济工作会议首次提出“房子是用来住的，不是用来炒的”。2019年的经济工作会议中，再次强调经济房子是用来住的，并且强调不会再用刺激房地产带动经济的老手法。2020年第二季度的人民银行货币政策执行报告中，对房子是用来住的表述前面，加了“牢牢”两个字，可见政策的坚定性。因此在未来，投资房地产，在扣除各种税费后，住宅的投资收益率极有可能跟不上银行的理财收益率。

第三节　现阶段房地产投资价值分析

◇ 人口结构是房价的基本需求

过去中国的房地产价格上涨有两个主要的推动因素：经济增长和人口的红利。决定房价的基本面因素之一是人口结构的变化，但是中国的老龄化是众所周知的问题。过去，中国购房高峰的主力军是60后、70后、80后，未来购房的主力是90后与00后。然而90后与00后人数还不到60后、70后、80后的30%，人口结构明显进入老年化社会，新购屋的需求也会下降。随着65岁及以上的人口越来越多，00后的人会继承老人过世留下的房地产，更是降低了对房地产的需求。简言之，未来不动产市场的增长模式会从增量模式转变为存量模式。

◇ 房产税的必然性

截至2017年，中国人均居住面积为40平方米，其中农村为45平方米，城市是36平方米，在全世界名列第三。打压房地产政策唯一忌惮的是地方政府的财政收入。根据国家统计局数据，2019年全国公共财政收入19万亿元，财政支出23万亿元，缺口部分依赖卖地收入以及部分财政赤字。如果打压房地产，那么财政上少了几万亿元的卖地收入，全国大部分地方政府就要宣布财政破产。在2019年年初潘石屹说中国房地产价值450万亿元。我们不问这个数字怎么计算，为了计算起见，假设全国房产价值400万亿元，假设对一半的房产征收房产税，税率平均为1%～2%，那么就有2万亿～4万亿元的房产税收入，再加上少量的卖地收入，就能实现基本财政的平衡。

因此，以房产税来逐步替代卖地收入，逐步让地方财政摆脱对卖地的依赖。未来几年内，部分城市、地区的住宅房地产将会出现结构性的投资机遇。结构性机遇是指在某一个行业，大部分的业者都亏钱，只有一两家赚钱，这赚钱的一两家就叫作结构性的投资机遇。房地产的结构性投资机遇存在于国家的城市发展政策。在未来4 ~5 年内，房产税极有可能开始试运行，然后逐步扩大征收范围，最终房产税的征收范围应该覆盖城市至少50% 的房地产。

◇ 农村的宅基地政策

读者需要关注农村宅基地是否入市。经济日报2018 年7 月25 日的一篇文章指出农村宅基地约有3000 万亩。假设平均容积率按2 算，3000 万亩宅基地就可以盖600 亿平方米的住宅。政府若释放1000 万 ~ 2000 万亩土地，总共可以盖200 亿 ~ 400 亿平方米的住宅。按人均40 平方米计算，可以满足5 亿 ~ 10 亿的增量人口，在中国人口增长率下降的当今，这是不可能的人口增量。提升中国人均住宅面积到80 平方米是另外一种思路。1999 年中国人均住宅面积是8 平方米，1999—2017 年城镇化阶段，人均面积从8 平方米提升到40 平方米共花18 年。考虑到90 后、00 后人口数量远远少于60 后、70 后、80 后，因此从现在算起，人均住宅面积增长40 平方米需要比18 年更久的时间。

假如农村宅基地入市后，小产权房就可以转正。当地方政府财政收入从卖地转为房产税时，地方政府就可能有动力迅速让小产权房转正。如果全国几十亿平方米小产权房转正，供给增加，那对城市房价来说绝对是坏消息。当然以和谐社会为治国目标的前提下，政府不会让房价硬着陆。但是房产税的推出，小产权房转正、农村宅基地入市都可能会循序渐进地落地。未来房子供求关系彻底逆转的形势已经形成，供应远大于求的局面将延续几十年。

◇ 1 +N 的大城模式

未来城市规划政策要解决大城市对中小城市的虹吸效应，解决大城市的过度拥挤、资源过度使用的问题。读者可以关注卫星城市群的政策，捕捉结构性的投资机遇。大城市人口流入是相对确定的，对房价会有一定支撑。中小城市的人口流入需要配合很多的基础建设，维持中小城市的高房价要付出很高的社会成本。在上个上涨周期中去库存的政策刺激下，中小城市供给并没有减少。新开工住宅面积在2014—2015 年短期下滑后，连续3 年回升，2019 年再度回升到16 亿平方米。施工面积从2014 年的51 亿平方米一路攀升至2019 年的63 亿平方米。读者会发现统计数据的房地产的名义库存水平很低，这库存统计的是已经竣工而未销售出去的商品房面积，是新房的库存，是开发商的库存，不能代表整个房地产市场的供给状况。房子寿命普遍为几十年，官方统计的库存水平降低仅代表房子所有权从开发商转移居民手里，居民持有的库存是非常庞大的。

第四节　非住宅房地产的投资策略

将来房地产投资需要关注其他类型的房地产，按照底层投资的物业类型，可以分为住宅、商业地产、办公楼、酒店、仓储等。这些类型的房地产投资需要专业的知识，读者最好通过基金的方式参与。最新的物业形态是数据仓库，即建造数据仓库，能为企业储存大量的数据。读者在投资的时候需要理解这些基金赚钱的策略。不论底层资产是什么类型，不动产投资都基本分为核心型、核心增值型、增值型以及机会型四种策略。

◇ 核心型投资策略

核心型不动产投资策略是在核心城市的核心地段，收购并管理良好的物业。这个策略不存在开发风险，短期内不需要大装修，有稳定的现金流。这种类型的物业容易以房地产信托投资基金作为退出渠道。目前国内核心型的商业地产租金回报率低，流动性有限，变现难。物业的潜在价值与租金的现在价值之间存在比较大的差异，基本上没有提升价值的空间，只能靠经济增长带来资本增值。持有这类型的物业风险最低，收益率也低。没有杠杆的话，长期收益率在7% ~ 9%。因此，在国内外，保险公司和家族办公室是核心物业的主要投资者。

◇ 核心增值型投资策略

核心增值型的不动产投资策略是指在核心城市的核心地段，收购管理不善的物业，将之改造、管理成为良好的物业后，再高价出售的策略。这种策略没有开发风险，短期内也没有大装修的风险。基本上是原有的租户结构不良，可以通过调整租户结构提升租金，进而提升物业的价值。用精准定位的需求，接地气运营的手段深度挖掘资产价值，修正资产运营，恢复资产原来价值。特别是在经济下行时，通过精准定位提升价值，是较为稳健的策略。没有杠杆的资本回报率在9% ~ 12%。核心与核心增值这两类物业都比较容易用房地产信托投资基金的方式退出。操作核心增值性的策略需要有资产管理的经验，能够用好的管理模式提升物业的价值。

◇ 增值型投资策略

增值型的不动产投资策略是在一、二线城市，针对需要改善经营、翻修、再造的地产项目的投资策略。这个策略属于存量资产改造，对物业的增值依赖度较高，需要有硬件与软件的技能。还可能涵盖尚未完成开发周期或改造周期的物业，因此投资周期偏长，投资风险相对较高。好处是资产获取价格低，可以通过修复资本结构，完成物业建筑，改善运营内容，提升投资价值。这是最考验基金管理人资源与专业技术的投资策略。风险高，投资回报率也高，在12% ~ 16%。操作增值型策略需要投资团队有不动产的开发能力与资产管理的资源。

◇ 机会型投资策略

机会型的不动产投资策略风险最高，对物业区位没有特别要求。国际上机会型不动产投资策略是针对需要财务重整，没有管理、闲置、新开发，或需要被改造的物业的投资。投资的切入点是看项目本身是否存在特别增值机会，或价格被某一个问题压抑，而投资团队有能力解决这个问题。机会型投资策略最重要的成功要素是购买的成本要足够低，储存足够的风险垫。在国内机会型的地产经常是项目开发、烂尾楼收购、存量资产改造以及收购开发商资产包。机会型策略的基金管理人必须有不动产项目管理和资产管理的专业能力与资源，否则吃亏退场的例子比比皆是。因为需要的能力与风险最高，所以这类型的投资回报率也最高，超过16%。国外法律架构完善，机会性策略是一个风险低、收益高的投资策略。建议读者可以多关注海外机会型不动产投资策略的基金。

在国内做房地产的机会型投资策略，如果只是财务型投资，你能做的就是加强风控措施，以免做冤大头。项目仍然由开发商操盘和管理，财务投资的私募基金只能管控关注回款安全、项目开发商的信用、担保条件、项目现金流等节点。日常监管措施则通过委派董事、资金监管、定期报告、成本控制、开发节点去了解项目的进展。风控手段的安慰性质大过实际控制风险的作用。风险垫的关键是购买成本是否够低以及交易对手是否诚信。基于国内开发商的博弈心态，风险高过收益，我不建议读者投资在国内财务性的机会型不动产投资基金。过去三方财富管理公司推出这类型的产品，最后都以极低的收益率收场。在香港地区，机会型的策略可以包含多种类型，既有因公司投资策略改变、不良贷款抵押物的处置、家庭纠纷等原因必须处置的物业，也有用杠杆收购后，因为管理不良，现金流不足而必须快速求售的物业。最有价值增长空间的是拆旧屋，收地整合，取得较好的建筑条件后，再重建。

在日本，资产增值策略包含改善管理不良物业，将老物业装修、拉皮，甚至改变用途，重盖。

做机会型投资策略需要快速决策，形成价格谈判的优势。机会型策略的风险保护垫是用较高资本化率折现被收购的物业，得到较低的成本，进行收购标的物。在欧美、日本等国家，以及中国香港等地区，因为法律环境成熟，不动产市场透明，适合有专业能力的基金公司做机会型策略的不动产投资。

◇ 机会型策略的实际案例

接下来，介绍一家专注亚洲机会型物业投资基金的几个实际案例。2015 年这家基金在日本大阪收购了一栋乙级写字楼。这个写字楼因为无法偿还银行的贷款，被债主银行逼迫出售，基金公司利用非公开竞标的方式，以低于借款金额的13% 收购这个物业，总成本是4240 万美元。基金的股权投入金额是1710 万美元，其余款项以杠杆方式支付。收购成本远远低于该写字楼的市价。2015年3月，基金公司便马上整修、改装，提升写字楼的形象与出租条件。在2015年11月，基金公司将该写字楼出售给一个企业作为自用办公大楼，成交价格是成本的1.7倍。基金公司的持有时间只有9个月，内部年化收益率高达121%。

另一个案例发生在日本大阪，有一家贸易商在2010年盖了总部大楼，在地基桩中少打了一根桩。这家贸易商的老板决定不入住，并且要求出售。这家基金公司聘请结构专家评估，确认可以补救这个小缺陷，便决定购入这个物业。2016年3月，基金公司用贸易商的建筑成本买下写字楼，收购价低于当时市价约20%。在取得大楼之后，基金公司做了补强工程，并用高于周边的租金开始出租部分楼层，证明这个物业的租金潜力。在2016年9月，基金公司将这个大楼出售给日本的房地产信托，出售价格是收购成本的1.105倍。大楼总价成本是1亿4130万美元。基金公司使用杠杆，股权投入金额仅3074万美元，持有时间仅仅半年，内部年化收益率达481%。

前面两个案例是已经退出的投资，下面两个是尚未退出的投资实例。一个位于东京品川区楼龄7年的甲级写字楼，因为大楼的贷款即将到期，同时，一个占据约30%楼面的租客因为公司策略改变，于2016年3月退租，所以原业主急需出售该楼。2016年9月，基金公司以低于评估价17%的成本购入该大楼，接下来基金公司引进三个新租户，同时说服原有两个租户增加租赁50%的面积。出租率从收购之际的61%，提升到2017年年底的84%。当出租率稳定在90%以上时，基金公司的退出策略是出售给日本本地的投资人或海外的投资人，包含房地产信托基金。基金公司预估这个投资在3年左右可以退出，内部收益率将会有26%。另一个案例在日本大阪，三个业主共同拥有的一个二级写字楼，因为过度地使用杠杆，被贷款银行逼着还款。基金公司在2016年12月用1 亿340 万美元买入该大楼，价格低于评估价16%。基金投入的股权约3700 万美元，其余用杠杆资金支付。收购后，基金公司改造大堂、公共区域以及地下室，大堂引进西雅图咖啡连锁店提升形象。因此，得以提升10% 的租金，并增加10% 的出租面积。基金预期可以卖给日本的本地投资人、海外投资人、房地产信托基金等，预期内部收益率为25%。

总结而言，机会型不动产的投资策略就是通过特殊信息渠道，用非公开拍卖的渠道，买到比市价便宜的物业。投后可以通过包括重建、改装、改造、替换租户等方式提升租金提升价值。在四个不动产的投资策略中，机会型投资策略因为存在价值发现的一环，是全天候策略，不受经济景气与否的影响。推荐读者可以多多关注欧美、日等国家以及中国香港等地区运用机会型投资策略的不动产基金。

第五节　房地产投资跨越周期的案例

接下来，我们用黑石公司的案例来介绍房地产投资跨越经济周期的过程与实现资产增值的举措。黑石是全球资产管理业界的标杆公司，倡导与时间做朋友的长期投资理念。黑石有四大业务，分别是PE 基金、房地产基金、直接贷款的信贷基金以及对冲基金。2019 年这四类业务的资产管理规模分别为977 亿美元、1282 亿美元、1064 亿美元和765 亿美元。上述四个业务类型中，房地产业务资产管理规模最大，占比31%；私募股权投资和直接贷款的资产管理规模占比分别为24% 和26%；对冲基金规模最小，占比19%。房地产基金是黑石最赚钱的业务，不动产业务收入中，管理费收入占比约1/3，其余是绩效分成，黑石的投资人赚钱，黑石跟着赚钱。

黑石的房地产投资策略是增值型的策略，买入价格低于市价的物业资产，通过财务杠杆以及其他资产增值的手段，将标的价格修复，再择机用最高价格的方式退出。2007 年，黑石集团用260 亿美元通过杠杆交易收购希尔顿酒店集团。黑石集团的杠杆收购策略由60 亿美元自有资金和200 亿美元贷款组成。收购后不久，全球金融危机爆发，全球经济萧条，酒店业一蹶不振。作为不动产基金的管理人，黑石立刻将希尔顿酒店集团的价值减值60 亿美元，以反映市况。

之后，黑石开始大拯救计划，整顿希尔顿管理团队，并聘请克里斯·纳塞塔担任希尔顿酒店集团的CEO，大刀阔斧革新。将总部由昂贵的加州比弗利山庄迁往便宜的弗吉尼亚州，更换高层管理人员，大幅削减运营成本。同时，黑石采用希尔顿特许经营策略，用极少的投资甚至不用任何资金投入，就让希尔顿品牌的酒店在全球遍地开花。2013 年12 月，希尔顿以每股20 美元在纽约证券交易所上市，筹资23 亿美元，是当时酒店行业规模最大的IPO。上市为黑石的不动产基金带来85 亿美元的账面利润。从2014 年起，黑石分12 次交易逐步退出希尔顿的投资。2017 年用65 亿美元将25% 的希尔顿股权出售给海航集团。2018 年5 月18 日，希尔顿酒店管理层回购1250 万股。至此黑石所持希尔顿股票完全退出，实现140 亿美元利润，是初始投资的三倍多。买入、修复、投资后增值、退出的投资策略就是不动产机会型增值的投资策略本色，在黑石集团完全得到体现。黑石集团的不动产投资也体现了长期投资赚取时间的利益，从2007 年买进，历经金融海啸，到2018 年完全退出，历时12 年。图15–1 所示是美国各类不动产的收益率，除了工业物业，其他类型的不动产总收益率都在下降。价值型策略先是买得便宜，买后再改善物业的经营现金流，最后用更好的价格出售，这是投资不动产的最佳策略，可以跨经济周期获利。

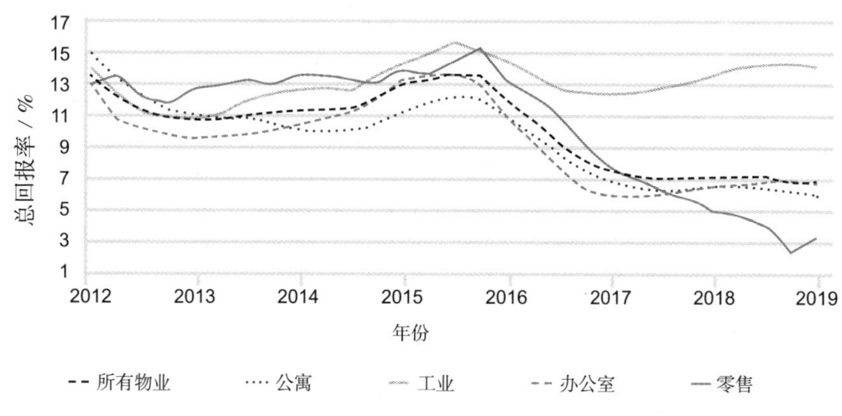

图15-1 美国各类不动产收益率

数据来源：Stepstone Real Estate 基金募集材料

第六节　资产配置中对不动产配置的建议

可能会有读者指出介绍不动产的投资策略中，比较多的篇幅是在说明住宅投资。原因是，在读者自己能做的直接投资中大部分是住宅的投资。但是国内的住宅投资最赚钱的时代已经过去。在未来10年，除了自住，我不建议读者放过多的配置在国内的住宅不动产资产。拥有一套自住的住宅已经足够，最多再拥有一套作为出租，不要配置过多的不动产。因为实物的住宅不动产需要精力去打理，而出租住宅不动产，往往会致使自己成为租客的“仆人”。2019年的一线城市住宅不动产的租金回报率不足2%，还不如银行的理财产品收益率。住宅投资不适合再作为资产配置的重要角色，我建议读者投资基金去参与住宅之外的其他不动产类型的机会。办公室、商业、仓储等需要专业性强的不动产类型是未来读者做资产配置中房地产的配置方向。在这些类型的房地产投资，我给读者的建议是通过有专业经验的基金配置这类的资产。基金化的不动产投资已经是将不动产金融产品化，不仅省去照顾精力，享受专家的技能，还有分散化的效果。如果是家族办公室，因为可以聘请专业人员打理，实物不动产可以占有整体资产的1/3 至1/2。

再看海外，目前海外投资环境对住宅投资越来越不友善，但是住宅以外的物业，还是存在投资机会。我建议读者通过基金的方式参与住宅之外的不动产投资机会。在四个不动产投资策略中，我推荐海外的机会型投资策略。

16 保险

一般人讲到资产配置，会考虑包含不动产、股票、债券、PE基金、银行理财和过去的非标类固收产品。很少人会把保险也考虑为家庭资产配置的一环。虽然不可能靠买保险发财，但是没有保险，你的生活品质有可能会被改变。本章说明了如何把保险作为家庭资产配置的一环，也用实际案例给读者分析了不同保险的区别。最后介绍传承的工具与优劣的比较。

第一节 人性与保险

◇ 家庭资产的配置

家庭或个人资产配置的核心理念是需要与时间做朋友。作为核心配置组合的资产，有很高的概率实现这些资产的预期收益率，但缺点是这些核心组合的资产没有流动性。读者在安排个人或家庭的资产配置时，需要有全局安排，一定要安排好紧急流动性资金的来源。紧急流动性是防御性策略，用最小的成本达到目的就可以。图16–1所示将个人或家庭的财富区分为买菜钱（日常开销）、救命钱（应急钱）、镇舱钱

（核心组合）与小兵立大功（卫星组合）这四种类型。

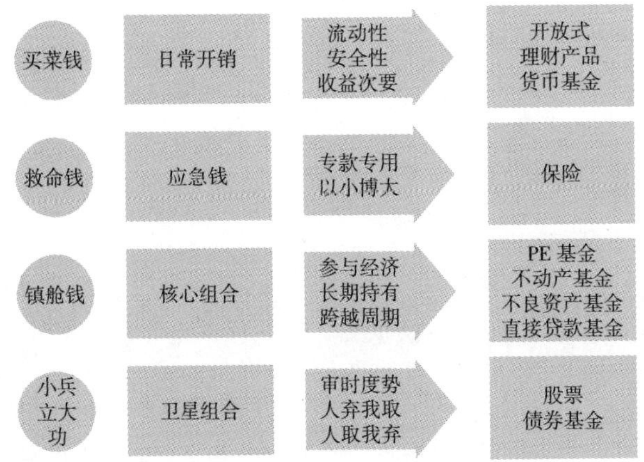

图16-1 家庭资产配置的概念

买菜钱是指日常开销的钱，通常以一年的时间进行规划。这些钱需要有流动性。目前银行理财产品中，风险等级中等、开放式的理财产品是最佳的选择，也可以考虑公募基金公司的货币市场基金，例如，余额宝就属于货币市场基金的一种。救命钱是家庭的风险准备金，也是个人或家人发生意外临时需要应急的金钱。在这方面，保险是最佳的风险转嫁工具，也是最方便的应急工具。保险可分为费用险与储蓄险两种，保险的保额除以交付保险金的比例，叫作保险杠杆。费用型的保险，杠杆倍数比较合算。

和金融市场的黑天鹅事件一样，人们无法事先预测有些风险的发生，也无法提前做好准备。当风险发生的时候，如果没有准备好应急措施，不仅会影响资产的投资收益率，还会侵蚀到资产本金，更有甚者会影响家庭生计。在金融市场投资，面对风险，要事先做对冲，而在个人或家族投资中，面对未知风险，对冲的手段就是买保险。

保险是面对这种风险的一种保障，一方面是家庭风险管理的一环，另一方面也可以作为资产的一类，作为传承的工具。保险的保障对象分为人和财产。财产保障范围包含动产和不动产。其中财产险是消费险，过了保障期间，所交的保费不能拿回来，跟消费一样用掉了。后文主要要谈的是以人身为保障对象的人身寿险在家庭资产配置中的角色。

◇ 从生到死离不开保障需求

人的一生从出生到死亡，会面临各种问题。活着的时候，担心生病、受伤。除了看病花钱，也要准备生病期间没有收入时，给家人的生活支出。老的时候，要有足够的养老钱。过世以后，还怕没有足够的资产留给家人，怕家人争夺资产，伤和气。而保险可以解决这些担忧。针对生、病、残、老、死这五种人生的状况，都有不同的保险保障这五种风险。

第二节 利己与利他的保险

◇ 自己受益的保险

保障个人健康的保险有疾病保险、医疗保险、失能收入损失保险和护理保险。其中，疾病保险是当保险合同约定的疾病发生时，保险公司付保险金给被保险人的保险。被保险人如果得了保险合约规定的疾病，只需要提供医生的确诊证明、医院检查报告就可以，不需要提供医药费清单、发票之类单据，甚至看不看病都无所谓。只要保险公司确认后，即使在被保险人看病之前，保险公司也会按照合同规定的保险额度直接赔钱。保险公司只负责给钱，不会管这笔钱是去看病、买药，还是做其他事情。

医疗保险是补偿被保险人在接受诊疗期间的医疗费用支出的保险，例如，出车祸去医院处理伤口、做手术；因为感冒去看门诊、买药等。理赔程序是被保险人持有医疗保险保单，先自己掏腰包看病治疗，再拿着病历、医疗费用收据、明细清单等材料找保险公司报销，花多少报多少，最多不超过保险合同规定的最高额度。和社保医疗保险的报销一样，医疗险的保障时间通常都比较短，以一年时间为主，主要原因是医疗费用年年上涨，保险公司无法把握未来的理赔情况。而高端医疗保险保额高，附带医生预约服务，医疗费用直接由保险公司和医院结算，就医医院范围可能涵盖全世界顶级医院。

与医疗保险不同，疾病保险是保障符合保单中保险条款所涵盖的疾病，并且是买多少保障，就赔多少。即使在三家公司分别投保疾病险，一旦确诊保险条款所列的疾病时，就可以同时拿到三家保险公司的理赔保额。疾病保险中最普遍的就是重大疾病保险。由中国医师学会和银保监会联合统一制定重大疾病的范围，定期更新。疾病保险保障的时间长且保证续保，在保单有效期间保险费率固定，但价格相对贵。因此，读者最好组合购买医疗保险和疾病保险，生小病用医疗保险支付医疗费用，大病时还可以用重疾险的保险金支付护理费用、购买营养品以及弥补因为看病导致的收入损失。

“活得太久”是现代人的风险，“养儿防老”已经不合时宜，养老金保险是应对太长寿风险的产品。养老金保险是从退休后开始领取，领20年或直到去世为止，是退休后部分的经济来源，可以保持退休后一定的生活品质需求。养老金需本人领取，通常是60岁或65岁开始领取。

◇ 别人受益的保险

医疗险与疾病险是被保人在世时对被保险人的保障。而当被保险人过世，作为受益人的家人得到保险公司赔付的保险金的保险是寿险。寿险分为定期寿险与终身寿险。定期寿险是保障在约定期间内被保险人身故的赔偿。保单上保额就是赔偿金额，保额相对所支付的保险费比例，叫作保险杠杆，定期寿险的杠杆比较高。终身寿险是终身保障被保险人的身故事件，保障时间长，当然保费也高，杠杆就比较低。终身寿险可以作为资产传承、避债、规避遗产税的一种工具。图16–2 所示说明了各种人身保险的特性。

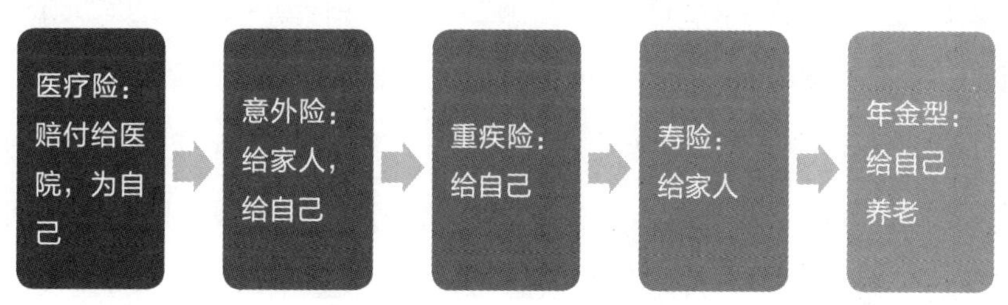

图16–2　各种人身保险的特性

第三节　购买保险不同面向下的原则

◇ 购买保险的五要素

在购买保险时有五个考虑要素。第一，先保障主要家庭收入的劳动者，再保障小孩，最后保障配偶。第二，保障重大疾病的开支，再保障主劳动者的生命，行有余力，才买储蓄险。第三，保费支出不超过可支配收入的20%。计算可支配收入时要扣除自住物业的按揭贷款。如果是超净值人士，保险金额在总资产中的占比不要超过40%。第四，疾病险、残障保险的保额以无法工作的年数来计算，大约为年收入的5 倍。保额越高保费也越高，需要平衡保额与保费，量力而行。第五，寿险的保额也是用年收入的倍数计算。可以根据孩子到成年的年数，或是配偶可能存活的年数作为考虑的基础，再平衡保额与保费，通常是用一个10年的年收入作为计算的基数。另外，关于储蓄险，如果读者会理财，就不需要买储蓄险；如果读者自我约束力不强，我建议还是买储蓄险，强迫储蓄。

◇ 依照你的责任选择保险

每个人在不同的人生年龄段，扮演的角色不同，肩负的责任和风险也不一样，配置保险的侧重点也随之不同。对于0 ~18 岁的家庭成员而言，孩子生性活泼，发生意外是难免之事。医疗保险是基础性保障，意外险就是保平安，保障年幼成员的安全。购买保20 年或30 年的消费型重疾险，保障到孩子成人独立为止。等到孩子成人，再补充终身型重疾险。如果家庭有余力，再买一份医疗险，补充医保、重疾险的不足。如果经济条件允许，可以选择高保额、高免赔额的医疗险。

对20 ~30 岁的家庭成员来说，买保险的目的是不给别人造成负担。每个年龄阶段都需要意外险，在这个年龄段，准备买房成家，开始有经济压力，消费型重疾险就是不给其他人造成负担的避险工具。保额适中就可以，保费不高。因为还要赡养父母，可以购买以自己为被保人的定期寿险，因为年轻，保费低，杠杆率高，非常划算。

30 ~40 岁的个人往往已经成家立业，这个阶段的保险目标是保障家庭经济，提高家庭财务抗风险能力。意外险是每阶段的必配险种，在这个阶段的意外险保额不能太低。这个年龄段的健康情况还好，终身型重疾险的保费不会太高。如果交30 年，能在退休前后交完。可以买定期寿险，纯保障型，杠杆高，风险是转移到保险公司。人们在这个阶段的收入会逐渐增加，可以买高免赔额、高保额的医疗险。

40 岁以后就需要开始为自己着想，为退休以后规划，高保额意外险是必备险种，可以在不同公司多买几份，重点关注意外身故与伤残险种，要及时续保，因为这个年龄段是买到重疾险的最后机会。能力许可的话，可以买终身型，或长期缴费消费型重疾险。如果收入不高，就购买定期寿险，纯保障。如果收入丰厚，就购买终身寿险，兼顾资产传承的考虑。医疗险在任何阶段，永远是必备险种。人们在这个阶段一定要规划养老，购买养老保险。

◇ 买保险应该看什么要素

购买保险怎么选择保险公司才合适？第一，上市的保险公司是首选，因为有一定的信誉保证。第二，看保险公司的股东背景，鱼龙混杂的股东，将来保险公司出事的概率比较高。可以问问了解这一行业的朋友，做一下平民尽职调查。第三，选择产品，读者一定要不厌其烦地仔细看产品的保障范围，因为将来最容易出现纠纷的就是保险合同上注明的保障范围。第四，在上述的几个考虑要素都满足后，买保险最紧要的是要看服务。服务的内容有理赔速度、客户的投诉率，以及投诉处理的速度。买保险可以比较的项目包括理赔方便性、看病方便性、保障疾病范围的宽窄、免责范围的宽窄、最高投保年龄以及争议解决的方式等。有人会问是不是要比较价格？一般而言，不同保险公司的人身保险内容不会完全一样，因此价格无从比较。

第四节　保险产品案例说明

本节用几个实际的案例说明不同保险的特性。

◇ 年金保险案例

我们先看国内某家保险公司的年金保险产品，投保年龄段为出生后28 天至65 周岁，保障到被保人88 周岁为止。交费方式有三种，分别为3 年交、5 年交及10 年交。收回所交保费的方式非常复杂，分为特别生存保险金、生存保险金、幸福保险金、大学教育金、祝寿保险金、满期保险金以及身故保险金。具体的给付如下：第5 个保单周年日起，被保险人每年可领取20% 已交保费的特别生存金；第20 个保单周年日，再领取100% 基本保额作为幸福金；18 至21 周岁，每年额外领取30% 基本保险金额的大学教育金；65 周岁之后每年可领取30% 基本保险金额的生存金，一直领到88 周岁满期或身故。88 周岁领回已交保费，如果死亡，则领取保险金额。

假设父母为刚出生的男性宝宝投保，选择10 年交费，保险金额1.2 万元，每年交费15986.4 元。10 年共计保费159864 元。第5 个保单周年日，被保险人领取特别生存金15986.4 元。自第6 个保单周年起，被保险人每年可领取生存金3600 元，直至88 周岁。第20 个保单周年日，被保险人领取幸福金1.2 万元。18 至21 周岁，每年额外获得3600 元大学教育金。65 周岁后，被保险人每年额外领取3600 元。88 周岁满期后，领取已交保费159864 元。从投保到88 周岁，被保险人总计领取58 万元。

如果被保险人活得够久，到88 岁，这款养老险每年复利计算的投资报酬率是3.04%。如果没有活到88 岁，回报率就低于3.04%。这款保险的保险杠杆是倒挂的。例如，第一年死亡，交了近1.6 万元的保费，但只获得赔偿1.2 万元。从投资的角度，5 年期的居民国债的利率在3%~5%，3.04% 的收益率应该是没有吸引力。唯一的好处是保险强迫储蓄，并保证回报率，而且每年给付现金，不用担心到时万一智力出了问题，无法打理钱财的风险。保险不会让投资人发财，但是能给生活品质提供一定程度的保障。

2019 年6 月，一群来自中国内地的人士在香港铜锣湾拉横幅，因为买的保险亏光了，不仅账户里的钱没了，还倒欠了保险公司账户管理费。

这些人买的保险就是投资连结保险。投资连结保险“是基金投资＋极微小的保障”的产品。在传统寿险、分红险、万能险、投资连结险这四类保险中，保险公司唯一不保证投资连结保险的本金与收益，而由投保人承担全部风险。中国内地保险公司推出的投资连结险都是挂钩内地的股市和债券市场，而且大多是保险公司内部自己操作，少部分是连结内地公募的基金，或是私募基金公司的基金。由于内地监管机构对基金和保险公司的投资监管严格，因此投资连结险的风险大概等于直接投资股市、债市的风险。

内地人士到香港购买的保险，大部分是“储蓄型＋保障型”的分红险。分红险是保险公司承担本金与最低收益风险。保户的最大风险是收益达不到预期，没有损失本金的风险。这次被拉白条的产品不是分红险，不是万能险，而是安盛105 的投资连结险，所连结的投资产品是私募基金平台的基金。在香港销售投连险，对销售人员的资格要求非常严格，销售人员个人需要持牌第五号的牌照。在内地销售境外保险产品的公司，都是第三方机构，销售人员打着财富管理的口号，没有任何政府机构颁发的证照，用高收益率吸引投资人，把保户带去香港的保险经纪公司签单。财富管理公司通常把佣金最高的产品卖给客户，容易造成销售误导。

该产品就是安盛的一款105 投连险产品——Evolution，这个平台有上千只基金可以让投资者选择。其中有一款基金叫香港投资基金（简称HKIF），于2018 年年中产品净值一夜之间暴跌95%，净值缩水到接近为0，继续扣除账户建档费、管理费等费用后，保单的净值自然变为负数。

Evolution 到底是什么样的平台，怎么会闯出这么大的祸？从产品看，Evolution 是一种没有保证的投资连结的寿险产品。从销售的方式看，这个产品由独立保险经纪分销，销售对象是专业投资者，通过Evolution的平台可以配置超过1000 种的基金产品。从实际操作看，Evolution 不像传统的保单，更类似在银行或券商开设投资账户，投资人一旦开通了Evolution 账户，就可以通过安盛购买全球范围内的任何资产，包括黄金、股票、债券、基金，甚至房地产。Evolution 的账户甚至比券商、银行的投资户头更灵活。通常我们在银行或其他金融机构做投资，需要按照资产类别分别开具不同的账户，而Evolution 这个产品只要开设一个账户，就可以投资所有资产类别的投资产品，极其灵活。Evolution 产品的唯一寿险功能是当投保人身故后，Evolution 中的所有资产都将直接赔付给受益人，且不用交付遗产税，有财富转移，避开遗产税的功能。因此对高净值人群来说，这个保险产品是实现财产传承的重要工具。

既然是这么便利又这么好的传承工具，为什么投保人会去拉横条抗议呢？到底安盛保险是否要负责任，就要看安盛保险公司是否做好了产品、销售以及投保人资格的把关动作。安盛对进入Evolution 平台投资产品的尽职调查是否失责？在销售这款产品时是否充分说明这款产品的投资风险？在接受投保人时是否对投资人进行足够的专业投资者和相关风险测试？如果安盛保险公司存在程序与管理失责，存在默许、纵容问题基金与保险经纪的行为的话，那么安盛就极有可能要负担赔偿责任。

从投保人角度看问题出在哪里？产品在安盛平台上销售，安盛是国际大公司，品牌没有问题。在香港销售这类投资连结的保险产品的人员需要持有第5 号的执照。内地的代销三方理财机构的业务人员应该都没有任何证照。内地第三方财富管理销售人员销售境外保险产品的佣金返还比例非常高，约30% ~40%，销售伎俩是用高收益率吸引投资人眼球，不谈风险。投保人听到投资收益率高，脑子一热，忽略了投资的风险。因此，在这个案例中，安盛、内地的代销机构与投保人都有一定的责任。再次提醒读者：保险公司不保证投资连结险的本金与收益，销售保险的业务人员需要持有银保监会颁发的证照，投资要先看风险，天下没有白吃的午餐。

◇ 海外万能寿险的案例

读者可能也会碰见海外的保单。本节用新加坡的保单给读者说明判断的要点。指数型万能寿险（indexed universal life, IUL）每个月公布收益率，是美元大额保单，终身寿险，可以做家庭保障、储蓄投资和财富传承的保单。投资部分是连接美国标普500 指数和香港的恒生指数。跟一般投资连结险不一样的是，保险公司保证投资收益率不低于0；从第11 年起，还可以提取不超过保额5% 的现金价值，无手续费，而且不降低保额。

新加坡指数型万能寿险在投资部分的安排如下：首先将30% 的保费投资债券，保证有2% 的利息；再将剩余70% 的保费挂钩股票指数，同时，保险公司保证收益率不低于0；在指数账户中，60% 挂钩美股标普500 指数，40% 挂钩港股恒生指数；在保单有效期间，投保人每年可享受的挂钩股票指数上涨获益有上限，美股标普500 指数上涨的收益上限为8%，港股恒生指数收益率上限是9.5%。最后，保险公司保证，不管美股、港股的指数表现如何，最低退保现金价值为102%。投资部分可以参与指数的增长，保险公司还保证不让你亏钱。除此之外，保险缴费可趸交，也可期交。期交的时候，还可申请暂停交保费，不影响保单的效力。第11 年后，可以提取不超过5% 的现金价值，无手续费也不减保额，具有少许的流动性。而且对于吸烟人士，有吸烟退出激励机制，前3 年按非吸烟体收取保费，2 年后若已经戒烟，则非吸烟的费率继续。若没有戒烟，保费上升到吸烟体的费率。将来不可加保额，可以减保额，但保额不可低于50 万美金。中国大陆居民与新加坡居民享受同等费率待遇。疾病保障范围是身故和末期重疾绝症。这个保险有保额上限的限制，保额是总资产的30%，加上年收入的倍数。年收入倍数的计算是75岁减去现在的年龄（最大不超过35倍）。

现在我们分拆这个保单的元素。投资部分，保险公司保证投保人不亏钱，但是也限制了投保人的赚钱空间。这是让投资人卖出了看涨的期权，但给投保人看跌的期权。看跌期权的参考指数点位是投保人进场那个时候的标普500和恒生指数的点位，这个看跌期权只有一个。为了拿到这个看跌期权，投保人同意放弃每一年的超额收益率，也就是每一年都要你卖出一个看多的期权。一个看空的期权换取无数个看多的期权，从投资的角度看，投保人应该是被占便宜了。

我们再来看保险的成分，这是长期的定期寿险加上重大疾病险。身故的话，可以传承。到期时，取回保额，有强迫储蓄的功能。疾病险范围是末期绝症，基本上与死亡一样，只是提前给付。保额可以做到总资产的35%加上到75岁的年收入的倍数，是传承的工具。保险不会让投资人发财，但能够把投资人的部分资产隔离、规避债务税务风险，将财产安全地传承给下一代。

◇ 疾病险让生活不会被改变的案例

现如今，一般的白领阶层已经被房贷、车贷、孩子的教育费用压得喘不过气，家里不会有太多的存款。万一发生家族成员突患重疾的紧急事件，生活品质一定会被改变，而疾病险则能避免这个风险。例如，有一个儿子为71岁的爸爸投保某保险公司的老年恶性肿瘤保险。这种疾病险的投保年龄上限是80岁，有三高、糖尿病者仍然可以投保，同时提供重大疾病就医的绿色通道，代约专家医生，安排住院。子女孝顺父母最常见的方式是给钱，但现在更体贴的孝顺方式是为父母买一份重疾保险，这对子女，对父母都有好处。投保半年后，该父亲查出患有肺癌，肺癌是中国发病率和死亡率最高的癌症。住院治疗各类费用加起来花了45 万，社保报销8 万元，本来应由儿子支付的37 万元，现在由保险公司代付。

◇ 复制投资连结险

传统寿险、分红保险、万能险这三类保险产品是保障投保人在发生意外时，生活品质不会降低，投资部分的收益率都不会超过银行的理财产品。因此，靠保险不会发财，要发财就要学好投资知识，靠投资赚取合理的收益率。投资连结险是一种基金投资加上非常少的保险成分的险种。从成本费用的角度，这是不划算的产品，本金与收益都没有保险公司的保证。读者可以自己简单复制投资连结险的产品，保障部分就购买费用型的保障险种，然后自己选择几种基金，有方法地执行投资策略。这样复制的手法一样有保障的功能，同时投资基金的费用远远低于购买保险公司的投资连结险。

◇ 境外保险赔偿保险金能否换汇

境内个人因到境外旅行、进行商务活动以及留学等购买的健康保险和意外伤害保险，属于服务贸易类交易，符合外汇管理政策。万一出事，保险公司理赔的保险金即使是外币，也可以换成人民币。而个人到境外购买人寿保险和投资返还分红保险，属于金融和资本交易，目前尚未开放。到期拿到的保险金无法换成人民币，只能用每人每年5 万美元的额度结汇，慢慢结汇。重疾险若有分红的成分属于金融与资本项下，受到每人每年5 万美元的限制。

第五节　传承工具

如果你什么传承的事情都没有做，一旦过世，你的遗产就会按照法定继承做分配。这种没有规划的传承可能会导致家庭出现电视剧里常见的家族纠纷。下文将简单介绍遗嘱、寿险以及信托这三种传承工具。

◇ 遗嘱传承

遗嘱是订立遗嘱的个人生前按照法律的相关规定对其所拥有的财产做出的个人处分决定，并在遗嘱人死亡后立即发生法律效力的文件。生前遗嘱都是书面形式，遗产范围明确，财产分配根据立遗嘱的个人意愿执行。但是遗嘱也有不完美的地方：首先，遗嘱极易出现纠纷，导致亲属间的猜疑，对簿公堂后，就无法保障遗嘱设立人和继承人的个人隐私；其次，遗嘱极有可能无法按照遗嘱设立人的意愿完成传承；最后，遗嘱完全没有税负规划与债务隔离的功能。

◇ 寿险的传承功能

寿险的大额保单是投保人向保险公司订立保险合约，并支付保费，当被保险人死亡、伤残、疾病或者达到合同约定的年龄、期限等条件时，保险公司承担给付保险金的契约。大额保单具有私密性，还可以隔离遗产税。大额保单在被保人在世时可以质押，提供一定的流动性资金。但是大额保单缺乏灵活性，没有定制化功能，同时，保险用现金支付，无法对子女的行为进行约束，也无法传承给尚未出生的后代。

◇ 信托传承

家族信托是指信托公司接受个人或家庭的委托，以家庭财富的保护、传承和管理为主要信托目的，提供财产规划、风险隔离、资产配置、子女教育、家族治理、公益慈善事业等定制化事务管理和金融服务的信托业务。家族信托具有灵活性，可以根据委托人的需求量身定制，家族财富和家族精神能够按照委托人的意愿传承下去。家族信托可以保障子女教育和生活，防止财产继承纠纷，隔离债务，隔离自己或是子女的婚前财产，规划子女花费，有序规划税务。

◇ 遗嘱与信托传承的优劣比较

遗嘱，也被称作遗赠，优点是各种财产都可以涵盖，表面上完全体现自己意志。但是缺点是遗嘱容易被伪造，同时被扣除债务与税款后的剩余才能传承。再者公证遗嘱要全体有继承权的人同意，程序烦琐。信托作为传承的优点是财富可以安全地被隔离，同时财富可以通过受托人的打理达到保值增值的效果。信托可以约束后代挥霍，体现委托人真实意愿，给付形式灵活多样。信托作为传承的缺点是国内还处于起步阶段，相关法律和配套体系有待完善。家族信托的成立、运营、管理成本较高，不是一般家庭可以承担的。用信托来传承资产限于货币财产，如果将不动产放进信托，需要注入足够现金资产，用作维持费用。

◇ 保险与信托传承的优劣比较

关于投资门槛，家族信托因为费用大、门槛高，只适合财产达到一定水平的家庭。而保险没有设立最低金额，也没有任何维护成本，适合普通群众。

关于流动性，家族信托控制人是信托公司，和委托人完全隔离，完全按照信托条款执行，信托资产未来现金流取决于资产运作结果，没有信托条款以外的流动性，而保险作为传承的工具本金与收益率确定，现金流有保障。此外，投保人也可以将大额保单抵押套现。

关于合同灵活性，信托在债务隔离、安全性以及保密性方面优于大额保单。保险是标准化合约，不能定制，也不能在投保人、被保险人和受益人上做文章。在被保险人和受益人方面，人寿保险的被保险人年龄上限通常是65岁，且受益人必须明确具体，否则无法支付保险受益金作为遗产分配。想要隔代跨越传承财富，以及继承人尚未出生时，大额保单就无法满足传承的功能。而信托无论是自然人或者机构都可以作为受益人，甚至未出生的人也可以作为受益人。在合同条款方面，大额保单需现金购买，在被保险人死亡时以现金方式赔付，无法约束子女后辈等受益人的任意挥霍。而信托条款由委托人和受托人商讨，合法合规就可以，灵活性高。现金、车、房、首饰，甚至宠物，理论上都可以装入家族信托的信托资产，在操作上一案一议。另外，大额保单信托给付的时间、条件、用途可灵活设定，例如，每年领取生活费，考上学校多领取，子女违法犯罪可以剥夺受益权，这些特意的设定都可以写进信托的条款里面。

◇ 保险信托结合保险与信托的优点

保险信托就是保险公司作为保险人与投保人先签订保险合同，投保人作为信托委托人再与信托公司签订信托合同，变更信托公司成为保险合同的受益人，被保险人身故后，保险金直接给付至信托公司，信托公司按照信托合同的约定再给付到信托受益人，具体操作如图16-3所示。

委托人
（投保人）
保费给付
保险公司
保险赔偿金给付
其他资产
信托财产
变更受益人为信托
计划
保险受益人
（X% 给付给信托）
保险受益人
Y% 给付受益人
三方投资顾问契约
受托人
（监督）
（财产托管）
（银行）
（信托公司）
依据信托目的设立信托计划
依照信托目的
给付受益人
投资操作建议
交易
组合设立
本金到期
定期生活费重
大开支
投资顾问
投资组合
受益人

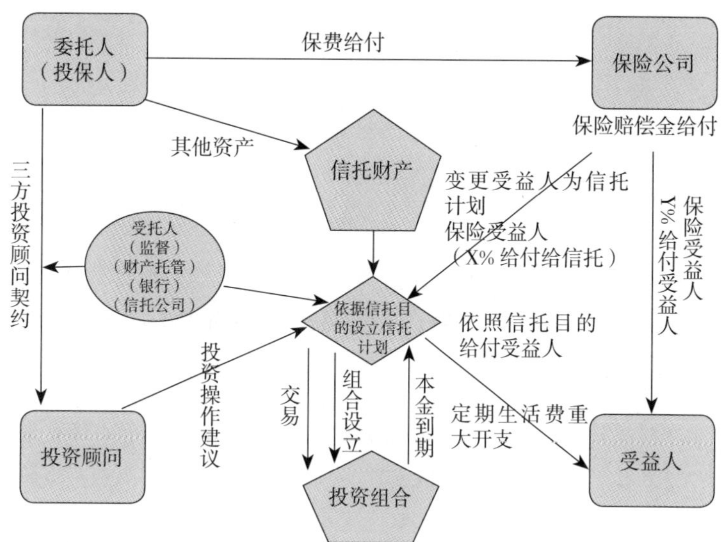

图16-3　保险信托概念

17 资产配置的逻辑

本章是关于资产配置的总结，首先介绍人生现金流的意义与计算方法。接着以经济周期为串联线，将不同的资产配置串联起来，把前面一招一式的“功夫”串联成可以应对各种场合的“武功”。最后阐述个人或家庭资产配置的完整步骤。如果把前面各章比作珍珠，那么本章是将一粒一粒的珍珠串联起来的线。

第一节　人生的现金流

◇ 个人家庭财富管理需要现金流表做工具

个人累积财富形成的资产以及家庭资产扣除日常开销、储备应急需求后，剩余的资产基本上没有流动性的需求。读者可以用保险公司资产负债管理的现金流匹配概念计算自己的净现金流。因为已经没有支出的需求，这些净现金流可以做长期、没有流动性的投资，得到高回报。

我用一个简化的例子示范计算每个人的未来现金流表，帮助读者融会贯通后，将来可以灵活运用。假设张三的年龄是40 岁，含奖金红利的税后工资年收入100 万元，每一年的基本生活费需要30 万元。张三的小孩刚刚出世，家庭每一年教育费为20 万元，共需16 年，之后3 年需要花费子女海外教育费用，每一年是40 万元。张三的家庭年度休闲娱乐费预算20 万元。张三预计的退休年龄是65 岁，退休后，每一年领取国家退休金30 万元。退休后每年生活费还是30 万元。退休后每年医疗相关费用预估15 万元。张三预期与世界“道别”的年龄在90 岁。为了计算简便起见，我们假设张三处于一个完美世界，没有通货膨胀，且张三的工资没有年度调薪。

将张三的收入减去支出，可以得到张三从40 岁到90 岁的净现金流，如图17–1 所示。

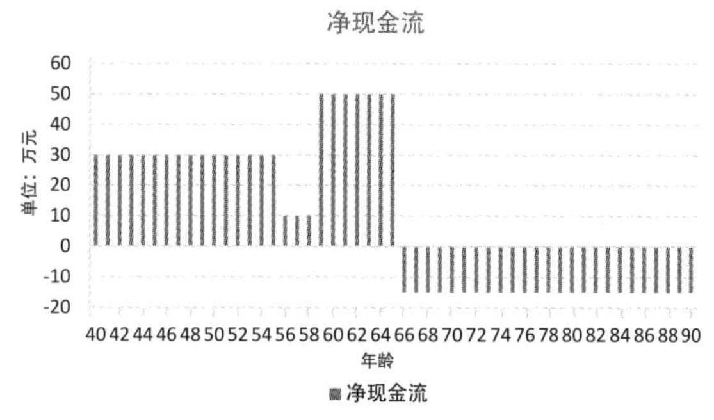

图17–1　张三未来人生的净现金流

读者可以看到在65 岁之前，张三在扣除支出后，还有剩余的净现金流。在净现金流是正数的阶段，张三的资产配置目标就是使用薪资剩余的现金流进行投资。从66 岁那一年开始到90 岁，因为收入小于支出，每一年的生活所需是负现金流，意味着需要从投资产生收益支付用于生活的现金流出，若是投资的现金收益不足以支付生活费用，就需要动用投资本金支付生活支出。

◇ 按照人生的净现金流表做资产配置

理解了张三的人生现金需求后，我们一起来替张三想想怎么做资产配置比较省心。首先，对张三而言，在65 岁之前投资越长期的产品越省心。如果投资短期产品，就会有许多困扰：一方面，随着张三年龄的增长，每一年寻找投资产品的成本会如同滚雪球般累积增长，而且应付这些投资决策需要大量的时间，也需要相应的专业知识，这些都是张三所不具备的条件。另一方面，经济周期带动不同的投资周期。从40 岁到65 岁，长达25 年之间，至少有4 ～5 个经济周期。同时，在65 岁之前，净现金流是正数，只要能够选择到好的产品，投资期间越长越好，不但省心省事，还可以避开这25 年之间景气周期下降时的投资风险。股票做长期的价值投资，可以获得良好的收益。因此，这个阶段最佳的投资工具之一是没有流动性，而且长期的股权产品。

第二节　跨周期的各类投资

◇ 投资企业参与经济成长

公司是组成现代经济社会的主要个体。经济增长依赖三个消费体，分别是政府、公司与民众。但由于政府本身并没有执行经济活动的能力，要委托民间企业代为消费。而民众的消费除了自给自足的经济，都是购买企业生产的产品。因此公司是现代经济架构的最主要载体，我们投资的产品，不论任何类型，其实都是围着公司的生命周期在打转。

因此，投资公司的股权是参与所在国家经济增长的最佳方式。投资股权，除了投资上市公司的股票，另一个方式就是投资未上市公司的股票。参与未上市公司股权投资最成熟的工具是PE 基金。PE 基金管理人创造价值的能力之一是挖掘好企业，用低的成本进入。并且投资PE 基金的进场点跟股票市场的点位没有什么关联。PE 基金出场时点灵活，出场的方式多样化：可以上市，可以被并购，也可以卖给后轮融资的新投资人。

换言之，核心组合需要与时间做朋友。在我们人生产生净现金流的阶段，资产配置应该大多数放在核心组合。而到了人生的净现金流转变为负数，有净的支出的阶段，资产配置就需要考虑流动性。

◇ 不透明是危更是机

除了需要与时间做朋友，核心组合的资产还具备有其他的特性。其中一个特性是这些资产的资讯和交易行情比较不透明，资讯不方便取得，市场交易没有效率。股票、债券、商品市场是另外一个极端，价格、资讯、效率非常透明。市场的无效率反而给专业知识价值提供了产生较高收益率的机会。

◇ 企业生命周期形成跨周期的投资机会

PE 基金一般投资在经营模式相对靠谱的企业。在企业生命周期的每一个阶段都可以看到私募基金的身影。企业开始萌芽，成功的概率很低，这时候天使基金进场。活下来的企业，需要基金扩充产能，开拓市场，这个阶段风险投资的VC 基金进场，投资成长性的企业。公司越做越大，野心油然而生，想要并购其他公司，或是被其他的公司并购。在这个阶段，以并购为主的基金，以及与并购基金共生的夹层贷款基金会出现。企业过度扩张，消化不良，一旦经济增长脚步放缓，现金流出现问题，公司就会进入困境。进入困境的企业，有些会浴火重生，有些就破产结束。在这个阶段，会有专门从事收购困境公司资产的基金进场。这样的生态，与我们人类的一生一模一样，从生到死，都需要配套的服务。特别是对老与死的需求，是刚需。同样的道理，企业的老与死的情景给专门从事不良资产、困境投资的基金提供了良好的机会。

◇ 直接贷款基金也是跨越经济周期的投资

私募基金除了做股权投资，也有专门做贷款的基金。按照借钱还款来源的底层资产类别区分，直接贷款的基金可以分为企业、不动产业主、融资供应链平台、建设民生必需的基础设施运营者以及个人日常消费这五种类型。直接贷款基金风险来源有两个维度：第一个维度是看偿债的顺序，分为有抵押、无抵押以及接近股权的劣后三类。有抵押贷款的风险最低，劣后的风险最高。第二个维度是看底层的资产，个人信用借款的小额贷款资产风险最高，民生必需的基础设施风险最低。不动产贷款也可以按照不动产的投资策略区分风险程度。核心型不动产作为抵押品的贷款，风险中等；加值型、机会型的不动产作为抵押品的贷款风险稍高。并购时，如果有知名PE 参与作为股权的出资人，那么这类的并购贷款的风险中等。如果并购的股权出资方是公司管理层，或是有钱的家族，那么这类的并购贷款的风险就比较高。判断参与并购的直接贷款基金的风险高低是看被并购公司的规模大小。大规模公司的风险比较低，小规模公司的风险比较高。

◇ 不良资产投资基金是抗经济下滑周期的绝佳策略

不良资产是指经营进入困境的公司，因无法履行偿还债务的义务，作为债权人的银行等金融机构，经过会计与税法的程序，将这些还款出了问题的债权出表，用低于账面价值的价格卖给专业机构的资产。专业投资机构买入这些打折的资产，用专业的手段把资产用高于买入成本的价格出售，为投资人产生收益的过程就是不良资产的投资，这种投资策略的基金就是不良资产投资基金。2018 年，中国的经济从年初一路下滑，全年的实质增长率为6.6%。银监会与人民银行负责人预警金融系统的不良资产会加速产生，在当时预计不良资产的产生会持续到2021—2022 年。2020 年的疫情给原来无力的经济施加了更多的压力，会产生更多不良资产，本轮的不良资产投资的黄金周期会延长到2024 年。

在中国，投资不良资产的考虑与海外稍微不同，但是基本的精神是一样的。中外在投资不良资产的获胜要素都一样。首先是有信息不对称的优势。我方有掌握这个信息，而另一方不掌握，形成我方在交易中的优势。我方深入不良资产的尽调资料，另一方没有，在价值判断上，我方就会有较大优势。嘉沃在处理雷曼事件上采用的困境投资策略就是利用DIP[1] 的贷款，进入取得信息的绝对优势地位。国内的不良资产，只要借款人超过10 个，就需要走拍卖的交易途径。有经验、有江湖地位的不良资产投资基金都是事先与拍卖方先行沟通，在价格与其他配套上先取得共识。其他投标人只看公告，投标自然没有优势。我方了解保证人的财产线索，另一方不了解。企业改制，政府规划变更，不是所有参与方都能了解内部信息。掌握信息在交易中具有绝对的优势，信息不对称的优势也指一方拥有知识、经验与网络关系，而另一方不具备。信息优势形成交易的绝对优势。

◇ 私募基金直接连结经济活动

各种私募基金，不论是投资未上市公司股权，还是直接贷款，还是不动产投资，产生收益的风险来源都是标着绿色风险（见图1）。这些私募基金的资金投放对象基本上是与实体经济直接相关的企业，或是不动产物业。不论是股权投资、债权投资，还是不动产投资，资金都是直接进入经济体系，这与股票二级市场完全不一样。二级股票市场除了

[1] DIP：Debtor-in-possession，即债务人持有资产。DIP 融资是一种破产法提供保障的从重整公司外部获得资金的融资方式，被称为濒临破产困境的公司所能获得的最安全的贷款。

IPO或新股发行，上市后股票交易的资金没有进入公司企业，没有参与经济的运行。个人资产或家庭资产配置放在私募基金，参与经济的长期增长，可以享受跨越经济周期的投资收益。各种类型的私募基金的配置应该是个人、家庭资产配置的核心组合。私募基金资产没有流动性，到了我们人生净现金流开始为负数的阶段，资产配置就需要兼顾流动性与急用，而私募基金就不再合适这个现金流出阶段的配置了。私募证券投资基金与本章说明的私募基金不一样。私募证券投资基金与公募基金公司一样，投资对象是上市的证券，产生收益的风险因子都是标着红色风险（见图6–1）。

第三节　资产配置流程

◇ 选择风险配置你的资产

从风险种类带来的收益确定性来看，其实可以将资产配置分为有绝对收益与相对收益。绝对收益的资产配置大多是没有流动性的长期资产配置。流动性的需求可以配置银行理财产品或是货币市场基金。绝对收益的资产配置的关键是选择好的投资经理为你打工，这在第十二章中曾展开叙述过，在此不多做展开。读者不要忘记需要有应付紧急流动性的安排。自住房地产的实物资产不能算在可配置的资产里面，只有投资用的房地产才算是有租金的绝对收益资产。

相对收益的资产配置主要就是二级市场的配置。在二级市场中，读者可以直接参与的是股票买卖。投资股票市场是以静制动。静，就是不输，不赔钱。动，就是人弃时机的行动，需要对宏观循环进行判断，一旦开始操作，就要遵循投资后再平衡的纪律性。

◇ 个人资产配置流程

首先假设所有的资产都配置在没有流动性、投资期间没有现金分配的PE 基金。接下来，问自己每一年需要多少现金收益。根据每一年的现金收益需求，按照市场当时的一年期信托产品的收益率，倒推配置在每类固定收益的产品的比例。不论PE 基金还是稳定收益的信托产品都没有流动性，而家庭一定会需要部分的流动性资金，按照家庭的流动性需求，再配置部分比例在银行有高流动性的银行理财产品或货币市场基金上。如果遇见股市大跌，则采用战术与动态策略投资股票。用本书一贯的假设：A 股的平均收益率为10%，一个标准差的波动率是15%。投资股票的话，按照股票收益率符合正态分布，就会有约1/6 的概率损失5%（10%~15%）。如果在投资股票前，你的组合的预期收益率是7%，再用总资产的10% 放在股票资产，就会有1/6 的概率让你的组合收益率变为5.8%（7% × 90%–5% × 10%）。图17–2 所示是个人财富的资产配置逻辑，图17–3 所示是相对收益与绝对收益的风险管理与资产配置模式，供读者参考。

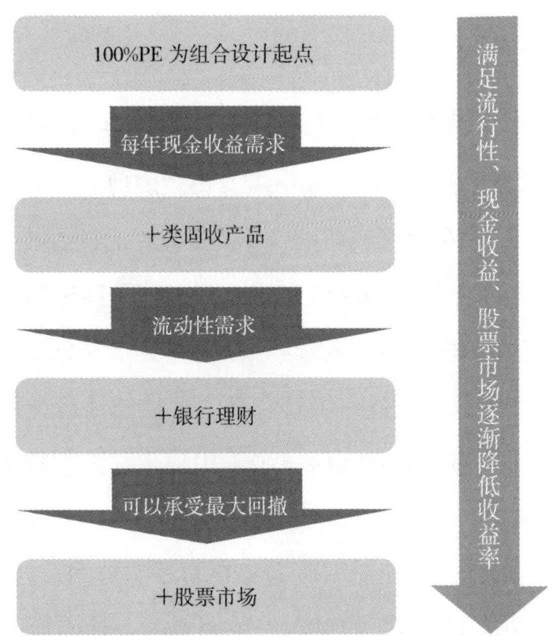

图17-2 个人财富的资产配置逻辑

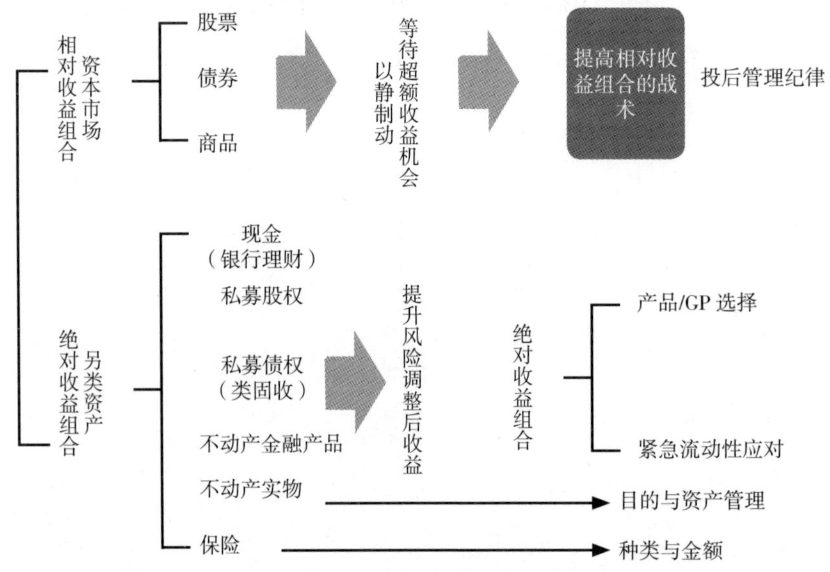

图17-3 相对收益与绝对收益的风险管理与资产配置模式

◇ 家庭资产配置策略

对个人或家庭来说，保险是另一个不可或缺的资产配置。一个家庭资产配置必须考虑日常生活支出和应急的钱。日常生活支出需要有流动性，且能保本，放在银行的理财产品最合适。应急的钱可以用买保险的方式应对，专款专用。一般白领阶层可以用可支配所得的百分比控制安排在救急的钱的保费支出，通常20% 为上限。如果是高净值的家庭，就用保额占资产的百分比控制。因为保险产品是出于提供保障的防守目的，保额占高净值人士家庭总资产以不超过三分之一为宜。安排好买菜钱、救急钱之后，剩下的资产可以按照前文的说明选择投资人可以接受的风险，构建投资组合。拿出部分的资产做风险性的投资，想要赚取比名义经济增长率还要高的投资收益率时，PE 基金、不动产基金、不良资产基金都是最佳选择。在碰到黑天鹅事件，造成股市指数大跌的时候，要勇敢地拥抱黑天鹅带来的洼地，果断增加股票资产的配置。剩下的资产可以配置在保本增值的保守性资产，比如，国债等稳定收益产品。至于风险投资与保本增值的分配比例，根据投资人的年龄段和收入增长情况决定。在年纪轻，收入还在增长的情况下，可以配置比较多的比例在风险资产。反之，随着年龄增长，投资人就要增加在保守资产的配置比例。

图书在版编目（CIP）数据

资产配置的逻辑 / 杨文斌著. -- 杭州：浙江大学出版社, 2021.9

ISBN 978-7-308-21584-8

Ⅰ. ①资… Ⅱ. ①杨… Ⅲ. ①投资管理—研究 Ⅳ. ①F830.593

中国版本图书馆CIP数据核字(2021)第136055号

资产配置的逻辑

杨文斌 著

策　　划 杭州蓝狮子文化创意股份有限公司
责任编辑 卢　川
责任校对 陈　欣
封面设计 郭张洁勇
出版发行 浙江大学出版社
（杭州市天目山路148号　邮政编码310007）
（网址：http://www.zjupress.com）
排　　版 杭州真凯文化艺术有限公司
印　　刷 杭州钱江彩色印务有限公司
开　　本 710mm × 1000mm　1/16
印　　张 18.5
字　　数 230千
版 印 次 2021年9月第1版　2021年9月第1次印刷
书　　号 ISBN 978-7-308-21584-8
定　　价 62.00元

浙江大学出版社市场运营中心联系方式：（0571）88925591；http://zjdxcbs.tmall.com